资产评估基础教程

牛晓霞　主编

中国财富出版社有限公司

图书在版编目（CIP）数据

资产评估基础教程／牛晓霞主编．-- 北京：中国财富出版社有限公司，2024. 11.

ISBN 978-7-5047-8318-9

Ⅰ. F20

中国国家版本馆 CIP 数据核字第 20251M8K06 号

策划编辑	张　婷	**责任编辑**	张　婷	**版权编辑**	武　玥
责任印制	苟　宁	**责任校对**	孙丽丽	**责任发行**	于　宁

出版发行	中国财富出版社有限公司		
社　　址	北京市丰台区南四环西路 188 号 5 区 20 楼	**邮政编码**	100070
电　　话	010－52227588 转 2098（发行部）		010－52227588 转 321（总编室）
	010－52227566（24 小时读者服务）		010－52227588 转 305（质检部）
网　　址	http://www.cfpress.com.cn	**排　　版**	宝蕾元
经　　销	新华书店	**印　　刷**	北京九州迅驰传媒文化有限公司
书　　号	ISBN 978－7－5047－8318－9/F·3788		
开　　本	787mm×1092mm　1/16	**版　　次**	2025 年 3 月第 1 版
印　　张	19.25	**印　　次**	2025 年 3 月第 1 次印刷
字　　数	353 千字	**定　　价**	59.00 元

前　言

资产评估这项经济活动在我国是随着1988年大连炼铁厂中外合资项目的资产评估业务逐步发展起来的。伴随市场经济体制的深入发展，资产评估在我国逐渐成为一种专业的经济中介咨询服务活动，它的作用也在市场经济环境下日益凸显。资产评估既是以理论为基础并能指导实践操作的新兴学科，又是一个综合性应用学科，它与财务会计、管理会计及财务管理有着紧密的关系，由于涉及多学科知识体系，因此在学习过程中需要特别关注知识的融合。

本书的撰写思路是在介绍资产评估的基本理论和基本方法的基础上，结合大量案例将基本方法体系中涉及的成本法、市场法、收益法等具体方法应用到企业机器设备、房地产、无形资产等评估实务中。全书内容深入浅出，方便读者灵活掌握基本资产评估方法，从而对评估对象价值进行准确评定与估算。

本书编者来自天水师范学院商学院，在长期从事资产评估相关理论教学、科研和实践的过程中，结合大量书籍、文献和案例，进行了多次完善，最终形成了这本书。本书依据我国最新颁布的资产评估法及修订的资产评估准则体系，使教材内容与资产评估理论与实践的发展保持一致，在概念表述和实务操作方面更具规范性。该教材强调理论与实践相结合，同时也致力于与全球性的资产估值理念及其组织管理策略接轨。全书共分为9个部分，涵盖了基础的资产估价原理和技巧，详细阐述了机器设备、房地产、无形资产、流动资产等各类资产的价值评估流程。每一章末尾都包含多种形式的习题，包括单项选择题、多项选择题、判断题、计算题和简述题，这有助于读者快速掌握核心概念，同时也能检验其对评估技术的掌握程度。

在编写这本书时，我们查阅并引用了大量资产评估领域的相关文献。此外，我们还吸收了国外有关文献的众多观点。天水师范学院的吴旭平同学为本书提供了案例资料，对此深表谢意！

本书可以被用作高等院校财经和管理专业的教科书或者是教学参考资料，同时也适合政府机构、评估咨询公司、企事业单位的员工以及决策者在进行相关资产评估工作时使用。

由于作者水平有限，书中难免存在疏漏或不足之处，期待读者们提出宝贵的意见和建议，以便本书的进一步完善。

编者

2024.3

目　录

▶▶ 第一章

资产评估概述

第一节
资产的概念与分类

一、资产的概念

对资产的概念的理解，不同的学者有不同的认知。根据当前的会计标准，资产指的是公司过去的行为或事件所产生的，并由其持有或管理的、预期能够为其产生经济效益的资源。从经济学角度看，资产被定义为能给所有者带来货币收入的物品，它们具备内部的经济价值并且有市场交换价值的一切实体及非实体权益。

本教材中所称的资产评估中的资产，是指能够为特定权利主体带来未来经济利益的资源，这些资源由特定权利主体拥有或控制。

知识链接

资产评估中的资产与会计中的资产

资产评估中的资产更强调资产的内在价值，与企业财务处理没有必然的关系。而会计中的资产本质上是财务处理的结果，指表内资产。用以下例子来说明。

某企业于2010年6月购置了一辆汽车，账面原值为40万元，折旧年限为12年，残值率为10%，12年后，该资产全部折旧完毕，其残值为4万元，在固定资产科目中体现的账面价值为4万元；而此时资产评估师认为，该汽车在目前二手市场价值6万~8万元，经现场勘查，综合考虑后给予7.5万元评估值，即该资产的评估价值为7.5万元。

以上案例能够看出，会计往往从账务处理的角度来定义资产的价值，而资产评估是从资产本身的现实内在价值来定义资产的价值，这就是“资产”在会计学与资产评估中最重要的差异。

在资产评估中，资产的特征主要体现在以下几个方面。

1. 资产必须是由特定主体拥有或控制的资源

举个例子说明这个观点：一家公司曾经购入了专门用于生产商品的专利，然而最近他们已经开发出了更为高级的技术，这种新技术的产物不仅在成本控制方面优于之前的专利产品，而且在性能上也有显著提升。因此，该公司决定采用自己创新的技术替代已有的专利。从那时起，这些被弃用的专利不再为公司创造任何价值，所以在对它们进行估值的时候，也不应该将其纳入公司的资产范畴内。

上述案例揭示：资产估值的过程在于运用恰当的技术来确定资产的价格，观察它是否能为经济实体带来未来的经济收益，这正是经济实体对该项资源有兴趣并希望持有或者掌控的关键原因。这些收益可分为两类：一类是利用资产所产生的收益；另一类则是由于资产的所有权或控制权转移而获得的收益。

2. 资产是能给特定经济主体带来经济收益的经济资源

以一个例子来说明：某公司之前购买专利用在企业生产的产品上，不久前技术人员成功研发出更先进的技术，用此项技术生产出的产品在制造成本和性能上都明显比用之前购买来的专利所生产的产品要好得多，公司的选择自然是改用自创的新技术而停止使用买的专利。此时，该专利自停用之日起它就不能给公司带来任何的经济利益了，评估时这项专利也就不应再计入公司的资产范围了。

从以上例子说明，资产评估就是通过适当的方法量化资产的价值，看其能否给经济主体带来未来经济利益，这也是经济主体愿意拥有或控制这种资源的主要动因所在。这种利益主要体现在两个方面：第一种是使用资产能够给特定主体带来利益；第二种是通过资产所有权或控制权的变动能够给特定主体带来利益。

3. 资产价值能用货币准确计量

资产能以货币准确衡量，不能以货币计量的不能归为资产。如某企业老板认为高薪聘请的几个博士生是企业优质资产，属于企业的宝贵财富。但资产要能够以货币准确计量，所以他们不属于资产。类似的例子：薪水也不是管理才能的货币计量，管理才能也不是资产。

二、资产的分类

根据学科侧重点不同，资产评估学对资产的分类与其他学科的分类也不完全一致，按照不同的标准分类如下。

1. 根据其存在的形态差异，资产可被分为有形资产和无形资产

有形资产是指那些以实体形式存在的资源，例如机械设备、工厂生产的商品和房屋等。无形资产则包括那些不具备实物特性但能为其所有者带来持久经济收益的资源，比如作品权利、商标专用权等。

2. 根据其是否能独立存在，资产可被分为可辨认资产和不可辨认资产

可辨认资产又名可确指资产，是那些可以独自存在创造收益的资源。除商业信誉之外的所有实体和非实体的资产都被视为可辨认资产。不可辨认资产也被叫作不可确指资产，它代表的是与公司实体资产紧密相连并难以分离的部分，在资产评估中，通常特指商誉，即商业信誉。对公司的商业信誉来说，其价值常常受到卓越的管理运营能力、良好的口碑、高水平的工作效能、历史悠久的企业文化、丰富的工作经历、领先科技的使用、得天独厚的地理优势等多种因素影响，从而使公司产生超越常规投资回报率的利润表现。

3. 根据其综合盈利能力，资产可被分为单项资产和整体资产

例如，在工厂里，一台机床代表的是单项资产，也就是说，它是一个独立的、单一的资产。然而，一条生产线、一个生产车间或者整个工厂则被视为一个整体资产，这是由一组单一的资产构成的，具有全面盈利能力的资产集群。

需要强调的是，对于公司整个资产估价应考虑其实际产出或者盈利的能力，其中包含各个独立的单项资产价格及不可确指的资产（商誉）的价格组合。换句话说，公司的总体资产并非由各种单独可以确定的资产相加而成，若仅以所有这些单一可确指的资产价值之和来计算总体资产价值，可能会忽视商誉价值的重要性，这种做法并不符合现实中资产的真实价值。

4. 根据是否参与到生产和经营活动，资产可被分为运营性资产和非运营性资产

在企业中，参与生产经营的机器设备、厂房、交通工具等被称为经营性资产，根据其对盈利贡献的不同，可分为有效资产和无效资产；而不参与生产经营的资产被称为非经营性资产。

5. 根据企业会计准则，资产被分为流动资产、长期投资、固定资产，以及无形资产和递延资产

由于财务报告更加注重企业内部每种资产变动的情况，因此我们通常不会完全采用会计体系中的资产分类方式来处理评估任务。然而，根据会计规则对资产类别进行区分有助于评估专家收集、整理符合会计管理标准的评估信息。

在执行实务性的资产估值任务时，评估人员必须依据其目标需求并遵循适用准则，选择适当的方法，这可能包括上述任何一项或多项资产划分方式的使用。例如，对于工厂内的数台机器设备的价值评定，若以这些设备作为公司全部资产价值的一部分，他们有可能被视为不动产；然而，假如我们更注重于他们在运作过程中的贡献，那么我们可以将这些器械划分为单项或者整体资产。

需要强调的是，资产评估并不一定要涉及特定机构内所有的资产，具体的评估过程也无需对资产进行极其精细和严谨的分类。图 1-1 展示的分类仅是为了更好地讲解资产评估相关方法。

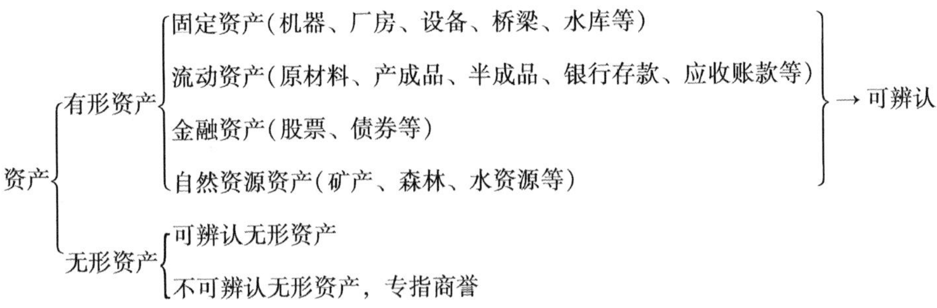

图 1-1　资产分类

第二节
资产评估的概念、构成要素与分类

一、资产评估概念

作为一种价值判定的过程，资产评估依赖于专门的理论与技术来量化地确定和评价资产的价值。根据《中华人民共和国资产评估法》（2016）第二条规定，“资产评估是指评估机构及其评估专业人员根据委托对不动产、动产、无形资产、企业价值、资产损失或者其他经济权益进行评定、估算，并出具评估报告的专业服务行为。”

依据学界的研究成果与实务经验，我们认为资产评估的内涵可以概括为以下几点：第一，它是由专业的组织和个人执行的国家法律规定的任务；第二，它是为了特定的目标而开展；第三，需要遵守相关的评估规则；第四，应选取合适的价值形式来衡量资产价值；第五，利用科学的方法进行分析和计算；第六，最后会给出专业的观点或建议。

二、资产评估的构成要素

从上面对资产评估的表述，可以看出一项资产评估工作的构成要素包括以下几个方面。

1. 评估主体

评估主体是执行资产估值任务时的主要参与方，也就是实际操作此项经济活动的组织机构与人员。由于评估过程可能会影响到资产转移、公司整合、债务清理、税收计算等多种经济活动，因此评估难度非常高，需要专业的、具备资质的评估组织及拥有相应资产评估能力的专业人员负责。

特定的资产评估机构是指那些通过国家资产管理部门的审核并获得资产评估许可证的实体，例如评估公司，至少应有两名员工具备注册资产评估师资格。

2. 评估对象

资产评估对象也称为资产评估客体，比如一台设备、一个企业或者一个技术等都是评估对象的具体体现，即被评估的具体资产。

3. 评估基准日

资产评估基准日是指资产评估活动在所对应的时点上对事先确定的资产价值进行评估确认。评估基准日的选择一般越靠近资产评估活动或评估的经济业务发生的时间越客观可靠。

4. 评估目的

通常，我们把资产评估目的分为一般评估目的与特定评估目的两种。其中，一般评估目的是指所有评估活动整个评估过程需要达到的目标。而平时所说的评估目的是指特定评估目的，它代表了资产评估的结果如何被实际应用。同样一种资产，如果用于不同的评估需求，其估价可能会有差异。比如，同样的设备，当用来组成新公司时，它的价格会比用作公司破产时的资产高出许多。

5. 评估依据

在资产评估的过程中，法律法规和政策规定是必须遵循的依据。所有与评估活动相关的事项都需要在各种相关的法律框架下进行确定。

6. 评估原则

资产评估的原则，也就是对于资产评估任务所采取的行为规范，构成了处理这类业务的基本操作准则。

7. 价值类型

资产的价值类型是由评估目标和其他相关条件决定的，这是对评估价值的实质性规定。同时，价值类型也对选择评估方法产生了约束力。

8. 评估流程

资产评估流程是评估业务的基本步骤，也就是从评估活动启动到结束的全过程。通常，这个流程主要包括资产的清查、评定和估算、核实确认以及提交报告等环节。

9. 评估方法

评估资产时，评估师会采用特定技术手段来计算其价值。例如，在评估一台标准化生产设备时，可能会参考同型号且与该资产生产日期接近的设备在资产交易市场上的价格，来确定其价值。

三、资产评估学中有关价值的概念

资产评估活动的目标不是确定其实际成交价格，而是判断评估对象在某时点的客观价值。大多数情形下资产评估中的价值指的是资产变更所有权人时的交换价值。然而，在资产评估学中的价值并不等同于会计中的价值。它并非一个历史记录或实际情况，而是专业人士根据特定的价值理念对资产交易应具备的货币数量进行的预测值。

四、资产评估与会计计价的区别

在会计领域中，"资产"被定义为过去发生的业务活动或者预先确定并且公司拥有的或是能够掌控的资源，这些资源预计将会对公司的经济收益产生影响。而在会计体系里，"资产"主要是针对公司的资产而言，然而在资产评估中，对于引发了资产评估过程的所有经济事务来说，其范围内的所有资产都属于资产评估的目标物。以下是对资产评估和会计计价的详细比较。

1. 计价依据不同

会计主要重视过去的费用支出，资产评估则更加关心当前时点资源的价格。例如，当对公司设备计价的时候，传统的会计人员通常是按照购买设备的花费来记账，并定期使用折旧方法将其初始投资额转化为期末余额。而在评估设备的当前价值时，评价员必须考虑市场的状况和外部环境因素的变化，由于许多设备在买卖过程中所参考的成交价格往往是该地域相似设备当时的售价，因此这种价格可能会远高于经过会计处理后得出的账面净值，有时候甚至超过了设备的最初购入金额。

2. 账面资产与全部资产的区别

在资产评估过程中，“资产”一词涵盖了所有能够为经济实体创造经济效益的经济资源；然而，在会计核算领域，“资产”仅代表那些体现在财务报告内的经济资源。与资产评估不同的是，会计更注重资金投资及使用后产生的结果，因此会忽略掉某些虽然实际存在却并未消耗企业资金成本的资产，如历史上的政府免费赠予公司的土地或企业长期积累的商业信誉等。由于这类资产没有出现在会计账目里，我们无法确定它们的价值规模。不过，很明显，在资产评估中，它们完全满足了资产评估理论所界定的“资产”的标准，并可以对其价值作出估计。

3. 对单项资产与整体资产的看法上的区别

会计和财务管理侧重于单项资产的计算，但资产评估则更加看重整体资产所产生的总效益。会计财务管理的任务是报告与监控，其焦点在于各个单独资产产生的价格，忽视了这些资产间的相互作用，因此，财务报表上的整体资产只是所有单个资产的累加。而资产评估的目标是保护或者转移产权，更为关心的是各类资产间相互影响所带来的实质性好处。因此，资产评估中的整体资产并不等同于各种单项资产的简单相加，而是基于完整的利润生产过程。

4. 实施主体和目标不同

会计工作是组织内部的财务工作者的职责，资产评估是由第三方的独立机构负责执行。会计的核心目的是协助组织的运营与管理，通过记录并监控组织的经济行为；而资产评估的主要职责在于提供关于特定时间点的资产价值的估计、计算及建议。

五、资产评估的分类及特点

1. 资产评估的分类

现阶段全球范围内的资产评估业务可以划分为评估、评估复核及评估咨询三大类别。评估这一术语通常被理解为广义上资产评估的意思，其目的是满足产权转移方的需要，对目标物品的价位做出估计。因此，评估员或他们的组织必须为其评估结果的真实性及合乎逻辑性负起责任。而评估复核则是对由其他评估公司提供的评估报告进行审查和再次评估的服务，此项工作是为了满足特殊当事人的需求，他们会针对某一评估报告的准确度和合理性给出自己的看法，并对这些观点负责。最后，我们谈到了评估咨询这个广泛的领域，这不仅包括了向特定资产提供估值建议，也涵盖了对于使用该资产的方式、效益的研究，以及相关市场的调查、可行性的探讨等。评估咨询更注重的是评估员的声誉、专长和职业操守，同时，提供此类服务的评估员也需要对自己的建议承担相应责任。

另外，我们还可以把资产评估划分为完全资产评估与限制性资产评估。第一种类型是在遵循了所有资产评估规则的前提下，根据这些规定来执行的资产评估，并没有违反任何一条资产评估标准。而第二种类型的资产评估则是针对特定的客户需求，由评估公司及员工为其提供服务，以达到其特殊的目的。通常来说，为了满足这种特殊的目的，可能无法完全符合所有的资产评估规范，因此评估的过程和结论中或许会有一些缺陷。这两类评估在公布评估结果的方式上差异显著，限制性资产评估必须给出更加详细的阐述，同时还要限定使用该评估报告的人数，只有被评估人才能使用这类评估报告。

2. 资产评估的特点

一般来说，资产评估并非为公司的常规运营做准备，它往往是在外部机构出于某种原因需要确定资产实际价格的时候才被启动。这种实时价值与财务报表上的账户价值并无直接关联，资产评估过程具有独特的性质。

（1）市场性。

根据不同需求，评估人员选择使用各种技术手段去确定资产的价值。从总体规模来看，大部分情况下，评估员是参考资产在市场的公允价作为依据，也就是资产在买卖过程中被接受的价格。然而，当评估工作正在进行时，许多资产并未真正进入到市场环境中。因此，为获取基于此种情况下的市场定价，我们必须假设这些资产已然存在于市场之中，并且模拟真实的资产交换流程，平衡所有与之相关的权益方的评判标准，从而计算出在这种虚拟条件下的结论。这就是资产评估的市场性。市场性体现在两个方面，首先，资产评估的市场化特性在于它需要依据模拟市场状况对资产进行评估和估计。其次，资产评估的最后结果是否合理也需要经受市场的检验。

（2）时点性。

这里所说的时点性，通常我们把这个时间点称为评估基准日，指资产评估师在特定时刻对被评估对象价值进行预测。

我们需要持续观察资产市场的实际价值，因为资产的价格并非恒定不动，它们会随供应与需求的关系变化而波动，并且技术和社会因素如政府政策等也可能会影响到特定的资产价格。因此，从时间的角度看，资产的价值始终是在不断变化的。然而，在一个动态的环境中去精确计算出某个时刻的资产价值是不现实的，我们必须把这个过程停留在某个特定时点上，让资产的价值保持稳定状态，才能确保它的价值被正确衡量。选取的时间节点应根据评估目标和评估活动的需求来定。

（3）客观公正性。

客观公正性构成了资产评估的关键特性之一。这意味着该过程必须以中立的态度来评价资产的价格并避免受到相关方的控制或影响，因此，这是一个需要遵循公开且法律规定的标准及程序的过程。这一原则体现在以下两个方面：首先，我们应按照合理、合法的标准执行此项工作，并且以相应的操作规则作为指导方针，平等对待所有参与者（包括客户），确保工作的透明化。其次，我们的团队成员包括向他们提供支持和服务的第三方人员都应该是没有利益冲突的，这也是保障整个流程高度可信的重要前提。

（4）咨询性。

咨询性是资产评估的主要特点之一。虽然资产评估师提供了专业的评估建议，但是这些建议并不具有法律约束力，仅供业务双方参考。最后的价格是由买卖双方通过协商决定，评估人员只需要确保他们的结果遵循了行业标准即可。

第三节
资产评估的原则

资产评估的原则规定了评估活动的准则与流程，以确保不同评估公司及其员工遵循统一的标准并使用相似的方法来完成评估任务。这样一来，即使面对同一评估目标，不同评估公司的结果也会相差无几。此外，设立资产评估标准也有助于保持评估结果的公平性和准确性。总的来说，资产评估的原则包括工作原则和经济原则两层。

一、资产评估的工作原则

评估机构和评估人员在执行评估任务时应当遵守的基本规则就是工作原则。这不仅是基础职业需求，也是行业从业的基本准则。它主要涵盖以下几个方面。

1. 独立性原则

根据独立性原则的要求，评价公司及其员工必须保持中立，避免受到客户或者外部因素的影响，以确保他们能够客观地评定资产的价格。此外，评估公司的成立应是独立且公平的，不得与其所涉及的资产业务存在直接或间接的经济联系。

2. 客观性原则

客观性原则即遵循实事求是的准则，我们需要确保评价的结果基于充足的数据信息。这意味着在评价的过程中，我们要保持公平且客观的心态来收集相关数据，并且我们的预判和计算必须基于市场的实际情况，而非无中生有的猜想。资产价值评定是由评估师经过深入的研究和严谨的思考后得出的结论。

3. 科学性原则

科学评估原则强调，在进行评估时，评估员必须依据特定的评估目标选择适当的评估准则和科学的评估手段，以制订科学的评估计划，确保资产评估结果的精确性和可信度。

科学性在资产评估方法的选择中表现得尤为重要，这不仅需要考虑到方法的选择是否符合价值类型和资产市场环境，还强调评估流程的科学性和合理性，因为不同的资产评估业务，其评估过程也应当有所差异。

4. 专业性原则

遵循专业化原则，意味着我们需要的是能够为客户提供资产评估服务的专家团队。为了达到这一目标，我们的团队应该包含来自多个领域的专家，如工程学、科技、财政、会计、法律及经济管理等领域的人员，他们都应具备优秀的学历背景、专业的技能、丰富的实战经历以及高尚的职业操守。这正是保证评估方式准确无误、评价结果公平正义的关键所在。

二、资产评估的经济原则

经济原则在资产评估中的定义，是指在执行该项任务时必须遵循的技术规范和业务准则。这些原则实际上是对评估理论的具体化，为评估师在进行专业判断时提供了参考。主要涵盖以下几个方面。

1. 替代原则

概括来说即“同质同价”，它是市场的规律。假设存在多个供应商与消费者，每种商品都供需平衡，并且理性消费者无须额外支出就能获取所有相关信息，他们会在价格相近的前提下挑选便宜的那一类。这样一来，过了一段时间，那些高价但品质一致的商品就会逐渐无人问津，最后被低价、品质相当的其他种类取代，这便是替代原则的表现。只要掌握此规律，我们就可以有效解答如下的疑问：当你看到某个无标签的产品时，若你知道其品质并想知道该产品的实际售价，只需查阅其他具有同样品质的类似品即可得出答案。将其运用到资产评估的过程中，我们可以借助替代法则从市场找寻与其拟估资产属性接近的成交价格，从而估算出拟估资产的真实价值。

2. 预期收益原则

预期收益原则指资产评估值并不会依据资产的历史制造费用或者售价来决定其价值，而会根据该项资产的长远盈利潜力来设定。采用预估准则意味着评估师需要对目标资产长远的收益能力和持久度做出合理的预测和判断。例如，某一产品的制造成本可能较高，但是若它的效益有限，那么其实际价值也相对较小；同样地，如果产品能带来较大的利益，即使成本高昂，也会有较高的市场需求。

3. 贡献原则

贡献原则指某个资产的价值与其关联的其他资产共同构筑的总体资产的贡献度相关，而不是仅仅以单独存在时的价值为标准。这个资产的价值也可以通过分析缺失它的影响来决定。这种方式常被应用于计算单一资产或者多个资产形成的总体资产的价值。贡献准则需要评估员全面考虑到所有资产在整个资产体系运行过程中的重要性和影响力。

所有这些经济原则都对应着各种评估手段，但在每一次的具体评估过程中，并不需要同时遵循这些原则，而是需要根据评估目标和资产对象来设定适用的原则。

第四节
资产评估的假设

资产评估假设是资产评估结果形成的基础要素，指的是针对资产评估过程中的部分尚未明确理解的情况，依据实际的状况或者发展的趋向作出符合逻辑的预测。同一种资产使用方式及运营环境的差异可能导致其价值有所变化，因此在资产评估中，评估员需要对未来使用的模式及其运营的环境给出合适的判别，并对其运作路径设置一定程度的假定，然后在此种合理的设想框架下计算出其价值。

资产评估假设对于资产评估的影响主要体现在三个方面：首先，它是保证资产评估工作顺利进行的关键因素；其次，它是确保资产评估结果客观合理的重要基础；最后，它也是决定资产评估价值类型的关键影响因素。

一、交易假设

作为一项基础性的前提设定，交易假设构成了资产评估的基础。该设想基于这样的观念：所有的待评估资产都已处于交换状态中，评估员通过对这些资产的买卖条款和条件等方面进行模拟，以捕捉到各个阶段的价值变动情况，进而精确地计算出其价值。首先，这一设想为资产评估过程提供了通路；其次，它界定了资产评估的环境范围，也就是把资产放在市场上进行交易，因此，资产评估必须与市场状况相一致并独立执行。这与前面讲到的资产评估特点中的市场性是相对应的。通常情况下，资产评估过程发生在资产实际买卖前的一个专业的中介服务行为中，并且其最后的结果反映了该资产的市场价格。因此，把待评定的资产视为“正在销售”中的物品是非常重要的。

二、持续使用假设

持续使用指的是对资产未来可能产生的经济效益的一种预测，即预设该资产可以维持现有的功能并保持其原始的设计及目的。然而，根据特定条件，这种状况也可以转变为其他具有更大收益的新用途。基于此种观念，如果资产仍可继续运作，那么这表示它的性能良好且具备实现其潜在价值的能力，通常情况下，这些价值往往超过了将其分解销售所获得的收入，因此，评估人员很少采用资产分割售卖总额作为衡量资产价值的标准。针对整个资产的评估需要考虑各个部分间的协作效应，以便计算出所有资产联合工作所能达到的真实总体效用值。此外，持续使用假设还包括三类具体情况：一是在用续用，也就是当资产的所有权或者业务发生了变化之后，仍然沿袭着之前的用途或方法继续运营；二是转用续用，就是说在资产所有权变更或是业务调整之后，利用新途径去替代旧的方式继续运行；三是移地续用，也就是说在资产所有权变换或者是业务流程更新之后，依然可以在新的地点上继续运转。

当采用持续使用假设的时候，我们必须确定如下几点：这个资产能够符合其持有者的营运利润预期、产权清晰明了，这样才能保证持有人维持对它的拥有；此资产还具有明显的长期经济价值；并且，它可以在合法和经济许可的前提下被转换为其他用途。

三、公开市场假设

公开市场假设指的是一种理论，认为资产可以在充满活力的资源交换平台上无障碍地流通，而它的价位则由市场需求与供应的关系来确定。在这个环境下，买方和卖方的角色是等同的，他们有同等的机会获取市场资讯并作出决策。因此，这种情况下产生的售价就是各方为了自身利益所达成的平衡点，这反映了全社会的整体价值观对于某一特定的资产价值的认同。通常来说，如果一项资产的使用范围更宽泛，那它就会更加满足于公开市场要求。这是资产评估过程中的核心概念之一，其他的理念均以此为基础。同时，这也是资产评估过程中最常用的观念，只要是在公共市场上可以交易且具有普遍性的物品，都可以根据这一原则去评估。

根据公开市场理论，如果资产可以被合法且符合政策规定地使用到其最佳用途上，那么它就能实现自身最大的价值并为所有权人创造最高的回报。比如，一块地产可作为居住区、工业用地或商贸中心等，通常情况下，以商业模式运作能获得最高经济利益。

四、清算假设

清算假设是公司无法通过公开市场销售或者迅速转换为现金的一种假设前提。当公司的股东们面临着必须把所有的资产一次性全部售出或者是分割成小部分来处理的时候，他们通常会在谈判和竞价的过程中将其抛向市场。在这个过程中，由于需要处置的大量资产使得交易的时间受到严格控制，因此在清算状态下，这些资产的价格往往比其他情况下的价格要低很多。

有序和强制清算假设是其两个主要类型。有序清算指的是公司在有序管理者的掌控中执行清理工作，也就是以一种预先规划并遵循规律的方式来完成清理任务。相反，当公司的清理过程不受其拥有者操控时，就进入了强制清算阶段，这通常是由外部的力量依照法律规定或由主导方自行制定的流程来操作，在这个过程中，拥有者不能对清理活动施加影响。相较于有序清算，这类清算往往更注重迅速实现资产价值。

在资产评估中，由于对资产未来作用的判断不同而形成了几种假设。在各种假设情况下，评估结果也会有所不同。此外，在具体的评估任务中，这些假设并不需要同时存在。还有一些在此基础上衍生出的其他假设，在此不再赘述。当然，资产评估中一般也能够选择多个假设。

第五节 资产评估的价值类型和评估目的

一、资产评估的价值类型

资产评估的价值种类指的是资产评估结果中的价值特性及展现方式。各种价值类别以各自的方式揭示了资产评定价值的特质和特点。各价值种类所表示的资产评估价值不仅在本质上有区别，而且通常也存在着显著的数值差距。

在资产评估的理论与实际操作过程中，对于各类价值的划分存在多种方式。中国资产评估协会（以下简称中评协）对《资产评估价值类型指导意见》进行了修正并发布了新的版本，共有 4 个部分、26 个条款，从 2017 年 10 月 1 日开始实施，这是针对评估结果中的价值类别及其定义提供的一份具有指导性的规则。

此文件对于各价值类别做出了划分与界定，其包含了市场价值及非市场价值类别的评估值。针对市场价值，它给予了一个清晰的解释，然而对于非市场价值类别，却采取了一种罗列的方法，其中提到了诸如投资价值、在用价值、清算价值、残余价值等。还提到，一些特定的评估任务中，评估结果的价值种类可能会受制于相关的法律法规或合约条款，因此评估结果应依据相应的法律法规或合约来决定其价值类型的选取；如果法律法规或合约未对此做出规定的话，可以根据实际情况去选择采用市场价值还是其他非市场价值类别，并且对其加以定义。

1. 市场价值

市场价值的定义在《资产评估价值类型指导意见》里表述如下：市场价值是指自愿的买方和卖方在各自理性行事且未受任何强迫的情况下，评估对象在评估基准日进行正常公平交易的价值估计数额。

这个定义与《国际评估准则》中的定义基本相同。《国际评估准则》中对市场价值的表述：自愿买方与自愿卖方在评估基准日进行正常的市场营销之后，所达成的公平交易中某项资产应当进行交易的价值的估计数额，当事人双方应当各自精明、谨慎行事，不受任何强迫压制。

本书将市场价值解释得简单易懂一点，就是资产在评估基准日公开市场上最佳使用状态下最有可能实现的交换价值的估计值。

对于市场价值的界定是相当严谨的，唯有符合该界定的全部要素才可能是市场价值。通过研究《国际评估准则》中关于市场价值产生的条件的阐述，有助于我们更深入地了解和把握它的概念。具体来说：

第一，所谓的“自愿买方”其实涵盖了两种理解方式：首先，它是指没有受到强制时，买家选择去购买；其次，它的意思是在理性驱使下的购物行为，即消费者会在当前市场上真实的现状及预期价值的基础上做出决策，他们既不是非得立即购入，也不可能对所有价格条件无差别地接受，并且他们的支付金额绝不会超过市场价。

第二，卖方的自愿性。卖方在出售资产时，需要避免急于进行投机操作，同时也应在完成必要的市场推广之后，根据市场环境以公开市场可能达到的最优价格进行交易。

第三，交易公平。这里的交易是指买卖双方具有相同的权利和义务，并且在交易过程中没有特殊的关系。

第四，在市场中，资产应有充足的展示时间。为了让买卖双方能够全面理解和掌握资产的相关信息，资产需要以适当的形式进行展示。

第五，当事人双方都应该具备精明和谨慎的品质。他们需要了解市场，掌握资产的性质、特点和实际用途，以及评估基准日的市场状况。为了争取在交易中获得最大利益，他们必须谨慎行事。

2. 非市场价值

除了市场价值之外的其他价值通常被简化为非市场价值。这个非市场价值并不是专门指代某一类型的价值，而是指除市场价值以外的所有价值类别的总和。

在实际操作过程中，首先，我们要确定的是基于何种市场环境来做资产评估；其次，需要明确的是用于评定的资产是否处于其最优或次优的状态下；最后，要考虑信息收集及相关的参数来源于哪个市场，即公域市场或是私域市场。

对于市场价值之外的价值，《国际评估准则》将其产生的基础归纳为三个方面。

第一类是指特定的个体通过拥有资产获取利润，对这些个体而言，这些资产有着独特的价值，因此他们的价值观和大多数人有显著差异，所以在这种情况下，不需要采用公允市价法来估计价格，而是根据他们真实的预期金额来计算价值。这也就是我们所说的投资价值。

第二类是特定交易对象达成的关于某项资产合理交换价格的协议价。在这种情况下，交易双方可以公正地进行商谈，所得到的价格是交易对象而非整个市场的指定金额。这一类包括公平价值、独特价值和合并价值。

第三类是在法律条文或合同协议中所定义的。

常用的非市场价值类型有以下几种。

（1）在用价值。

在用价值是一种衡量标准，主要关注的是资产以其实际使用的形式对组织的经济效益做出贡献的预测值，而忽略了资产可能的最优利用或者出售的情况。这一类型的价值更注重于资产当前实际的使用情况，因此它的评估值反映出公司真实的运营状况。尽管在某种情况下，资产未必能被最有效率地运用，但“在用价值”却需要实事求是地接纳这样的现状。“在用价值”并不会假设该资产必须在公共市场中流通，而是仅基于公司的自身营运条件来计算。

（2）投资价值。

资产的价值在于对有明确投资目标的特定投资者或这类投资者而言的价值。

某个时间点的特定投资者或团体会对某种资产赋予其独特的价值认同感。这可能是由于他们掌握了一些鲜为人知的信息，或是基于对这类资产未来发展的独特理解，也或许只是因为他们的个人喜好导致他们与大众对这项资产未来价格的看法有所不同。

这种特殊的人群所给出的资产估价并不能代表整个社会的观点，有时他们在心中认为非常珍贵的物品，但在别人眼中却毫无价值。比如，一辆旧式的小轿车，如果仅仅是为了上下班通勤的话，那简直就是一场灾难，但是对于一些狂热的汽车收藏家来说，它的价值却是无法用金钱衡量的。

（3）残余价值。

这个数字是指机器设备、建筑物或其他实体资产在拆解后的变现价值的预估值。

在这种状况下，资产作为一个完整的部分已经失去了其实用性，然而它可以通过分解使得某些部分依旧具有一定的价值，这就是所谓的残余价值。

（4）清算价值。

清算价值指的是根据评估对象在被迫出售、快速变现或其他非正常市场条件下的情况来判断资产价值的估计数额。

在被强制情况下，资产所有者通常会接受清算价值作为资产的价值。清算价值受到资产的通用性和清算期限的限制影响，通用性越强、清算期限越长，则清算价值相对较高。

（5）特定的商业活动引发的非市场价值。

除了上述常见的非市场价值类别外，我们还必须关注由特殊商业活动产生的非市场价值种类，这主要涵盖如下几种情况：第一种是基于税务目标的资产估价服务，应依据税法及相关法规来确定评估结果的价值类型，例如征收价值。征收价值被定义为评估对象按照税法规定的相关价值标准所具备的价值。第二种是以保险公司需求为主导的资产估价服务，需要依照保险法及其他相关法律文件和合约条款去决定评估结果的价值类型，比如保险价值。保险价值就是评估对象按保险合同或协议里设定的价值标准所拥有的价值。第三种是以财务报表编制为目标的资产估价服务。会计计量属性和价值概念包含公允价格、当前价值、流动价值等。第四种是为了担保贷款或质押品设立，需要遵守相关法规和金融监督机构的要求来挑选评估结果的价值类型，比如抵押价值。如果这些法规和金融监督机构未作出具体说明的话，可以根据实际状况选取市价或是市价以外的价格类型。第五种是针对搬迁赔偿目标的资产估价，应依据相关的法律条例及其主管机构的要求来挑选估值类型的确定方式，如搬迁赔偿金额。

除了主要的市场价值和非市场价值分类方法，还存在其他的分类策略，比如以下三种。

第一种是根据资产评估标准表述的价值类型，包括重置成本、收益现值、市场价值（或变现价值）和清算价格四种。

第二种是从资产评估的假设角度来划分资产评估的价值种类，具体包括继续使用价值、公开市场价值和清算价值三种。

第三种是从业务属性的角度出发，也就是根据资产估值的目标去区分资产估值的价值种类，如抵押价值、保险价值、投资价值、清算价值、转让价值等。只要有相应的资产估值目标就会产生相应的价值种类。

我们必须明确指出，无论怎样去定义资产的价值类别，评估的结果应始终保持公正无偏见。

二、资产评估的目的

存在两种类型的资产估值目的：普遍性的一般目的和具体条件下的特定目的。对于任何一种资产而言，其公允价值（或称公平市价）是在评估时点的公正判断，这是所有评估活动的总体要求。此处的“公允”一词具有广泛意义，它与财务报表中定义为“公允”的价格有所不同。

1. 资产评估的一般目的

一般而言，资产评估的一般目的是对资产的公允价值进行判断和预测。

在资产估价过程中，公允价值是一种较为模糊的价格理念。这意味着是在所有可能的环境下和评估标准中找到最合适的评估数额的一种概括。这种情况下，所有的环境都应该符合评估的标准，并且这个数额应该是针对各个参与者的立场、资产的状态以及市场情况的最合适的评估结果。这是由评估员基于被评估资产自身的情况和其面对的市场状态对其真实价值做出合理的预测。其中，公允价值的一大特征在于它的设定需要考虑相关的参与方的位置、资产的状态以及它们所处的市场环境，同时不会侵犯任何一方的权益或其他人的利益。

公允价值是指在公开透明且知情者之间自由达成资产转移或债权结算的价格。此种定价方法不仅需要评估员全面了解当事人的角色、资产本身的情况及其所处市场的环境，还需要遵循评估标准及原则，并运用适当的估值技巧路径来得出准确无误的资产价值判定。据资产评估理论，如果评估公司与评估人严格依照这种流程执行实际的评估任务，那么由此产生的评估数值就是公允价值。

2. 资产评估的特定目的

资产评估的特定目的主要涵盖了以下几个方面。

（1）转让资产。

转让资产是指资产持有者以某种形式交换他们所拥有的资产，通常这是一种非全面性资产的经济活动。

（2）公司并购。

公司并购是指一家公司通过偿付债务、购买股份、进行股权转让等方式，收购其他公司的资产，从而使被并购者失去法人身份或者改变法人实体的经济活动。

（3）出售公司。

出售公司是指将自主核算的公司或其内部分厂、车间以及其他全面资产的所有权转让。

（4）企业合作。

企业合作是指在国内的公司和机构通过投入固定资产、流动资产、无形资产以及其他各种资源来建立各种类型的联合运营实体的活动。

（5）股份经营。

股份经营是指资产拥有者采用股权化的运营方式，这包括法定代表人持有股票、内部员工持有股票、向公众发行非上市公司股票以及上市公司股票。

（6）中外合资、合作。

我国企业和其他经济实体与外国公司或个人共同在中国境内设立合资或合作的商业机构。

（7）公司租赁。

公司租赁是指在特定的时间段内，资产所有者以支付租金的方式，将公司全部或部分的商业使用权交给其他商业使用者的行为。

（8）经济保证。

经济保证是指以自身的资产作为对其他单位进行经济活动的保障，并且要承担相应的连带责任。

(9) 经济抵押。

经济抵押是指以本单位的资产作为物质担保来获取贷款的经济活动。

(10) 债务重组。

债务重组是指债权人同意债务人根据协议或法院判决修改债务条件的过程。

(11) 企业清算。

企业清算包括破产清理、终止清理以及结束清算。

三、我国政府对企业国有资产评估业务要求

我国政府对企业国有资产评估业务做了明确规定。依据中国自 2005 年 9 月起实施的《企业国有资产评估管理暂行办法》规定，当公司存在以下任何一种情况时，需要对其相关的资产价值做出评估：

①整体或者部分改建为有限责任公司或者股份有限公司；

②以非货币资产对外投资；

③合并、分立、破产、解散；

④非上市公司国有股东股权比例变动；

⑤产权转让；

⑥资产转让、置换；

⑦整体资产或者部分资产租赁给非国有单位；

⑧以非货币资产偿还债务；

⑨资产涉讼；

⑩收购非国有单位的资产；

⑪接受非国有单位以非货币资产出资；

⑫接受非国有单位以非货币资产抵债；

⑬法律、行政法规规定的其他需要进行资产评估的事项。

企业有下列行为之一的，可以不对相关国有资产进行评估：

①经各级人民政府或国有资产监督管理机构批准，对企业整体或者部分资产实施无偿划转；

②国有独资企业与其下属独资企业（事业单位）之间或其下属独资企业（事业单位）之间的合并、资产（产权）置换和无偿划转。

第六节

资产评估准则

一、资产评估准则的制定意义

概括来说，资产评估准则是关于如何由专业的评估师遵循技术标准和职业操守来完成资产估值任务的一系列规定。一个国家的评估发展水平可以从其资产评估准则的完备性和成熟度中得到体现。由于评估领域的专业特性，各国的评估协会都在积极推进并制定相应的资产评估准则以确保评估人员的合规操作，提升评估服务的品质，强化公众对于评估行业的信任感。这些准则不仅为评估理论的研究提供了基础，也对实际的评估活动产生了深远的影响，主要表现在如下几个方面。

1. 标准化评估机构和评估员的职业操作，维护评估领域的信誉

严苛的标准被设定于对企业价值进行评估的专业公司及其工作人员的工作技能与职业道德上，这些标准为他们的服务提供了指导原则并且向大众展示他们是按照规定的流程来工作的。这使人们可以信任他们在提供商业评估结果时的公正性和准确度。同时，该规则也详细说明了一些行为是不允许出现的（如制作假冒或误导性的评估报告），并对一些可操作的行为设定了限制条件。

2. 为社会和用户能够阅读并准确理解评估报告，提供了一套指导性的方法

由于评级公司及其员工在开展评估任务时遵循了资产评估标准的规定，也根据这些规定编写了资产评估报告。因此，通过参照资产评估标准来研究评估活动并解读评估报告，有助于公众和社会对评估结果有正确的认识，也能指导消费者恰当地利用资

产评估报告。

3. 保护和维护评估机构和评估人员的合法权利

在资产评估准则里，规定了评估公司及其员工的责任与义务，并确定了他们的职责和客户及其他有关方的责任。对于接受资产估值任务、研究资产情况、挑选评定方式和设定评估参数等方面都有具体的规定。只有遵循这些要求来执行评估工作，才能确保公平合理的评估活动，从而尽可能减少潜在的风险。如果有被质疑或起诉的不公平行为发生，他们可以依赖于评估标准来保障自己的合法利益。在中国资产评估准则中存在着一系列保护性的条款，如业务结束机制等，旨在保护评估公司的权利和员工的权益。

4. 有助于提高资产评估理论水平

资产估值规则源于对价值判断的研究与应用，它是对评估理论知识及实际操作技巧的精练概括，并能进一步引导这些活动的开展。同时，它们也是资产估价过程中的重要环节，反映了其深厚的理论基础。执行这一规定能够提升评估理论的水准，并且由于国际评估标准统一化，这也有助于各国的评估经验分享，从而推进全球评估行业的协同进步。

5. 有助于评估行业的监管和自律

资产评估准则是指导资产评估机构和评估员执行资产评估任务的行为规范和准则。政府监管部门对于资产评估业务进行监督，而行业协会则负责自我约束，这些都是资产评估准则的主要衡量标准和依据。因而，完善的资产评估准则既有助于政府监管部门的监管，又有助于评估行业的自律。

二、我国资产评估准则的制定历程

作为一种社会普遍认可的标准，资产评估准则代表了关于评估的一般原则和社会认识。它是一种专业的指导方针，依据社会的信任度而被广泛接受。对于市场而言，它是评估师及报告用户等各方的价值交流工具；从公共的角度来看，这是理解并判断评估服务的最理想方式；就评估从业人员而言，这是一种寻找客观公正法律保护的好方法。总的来说，资产评估准则是一国评估理念和专业技术的高度体现。中国的资产评估准则制定者不仅研究了国内的实践经验，还对全球范围内的相关准则进行了借鉴学习，并对不同国家的准则背后的理论根基和实际操作进行了深入对比分析。下面以财政部监管的资产评估专业领域为例，介绍我国资产评估准则的制定历程。

资产评估活动是一个伴随我国社会主义市场经济发展应运而生的新型中间服务业态。在该领域的初期阶段，财政部、中国注册会计师协会及中评协等陆续颁布了一系列关于资产估值管理的规章制度、规范与方法，对于促进我国资产估价产业的健康成长起到了关键性作用。然而并未形成体系化且完整的框架。

2001 年，鉴于当时的股票市场上频繁出现的与关联交易相关的无形资产估值的争论，基于对无形资产价值评估实践中的问题及国际标准的研究，中国财政部以财会〔2001〕1051 号文件颁布了《资产评估准则——无形资产》。

2003 年，中国注册会计师协会发布了《注册资产评估师关注评估对象法律权属指导意见》，该文件旨在明确要求从业者必须注意到他们所要估价目标的合法所有者的身份信息及其权利情况；此外，随着国内宝石贸易需求不断增长，中评协出台了一份名为《珠宝首饰评估指导意见》，满足了这一市场发展的需求。

经过验证，构建一套全面且系统的评价行业的操作规则与伦理标准对确保其有序运行及持续发展至关重要。2004 年，中评协基于国内关于资产评估的研究成果及其应用实例，参考其他国家和地区的优秀案例后制定了《资产评估准则——基本准则》和《资产评估职业道德准则——基本准则》，并在获得财政部的授权后正式公布实施这两项指导方针。这一举措标志着我们国家资产评估标准的建立进程迈出了关键的一步，对于该领域的发展具有重大意义。

2004 年年末，为了满足中国股票市场的公司所有权发展需求，考虑到国内公司的估值主要采用成本法，中评协参照全球企业的评估理论与实际操作经验，并根据中国的实际情况，发布了一份名为《企业价值评估指导意见（试行）》的文件。该文件解决了长期以来关于企业估值目标模糊不清的问题，指出了应选择何种类型的价值标准，并且确定了如何挑选合适的评估方式。这对于转变我们国家的企业估值观念有着重要的影响。

2005 年，鉴于金融不良资产的评估任务涉及无法明确的评估目标和缺失完整的评估数据，同时其评估过程也受到了诸多约束，因此，由中评协牵头的一批专家们对这些情况进行了深入的研究并结合实际操作中的经验教训，为解决当时存在的问题而制定了一份名为《金融不良资产评估指导意见》的文件。

自2005年起，中评协开始全盘考虑其标准系统建设方案，进入到标准建立与完善的关键时期，加速推进相关规则的确立进程。中评协公布了一系列新的规定，其中包括《以财务报告为目的的评估指南（试行）》《资产评估准则——评估报告》《资产评估准则——评估程序》《资产评估准则——业务约定书》《资产评估准则——机器设备》《资产评估准则——不动产》和《资产评估价值类型指导意见》等。2007年11月28日，财政部、中评协在人民大会堂召开了中国资产评估准则体系发布会，正式发布中国资产评估准则体系，并宣布成立财政部资产评估准则委员会。

2008年11月28日，中评协发布了《资产评估准则——无形资产》《专利资产评估指导意见》和《企业国有资产评估报告指南》三份文件，评估准则体系建设再上新台阶。《资产评估准则——无形资产》和《专利资产评估指导意见》实施后，《财政部关于印发〈资产评估准则——无形资产〉的通知》（财会〔2001〕1051号）即予废止。

2009年12月18日，中评协发布了《投资性房地产评估指导意见（试行）》和《资产评估准则——珠宝首饰》两份文件，其中《资产评估准则——珠宝首饰》是在《珠宝首饰评估指导意见》的基础上修订而成的。

为了规范注册资产评估师编制和出具金融企业国有资产评估报告行为，规范注册资产评估师进行著作权资产评估业务，规范评估机构的业务质量控制，明确评估机构及其人员的质量控制责任，中评协于2010年12月18日制定并发布了《金融企业国有资产评估报告指南》《著作权资产评估指导意见》和《评估机构业务质量控制指南》三份文件。

2011年，中评协对五个已有标准进行了修改并且发布了两个新的规范，包括将《企业价值评估指导意见（试行）》修订为《资产评估准则——企业价值》；将《资产评估准则——评估报告》《资产评估准则——业务约定书》《企业国有资产评估报告指南》和《金融企业国有资产评估报告指南》中有关条款进行修订后，以准则形式重新发布，并发布了《商标资产评估指导意见》和《实物期权评估指导意见（试行）》。

《企业价值评估指导意见（试行）》在改善企业评估业务的行为标准，提升其技能水准，稳定并扩大企业的评估市场方面发挥了重要作用，同时为中国股票市场的进步和发展做出了贡献。绝大部分条款通过实际操作被证明有效。历经七年的时间，中国的评估规则系统已经构建完成。国际和国内的企业评估理论和实务也取得了新进展，国内的股市和所有权交易市场逐渐成熟，这使企业的评估需求产生了变化，因此，修改《企业价值评估指导意见（试行）》非常必要。更新后的规定在各个层面如总体架构、用词定义、信息公开等方面均达到了与其他评估规定的统一；更详细地阐述了使用市盈率方法和收益方法时的具体步骤；强调了对控制力及其流动性的影响因素应给予充分重视，并对如何得出评估结果提供了更为清晰的规定；依据监管机构的需求对评估报告的信息公布做了进一步整理。《企业价值评估指导意见（试行）》的修正，有助于指引和管理企业评估业务活动，推动评估业界更好地满足市场需要。首先，该准则系统地整理并规定了企业评估过程中普遍适用的操作流程，这有利于强化评估领域的常规任务，更有效地满足市场对于评估专业服务的需求，从而更好地助力中国经济转型发展；其次，它提高了对企业的评估标准，向评估员提供了一个领先的实操指南，有助于提高行业的专业水平；再次，此举推动了评估观念与评估技巧的全球融合，进一步加强了标准的全球统一性；最后，由于准则的升级，实体性的准则层级已经涵盖了包括企业价值、机器设备、知识产权、房地产及宝石类等关键的一级资产，使准则框架更加完备。

对评估报告等准则中签字盖章条款的修订，旨在贯彻落实《资产评估机构审批和监督管理办法》（财政部令第 64 号）的相关规定，满足评估机构执业需要。主要修订内容包括：有限责任公司评估机构的法定代表人能够授权其他高级管理人员签署评估报告和业务约定书；评估机构能够授权分支机构签订业务约定书；分支机构负责人能够根据授权签署评估报告和业务约定书。这次修订遵循了“适当授权、风险共担”的原则。修订后的签字盖章制度既适应了评估机构“做大、做优、做强”的需求，方便执业，又能够合理界定执业责任，满足了执业质量管理的需求。

《商标资产评估指导意见》是服务国家知识产权战略和文化强国战略的重要举措。指导意见的发布有以下意义：一是将更好地促进评估行业服务商标的转让和许可，促进知识产权战略的实施和文化产业的发展；二是完善了无形资产评估准则框架；三是填补了国际空白。《商标资产评估指导意见》是国际上第一个关于商标资产的评估准则，将为国际上相关评估准则的制定提供借鉴。

为服务市场经济，满足发展需求，提高执业质量，2012 年，在财政部的指导下，在国家林业和草原局等有关部门的大力支持下，中评协制定并发布了三项新准则：《资产评估准则——利用专家工作》《资产评估准则——森林资源资产》和《资产评估职业道德准则——独立性》。

《资产评估准则——利用专家工作》是对评估机构、注册资产评估师执行各种资产类型、各种评估目的的评估业务过程中利用专家工作行为的规范，也是强化执业质量监管的重要依据。它的发布具有以下意义：一是在准则体系中首次对什么是专家工作、如何利用专家工作、利用专家工作的责任和披露等问题进行规范；二是将评估实务中利用专家工作的类型归纳为聘请专家协助工作、利用专业报告和引用单项资产评估报告三种类型，有助于执业人员和监管方加强对利用专家工作的理解；三是对评估行业特有的引用单项资产评估报告行为提出较细致的操作要求。通过规范操作，促进评估机构和注册资产评估师合理承担执业责任，有助于控制执业风险。

《资产评估准则——森林资源资产》以服务国家林权制度改革为目的，根据现行的森林资源经营管理与资产评估监管体制制定，旨在规范评估人员执行森林资源资产评估业务的行为。此准则的发布具有以下意义：一是将评估行业最新的理论成果和实践经验融入总则中，为评估人员开展森林资源资产评估业务提供了较全面的指导，为森林资源评估人员更好地把握森林资源种类的多样性、复杂性提供技术支持，避免因森林资源资产评估的专业性和特殊性产生认识偏差与法律纠纷；二是明确了林业调查设计单位等机构参与实物量核查的方式，有助于规范评估机构与林业调查设计单位等机构的业务合作；三是提出了在经济价值基础上，关注特定资产的生态价值，有助于合理发现森林资源资产的真实价值，服务生态文明建设。

《资产评估职业道德准则——独立性》旨在满足政府监管要求，维护行业公信力，规范职业行为，维护行业权益。此项准则的发布具有以下意义：一是为维护评估机构、注册资产评估师在执业过程中保持独立立场，提供必要的制度支持；二是独立性总则作为第一项职业道德具体准则，丰富了职业道德准则体系的内容，提升了职业道德要求的操作性，为评估机构和注册资产评估师开展估计业务提供了有效指导，为监管方审核、评判评估业务提供了技术支持。

2015 年 12 月，为了规范资产评估师执行知识产权资产评估业务行为，中评协制定和发布了《知识产权资产评估指南》。

为了贯彻落实《关于推动国有文化企业把社会效益放在首位、实现社会效益和经济效益相统一的指导意见》（中办发〔2015〕50号）文件精神，进一步规范与指导资产评估行业执行文化企业无形资产评估业务，在中共中央宣传部和财政部的组织和指导下，2016年3月，中评协发布了《文化企业无形资产评估指导意见》。

至此，我国资产评估准则体系包含的准则项目已达28项，包括2项基本准则、12项具体准则、5项资产评估指南和9项资产评估指导意见，已经建立了覆盖资产评估主要执业领域的比较完整的评估准则体系。

2016年7月2日，第十二届全国人民代表大会常务委员会第二十一次会议通过的《中华人民共和国资产评估法》，明确规定了行政管理部门组织制定评估基本准则和评估行业监督管理办法，评估行业协会依据评估基本准则制定评估执业准则和职业道德准则。2016年12月7日，《财政部关于贯彻实施〈中华人民共和国资产评估法〉的通知》（财资〔2016〕93号）明确，根据资产评估法的要求，财政部将加快出台资产评估行业财政监督管理办法和资产评估基本准则等相关管理制度，确保资产评估法落到实处。

2017年4月21日，财政部公布了财政部令第86号《资产评估行业财政监督管理办法》，从2017年6月1日起施行，财政部2011年8月11日发布的《资产评估机构审批和监督管理办法》（财政部令第64号）同时废止。

2017年8月23日，为规范资产评估执业行为，保护资产评估当事人合法权益和公共利益，维护社会主义市场经济秩序，根据《中华人民共和国资产评估法》等有关规定，财政部制定了《资产评估基本准则》。

2017年9月8日，中评协依据财政部的《资产评估基本准则》，发布了25项资产评估执业准则和职业道德准则修订稿。本次发布的25项准则，自2017年10月1日起施行。

本次修订在保护资产、评估当事人的合法权益和公共利益有效衔接、吸收理论和实践的最新成果的三大原则下，保留以前实施总则中符合行业实际行之有效的内容，保持总则体系的内容基本稳定；增加和调整因市场、法律和专业环境变化而确有必要补充和调整的内容，从立足行业整体发展着眼进行修改完善。本次修订保证了准则合法性，提高了准则操作性和专业性，使总则体系更加系统和完善，对于规范执业行为、促进资产评估行业健康发展具有重要意义。本次修订，一是调整了总则规范主体，将准则规范的主体修订为“资产评估机构”和“资产评估专业人员”，并规定了其内涵，全面覆盖了机构和人员的要求；二是明确了总则的适用范围，接受财政部监管，以资产评估报告名义出具书面专业报告应遵守资产评估准则，但法律、行政法规规定应当执行其他准则的，从其规定；三是增加核查和验证程序，从明确资产评估档案的规定期限等方面完善了资产评估程序；四是明确了评估方法的选择范围包括衍生方法；五是规范资产评估报告编制、引导正确使用资产评估报告和正确理解评估结论，以避免内容误导为出发点，调整了资产评估报告出具要求；六是根据《中华人民共和国资产评估法》和实践发展要求，整合和强化了资产评估职业道德要求，形成了职业道德准则；七是加强了准则间的协调。此外，本次修订还完成了大量专业术语使用和内容表述等方面的修改，对总则文字和格式等方面进行了优化。

经过这次修订，财政部门监管的资产评估专业领域中的资产评估准则体系包括一项基本准则、一项职业道德准则和25项执业准则，执业准则和职业道德准则依据基本准则，分别从业务和职业道德两个方面系统地规范了资产评估行为。

2018年10月29日，为了深入贯彻落实《中华人民共和国资产评估法》，更好地规范资产评估行为，充分发挥资产评估的专业服务功能，保护当事人合法权益和社会公共利益，根据资产评估执业实际需要，借鉴国际评估准则经验，经征求有关监管部门和有关委托方的意见，中评协发布了修订后的《资产评估执业准则——资产评估报告》《资产评估执业准则——资产评估程序》《资产评估执业准则——资产评估档案》和《资产评估执业准则——企业价值》四项准则，自2019年1月1日开始施行。

2019年5月6日，为了规范资产评估机构及其资产评估专业人员完成人民法院委托司法执行财产处置的资产评估业务，根据《中华人民共和国资产评估法》《最高人民法院关于人民法院确定财产处置参考价若干问题的规定》《资产评估基本准则》及《人民法院委托评估工作规范》等有关规定，中评协制定和发布了《人民法院委托司法执行财产处置资产评估指导意见》，自2019年7月1日起施行。

2019年12月4日，为了规范资产评估机构及其资产评估专业人员在执行资产评估业务时使用资产评估方法的行为和珠宝首饰评估行为，明确和完善珠宝首饰评估程序，中评协发布了《资产评估执业准则——资产评估方法》和《珠宝首饰评估程序指导意见》两项准则，均自2020年3月1日起施行。

2020年11月25日，为规范资产评估准则术语使用，促进资产评估准则的理解和执行，在财政部指导下，中评协组织研究形成了《资产评估准则术语2020》。另外，为规范和指导资产评估机构及其资产评估专业人员执行企业并购投资价值评估业务行为，在财政部指导下，中评协制定和发布了《企业并购投资价值评估指导意见》，自2021年3月1日起施行。

2022年1月12日，为规范体育无形资产评估业务行为，保护资产评估当事人合法权益和公共利益，服务体育产业高质量发展，在财政部和体育总局的指导和支持下，中评协制定了《体育无形资产评估指导意见》，自2022年3月1日起施行。

2023年8月21日，为贯彻落实《中华人民共和国资产评估法》，规范资产评估执业行为，保证资产评估执业质量，保护资产评估当事人合法权益和公共利益，在财政部指导下，中评协根据《资产评估基本准则》，制定了《资产评估执业准则——知识产权》，自2023年9月1日起施行。

2023年9月8日，为规范数据资产评估执业行为，保护资产评估当事人合法权益和公共利益，在财政部指导下，中评协制定了《数据资产评估指导意见》，自2023年10月1日起施行。

随着我国评估理论和实践的不断发展，今后我国评估准则体系将会得到进一步完善，以适应资产评估实务与社会发展的需要。

三、我国资产评估准则体系

我国财政部门监管的资产评估专业领域的资产评估准则体系包括了财政部制定的基本准则和中评协制定的执业准则和职业道德准则两个层次。我国资产评估准则体系的构成如图1-2所示。

基本准则是资产评估机构和评估人员执行各种资产类型、各种评估目的资产评估业务的基本规范，是各类资产评估业务应当遵守的基本规范。目前在各国的评估准则及国际评估准则中并没有类似的独立的基本准则，我国资产评估基本准则是首次尝试将各类资产评估的共同规范有机地结合在一起。资产评估基本准则是中评协制定资产评估执业准则和职业道德准则的依据。

资产评估执业准则是中评协依据资产评估基本准则制定的资产评估机构和评估人员在执行资产评估业务过程中应当遵循的程序规范和技术规范，包括具体准则、资产

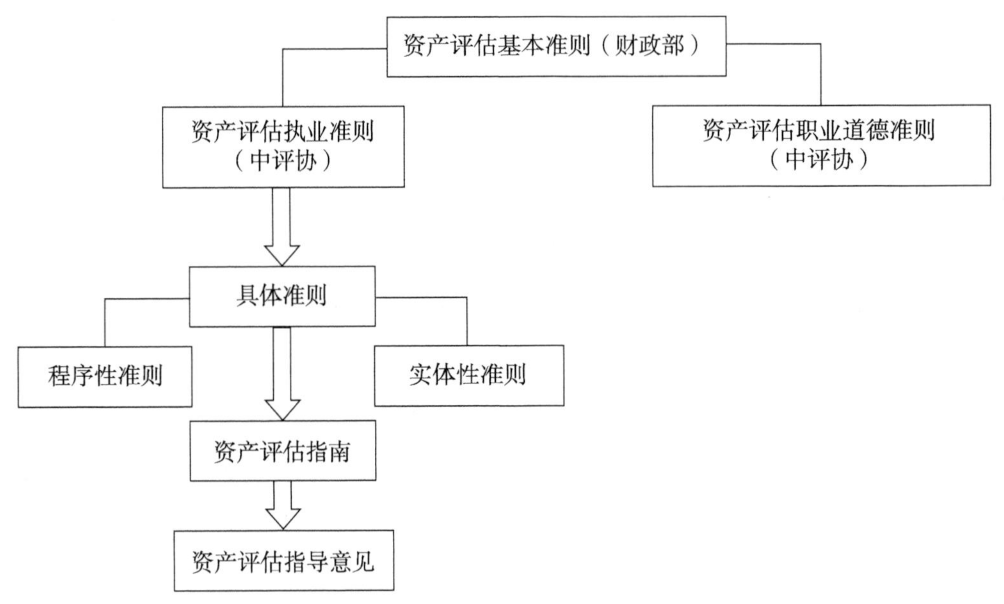

图 1-2　我国资产评估准则体系构成

评估指南和资产评估指导意见三个层次，相应规范不同的内容。

第一层次为资产评估具体准则。资产评估具体准则分为程序性准则和实体性准则两个部分。程序性准则是规范资产评估机构和评估人员执行评估业务流程的准则，包括评估程序准则、评估报告准则、评估档案准则、资产评估委托合同准则等。实体性准则是规范各种资产类型评估业务的准则，主要包括企业价值评估准则、无形资产评估准则、不动产评估准则、机器设备评估准则、珠宝首饰评估准则、森林资源资产评估准则等。

第二层次为资产评估指南。资产评估指南是针对特定目的、评估业务中某些重要事项以及特定资产类别评估业务的规范，如以财务报告为目的的评估、以作价出资为目的的评估、以抵（质）押为目的的评估、以资产涉讼为目的的评估，以及企业国有资产评估、知识产权评估等。

第三层次为资产评估指导意见。资产评估指导意见是针对资产评估业务中的某些具体问题、某些细类资产进行规范的指导性文件。该层次较为灵活，针对评估业务中新出现的问题及时提出指导意见，如针对无形资产评估中的专利、商标、著作权等方面提出相应的指导意见。某些尚不成熟的具体评估准则或评估指南也可以先作为指导意见发布，待实践成熟后再上升为具体准则或指南。

中评协依据资产评估基本准则制定的资产评估职业道德准则，主要基于对资产评估机构和评估人员开展资产评估业务应当具备的道德品质，具体规范了他们职业道德方面的基本遵循、专业能力、独立性、与委托人和相关当事人的关系、与其他资产评估机构及评估专业人员的关系。

一、单项选择题

1. 在资产评估中，市场价值类型适用的基本假设前提是（　　）。

A. 在用续用假设

B. 公开市场假设

C. 清算假设

D. 会计主体假设

2. 在以下各项中，决定资产评估价值的主要元素是（　　）。

A. 资产的生产成本

B. 资产的预期效用

C. 资产的历史收益水平

D. 资产的账面价值

3. 以下各项中，直接决定资产评估结果的元素是（　　）。

A. 评估的特定目的

B. 评估方法

C. 评估程序

D. 评估基准日

4. 资产评估假设基本的作用之一是（　　）。

A. 表明资产评估的作用

B. 表明资产评估所面临的条件

C. 表明资产评估的性质

D. 表明资产评估的价值类型

5. 不可确指的资产是指（　　）。

A. 没有物质实体的某些特权

B. 具有获利能力的资产综合体

C. 不可以独立于有形资产之外而存在的资产

D. 除有形资产以外的所有资产

6. 在评估资产市场价值时，必须考虑的最直接的市场条件假设是（　　）。

A. 在用续用假设

B. 公开市场假设

C. 清算假设

D. 会计主体假设

7. 一般来说，资产评估的一般目的是对资产进行（　　）评估。

A. 价格

B. 价值

C. 公允价值

D. 公开市场价值

二、多项选择题

1. 以下哪些属于资产评估的特点（　　）。

A. 市场性

B. 强制性

C. 公正性

D. 咨询性

E. 行政性

2. 资产评估的市场性主要体现在（　　）。

A. 资产评估是市场经济的产物

B. 市场上的资产交易价格是由资产评估得出的结论

C. 资产评估人员通过模拟市场来进行资产评估

D. 被评估的资产最终要进入市场流通

E. 资产评估结果最终要经得起市场的考验

3. 按企业会计制度及资产的流动特性分类，资产可以被划分为（　　）。

A. 流动资产

B. 不动产

C. 固定资产

D. 长期投资性资产

E. 无形资产

4. 在以下的原则中，属于资产评估工作原则的有（　　）。

A. 独立性原则

B. 科学性原则

C. 替代性原则

D. 客观性原则

E. 供求原则

5. 按构成及获利能力，资产被划分为（　　）。

A. 有形资产

B. 无形资产

C. 可确指资产

D. 单项资产

E. 整体资产

6. 资产评估中的非市场价值包括（　　）。

A. 投资价值

B. 最佳使用价值

C. 在用价值

D. 残余价值

E. 市场价值

7. 下列资产评估的经济活动中，会导致产权变动的有（　　）。

A. 企业出售

B. 股权重组

C. 经营业绩评价

D. 合资合作

E. 企业合并

8. 持续使用假设又可细分为（　　）。

A. 在用续用假设

B. 中断后持续使用假设

C. 转用续用假设

D. 移地续用假设

E. 公开市场假设

三、判断题

1. 企业的借入资产不能够纳入被评估资产的范围，因为企业对其不拥有所有权。(　　)

2. 为了确保资产评估的独立性，资产评估机构所收取的服务费仅与其工作量有关，与被评估资产的价值无关，并且应接受公众的监督。(　　)

3. 一般来说，当资产的所有权发生变动时，专业人员会对资产的交易价格进行评估。(　　)

4. 对资产在特定时间和市场环境中的交易价值进行评估和判断就是资产评估。(　　)

5. 资产评估的主体是资产评估的对象，指的是被评估的资产。(　　)

6. 除了商誉，其他可以被确定为资产的有形和无形资产都在评估范围内。(　　)

7. 在不同的评估目的下，相同的资产可能会有所差异。(　　)

8. 评估基准日是资产评估机构开始对资产进行评估的日子。(　　)

9. 资产评估中的市场价值是公允价值的坐标。(　　)

10. 在资产评估中，在用价值是市场价值以外的其他价值形式的一种具体表现。(　　)

11. 通常将资产评估结果对于个别投资者的重要性称为投资价值。(　　)

12. 清算假设是对在非公开市场环境下资产被迫销售或迅速变现的假定条件。(　　)

13. 对于同一资产，在考虑不同的假设条件时，评估结果应该向同一方向趋于一致。(　　)

14. 除市场价值之外的价值就是不公平的，因此评估专家必须将资产的市场价值视为其首要目标。(　　)

15. 实际的评估价值应该体现出资产的未来潜力，如果没有预期的未来潜力和收益，那么其实际评估价值也将不存在。(　　)

四、简述题

1. 资产评估与会计计价的区别体现在哪几个方面？

2. 简要描述资产评估的基本要素。

3. 资产的分类及资产评估的含义有哪些？

4. 简要描述资产评估的假设及资产评估的原则。

▶▶ 第 二 章

资产评估的基本方法

第一节
市场法

一、市场法的概念

市场法是一种评估资产价值的方法，通过直接比较或类比分析，利用市场上同类或类似资产的最新交易价格来估算。其核心思想是根据替代原则选择近期成交的一个或几个与被评估对象相似的资产作为参照，通过比较找出差异并量化，最终通过修正计算出被评估资产的价格。该方法源自经济学中的供求均衡价值论，即商品的价值取决于市场供求关系形成的均衡价格。基本公式为：

$$评估值 = 参照物交易价格 + \sum \begin{matrix}评估对象优于参照物\\因素引起的价格差额\end{matrix} - \sum \begin{matrix}评估对象劣于参照物\\因素引起的价格差额\end{matrix} \quad (2-1)$$

假设被评估的资产与参照物在可比性因素上存在的差异并非用货币量化的绝对值，而是一个以比率形式呈现的相对指标，那么这个公式就会变为：

$$评估值 = 参照物交易价格 \times 调整因子_1 \times \cdots \times 调整因子_n \quad (2-2)$$

上式中的调整因子也被称为修正系数的调整因子，是指在特定比较条件下，被评估资产价值与参照物价值的比率。在某些情况下，这两个公式也会同时使用。因而上式中市场法评估公式也能够写为：

$$评估值 = 参照物交易价格 \times \frac{被评估资产因素A}{参照物因素A} \times \frac{被评估资产因素B}{参照物因素B} \times \cdots \quad (2-3)$$

知识链接

正确理解被评估资产与参照物之间的差异额

个别场合下，要注意正确理解被评估资产与参照物之间“谁比谁”更值钱的内涵，体现在评估时点满足交易假设条件下，被评估资产价格在参照物成交价基础上应该是“+”还是“-”，不能简单等价为被评估资产比参照物某方面“多”就是“+”反之就是“-”。用以下例子说明：

如图 2-1 所示，在某电商平台显示的两台品牌相同的 3 匹空调价格：定频空调价格为 4899 元，变频空调价格为 5699 元，二者主要区别就是在使用过程中，变频空调能节约能耗，也就是说，如果人们使用空调的频率较低，那么现在他愿意低价买一个定频空调，承担将来使用过程中耗电费用增加额；反之，如果人们预测使用空调的频率较高，那么他会现在花高价买一个变频空调，未来在使用过程中通过节约耗电费用来补偿。在评估中，选用技术先进的资产作为参照物，被评估资产相对高于参照物的这部分使用成本差异额，应该理解为被评估资产现在的交易价格比参照物“不值钱”的调整额，即相对参照物，被评估资产的“贬值”额，也就是从参照物成交价中减去这部分差异额。对应于现实中没有人愿意花高价买回一个未来使用成本较高的资产，除非这个使用成本提前在交易价格（也就是评估价格）中扣除。

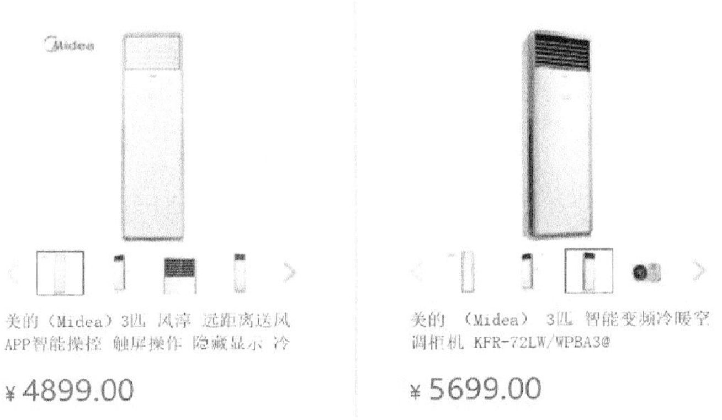

图 2-1　定频空调、变频空调价格对比

‖**示例 2-1**‖　当前正对一家公司使用的运输车辆进行评价，评估人员两天前在二手汽车市场中发现了同一车型和生产日期的新车刚刚出售，售价为 25 万元人民币，当时车辆运行状态良好，但是其中一只尾灯已经破损。同时，他们也得知这两台车辆的行驶距离相当接近且维护情况类似，均无严重的事故发生。更换这样一款尾灯的价格大约需花费 400 元。目前，客户希望我们能基于第二天作为评估日去估算此车辆的价值。

被估车的评估值=（250000+400）/10000=25.04（万元）。

二、市场法的基本应用前提

资产评估的市场法作为基础评估方法之一，必须满足两个基本的条件。

一是要有一个活跃的公开市场。

二是在公开市场上有可比较的资产和交易行为，并且可以获取到相应的指标、技术参数等信息，同时也能够通过货币进行量化。

对于资产及其相关的交易而言，具备比较性的前提是能选取一定数量的近期已在公开市场中出现过的、与其待估资产及相关业务具有类似或者相符特征的参考资产及其相关交易行为。这种比较性主要体现在如下几项因素上。

首先，参照物与评估对象在功能上是可比较的，这包括在用途和性能方面的相同或相似。

其次，确保参照物与被评估对象所处的市场条件具有可比性，包括市场的供需情况、竞争状态以及交易条件等。

最后，参照物的交易时间与评估基准日的时间间隔不能过长，应保持在一个适宜的时间区间内。

三、市场法应用的基本程序及有关因素

用市场法进行评估大体上要经过以下程序。

步骤一，挑选参照对象是必要的步骤。通常情况下，我们倾向于寻找具有类似的功能和市场环境且距离评估日期较近的参考案例作为比较基础。此举旨在确保所选取的参考样本能够最大程度地模拟待估资产的市场表现，从而使得两者间的差异最小化，进而使参考样本的价格更准确地反映出待估资产的市场价位。此外，为避免单一参考样本存在偏颇的可能性，建议同时考虑多个样本（一般不少于 3 个）以实现平衡分析，这有助于降低估算误差的风险。

步骤二，确定用于比较的要素是在目标和参照物之间的选择。由于各类资产的影响因子可能会存在差异，因此应尽可能地挑选那些可以体现出资产主要特性和功能的因素来进行比较。一般来说，这些因素对于资产价格变动具有决定性的作用，通过调

节它们可以让估价更加精确。

步骤三，比较和量化差异。将第二步挑选出的元素与预估资产进行对比，计算出它们之间的差异。

步骤四，基于各个参照物的交易价格，对已经量化的比较指标差异进行调整。也就是利用公式（2-1）或者公式（2-2）来计算与每个参照物相对应的评估值。

步骤五，我们需要对评估结果进行全面分析。根据被评估资产受到的影响程度，我们将计算出的调整值进行算术平均或加权平均处理，以得出最终的评估结果。

虽然使用市场法计算出来的估计数有时候会和这个资源的财务记录成本相差甚远，但这并不意味着其评价结果是不真实的。这是由于这种类型的资源定价是基于这类资源的市场销售情况来确定的。另外，市场上供求关系也有可能导致资源的价格与财务记录成本出现严重的偏移，因此两者之间的巨大差异是可以被视为正常的市场行为。

对资产价值的市场法评估，核心步骤在于识别并调整被估计资产与参照物的差异。引起差异的可比较因素归纳起来主要有以下几个方面。

1. 时间因素

时间因素指的是由于参照物的买卖日期和评估基准日的差距所导致的它们的估值差额问题。当评估过程中出现这种情况（即参照物的时间比评估日期晚很多且无法忽视其对结果造成的作用）的时候，我们需要对此作出相应的修正以考虑这一要素带来的变化。所谓时间因素的调整，是把参照物的价格从其实际成交时的价位调至基于评估基准日的定价。若确定目标资产及参照物仅受此单一因子作用的话，则可以使用以下公式计算出待测资产的市场价值：

$$评估值=参照物价格\times交易时间的调整因子 \tag{2-4}$$

对交易时间的调整因子的解释在于将其参考对象的价格变动程度转化为评估基准日的价格状况，通常使用定基物价指数或者环比物价指数来计算，具体细节将在后续部分展开讨论。在做价值评估的时候，应尽可能选择距离评估基准日期最近的实际交易案例作为参考，并持续关注市场动态，以便了解最新的价格波动模式，从而减少由于时间影响导致的估值偏差。

‖**示例 2-2**‖　位于同一城市的一栋住宅大楼中，三套独立的均是三楼的住宅位于不同的单元，它们的建筑风格、方向和内部装饰几乎一致。最近，第一和第三套住宅已经成功地通过了房产交易平台进行了销售。其中，第一套住宅于2023年5月30日以每平方米9800元的价格成交，而第三套则在同年的7月31日完成交易，其售价为每平方米9600元。现在我们需要对第二套房子进行估价，并设定评估日期为2023年10月30日。同时，假定该年度下半段房地产市场的变化趋势呈平稳发展。

每月房屋下跌价格＝（9800−9600）/2＝100（元）

以第一套为参照物，第二套房屋评估值＝9800−100×5＝9300（元）

以第三套为参照物，第二套房屋评估值＝9600−100×3＝9300（元）

故第二套房屋评估值为9300元/平方米。

2. 地域因素

影响资产价格的主要因素之一是其地理位置和环境状况。对于地产而言，这种效应尤为明显，例如，处于城市核心地区的房产相较于偏远的同类房屋具有更高的估价。在做房地产评价的时候，需要挑选多个参照物，比较被评定资产与其参照物的相对价值，同时也需分析这些参照物彼此间的地域差距，以尽量减少由于地点变化带来的价格波动。如果仅受地域因素影响，则可以使用以下公式来计算被评估资产的评估值：

$$评估值=参照物价格\times地域因素调整因子 \tag{2-5}$$

3. 功能因素

功能作为决定资产价值的关键要素之一，它的主要作用在于体现出资产的使用价值。一般情况下，如果资产的功能更强大，则其价值也更高。需要明确的是，这个功能必须符合社会的广泛需求。换句话说，如果某项“过强”的功能对于买家来说没有实际意义，那这项功能产生的价值也不会得到他们的认同。在此种情况下，卖家会根据所有功能综合考虑定价，而此时交易双方对该资产价值的理解就会产生较大的分歧。所以，在评价过程中，我们应充分合理地估算由于功能不同导致市场上的潜在成交价差异。若评估目标仅有功能方面的区别，那么资产的价值评估公式如下：

$$评估值=参照物价格\times功能差异调整因子 \tag{2-6}$$

4. 资产的质量和实体特征

品质属性主要涉及资产自身的制作技术程度。比如成新率要素，这反映了资产实体的磨损情况对其售价产生的影响。而对于资产的物理特性而言，我们关注的是其外观设计、构造方式、使用年限及尺寸大小等方面。如果评估目标仅在成新率方面存在不同，那么资产的价值评估公式如下：

评估值=参照物价格×成新率差异调整因子　　（2-7）

5. 市场条件和交易状况

市场交易条件主要包含了买卖的环境因素及条款。环境因素涉及参照物在不同市场的表现，例如，是否处于公开或者私密市场，以及其供应需求状态。而关于市场条件的定义则是基于参考资产在销售的时候以及评估日期所处的市场情景，比如市场开放度、供给需求关系、竞价水平等。若某项资产在市面上的需求超过供应，那么该商品的价格就可能更高，相反的情况也同样成立。购买行为中的具体细节则涵盖了数量、意图、期限等方面。一旦评估目标与参照物仅存在买卖方面的差别，那我们就可以使用以下公式来估算待评定资产的实际价值：

评估值=参照物价格×交易情况调整因子　　（2-8）

四、市场法下的具体评估方法

1. 现行市价法

现行市价法适用于参照物与被评估资产完全相同或高度相似的情况。当评估对象本身的市场价格或与之相近的参照物也具有同样的市场价格时，我们可以直接使用这些对象或参照物在评估基准日的市场价格作为评估对象的评估值。例如，批量生产的设备和汽车等。

2. 市场价格折扣法

市场价格折扣法适用于评估对象与参照物在交易条件上有所不同的情况。评估公式为：

$$资产评估价值=参照物成交价格\times（1-价格折扣率） \tag{2-9}$$

‖示例 2-3‖　评估员经过综合分析后，被评估资产需要快速变现，在评估时点，其正常变现价为 40 万元，评估员认为应给予 30%的快速变现折扣率。拟快速变现资产的价值应为多少？

资产评估价值=40×（1-30%）=28（万元）

3. 功能价值类比法

功能价值类比法可用来评估仅存在功能差异的情况下的对象和参照物之间的差异。该方法包括生产能力比例法和规模经济效益指数法。

（1）生产能力比例法（单位生产能力法）。

生产能力比例法（单位生产能力法）适用于同类资产单位生产能力的价值相同的情况，其评估公式为：

$$资产评估价值=参照物成交价格\times（评估对象生产能力/参照物生产能力） \tag{2-10}$$

‖示例 2-4‖　某被评估资产的年生产能力为 90 吨，而参照的资产则每年有 120 吨生产能力，评估时参照资产市场价格为 30 万元，现在需要评估这个资产的价值。

资产评估价值=30×90/120=22.5（万元）

（2）规模经济效益指数法。

规模经济是指在特定的生产范围内，随着生产规模增大，产品的平均成本逐渐降低的经济现象。规模经济在资产评估中指生产规模扩大对产量或收益的影响。例如，市场上同一品牌的 50 千克面粉的价格是 105 元/袋，25 千克的小袋面粉价格是 55 元/袋，50 千克面粉价格比两袋 25 千克的小袋面粉价格要低一些。评估公式为：

$$资产评估价值=参照物成交价格\times（评估对象生产能力/参照物生产能力）^{x} \tag{2-11}$$

在公式里，x 代表的是规模经济效益指数，它的理论值应该在 0 到 1 之间。然而，在实际操作中，我们通常会使用经验数据，其数值一般在 0.6 到 0.7 之间。

‖示例2-5‖ 继续前面的例子，这类资产的功能价值指数为0.7，需要确认这项资产的价值。

资产评估价值=30×（90/120）$^{0.7}$=24.53（万元）

4. 物价指数法

物价指数法是一种评估方法，它是通过比较参照物的交易价格和评估基准日的物价水平变动对参照物的交易价格进行调整（增加或减少）以确定被评估资产的价值。一般应用在资产再生产的技术条件变化不大，仅由交易时间不同造成的价格差异调整的情况。基本评估公式为：

$$资产评估价值=参照物成交价格\times（1+物价变动指数） \qquad (2-12)$$

根据具体情况，又分为定基物价指数修正和环比物价指数修正两种情况：

（1）定基物价指数修正。

$$资产评估价值=参照物资产交易价格\times\left(\frac{评估基准日资产定基物价指数}{参照物交易日资产定基物价指数}\right) \qquad (2-13)$$

（2）环比物价指数修正。

$$资产评估价值 = 参照物资产交易价格 \times 环比物价指数\ a_1 \times 环比物价指数\ a_2 \times \cdots 环比物价指数\ a_n \qquad (2-14)$$

式中，环比物价指数 $a_1 \sim a_n$ 指从参照物成交时间的下一期物价指数至评估基准日物价指数。

‖示例2-6‖ 评估资产与12个月前的同类参照资产相比，价格上涨了5%，当时参照物成交价为40万元，请评估该资产的价格。

资产评估价值=40×（1+5%）=42（万元）

‖示例2-7‖ 假设房地产将在2023年的6月30日接受估价，而上半年每月的房价与2019年年底相比较，涨幅分别为10.5%、9.6%、6.8%、7.3%、5.7%和2.5%。参照房子的销售价格在2023年3月底达到了15200元/平方米，那么我们应该如何计算出这个房屋的价值？

$$资产评估价值 = 15200 \times \frac{(1 + 2.5\%)}{(1 + 6.8\%)} = 14588(元/平方米)$$

‖**示例2-8**‖　已知某资产同批次同类产品在2022年12月的市场交易价格为200万元，评估人员调查得知，该类资产2023年1~6月的环比物价指数分别为101.6%、98.3%、100.5%、95.8%、102.5%和105.7%。则评估对象于2023年4月的评估价格为多少？

资产评估价值=200×101.6%×98.3%×100.5%×95.8%

=192.31（万元）

5. 成新率价格调整法

成新率价格调整法适用于被评估资产和参照物之间只存在新旧程度方面的差异。评估公式为：

资产评估价值=参照物成交价格×（被评估资产成新率/参照物成新率）（2-15）

其中：

成新率=资产的尚可使用年限/（资产的已使用年限+资产的尚可使用年限）（2-16）

6. 价值比率法

价值比率法是一种特定的评估手段，其基于参照物的市场交易价格与某个经济指标或者相关参数之间的对应关系，将这些比例乘以被估计资产的同一经济指标或参数，从而得出该资产的具体价值。评估公式为：

资产评估价值=被评估资产经济指标×（参照物成交价格/参照物经济指标）

（2-17）

（1）成本市价法。

基于被评估资产的当前合理成本，通过参照物的市场价格与其成本比率来计算被评估资产价值的方式就是成本市价法。

资产评估价值=被评估资产现行合理成本×（参照物成交价格/参照物现行合理成本）

（2-18）

‖**示例2-9**‖　如果某市商品住宅的成本市价率为150%，并且已知全新住宅的现行合理成本为100万元，那么这个住宅的价值是多少？

评估价值=100×150%=150（万元）

（2）市盈率法。

市盈率（Price Earnings Ratio，简称 P/E 或 PER），也称“本益比”“股价收益比率”。在资产评估中，市盈率法主要用于对整个公司的价值做出估计，以市场的平均股息回报比率为系数来计算公司价值。公式为：

$$资产评估价值=被评估资产收益额\times参照物市盈率 \tag{2-19}$$

‖**示例 2-10**‖　如果某个被评估公司的年度净利润是 1000 万元，并且在试点资产市场上同类型的公司平均市盈率为 20 倍，那么这家公司的评估价值是多少？

企业评估价值 = 1000×20 = 20000（万元）

以上所有的评估都是基于单一因素，属于第一大类。而市场法中的第二大类则是参照物和被评估资产之间存在多个差异，这就使上述方法变成了计算参照物与被评估资产之间同时包含多个差异因素的调整额或调整因子。其计算公式为：

$$资产评估价值=参照物售价\pm功能差异额\pm时间差异额\pm\cdots\pm交易情况差异额 \tag{2-20}$$

或

$$资产评估价值=参照物售价\times功能差异调整因子\times\cdots\times时间差异调整因子 \tag{2-21}$$

‖**示例 2-11**‖　对于一块位于城市规划中的住宅区空地（总面积达 600 平方米），其形状呈矩形，我们选取了四个类似案例做参考。详情参阅表格 2-1 所示的数据和信息。因此，我们将采取市场法对这片土地进行价值评估。经过专家的研究发现，案例 A 和 D 是正常的销售行为，不需要调整交易状况；而案例 B 的价格相对较低，低于标准价 2%；案例 C 则更低，相差 3%。同时，据统计数据表明，自 2022 年 10 月 4 日，土地价格每个月都在上升，涨幅达到 1%。此次评估中，我们设定了待估土地所在地区的区域影响因子为 100，由于案例 A 和待估土地同处一区，所以没有必要对其进行区域影响因子的调整；至于案例 B、C、D，它们的区域影响力评分分别为 88、108 和 100。此外，对比研究后发现，待估土地的大小有助于最大化资源利用率，且周边的环境质量良好，因此判断出它的售价应高于其他已成交的土地，幅度为 2%。最后，关于土地的使用期限问题，我们采用了 8%的折现率进行计算。试评估该地块 2023 年 10 月 3 日的公开市场交易价格。

表 2-1　　　　评估对象与参照的交易实例差异因素

比较因素＼交易实例	交易实例 A	交易实例 B	交易实例 C	交易实例 D	评估对象
交易时间	2023. 4. 2	2023. 3. 3	2022. 10. 4	2022. 12. 5	2023. 10. 3
价格（元/平方米）	8700	8200	8550	8400	
容积率	6	6	6	6	6
剩余年限	35	35	35	35	35

（1）进行交易情况修正，各交易实例的交易情况调整因子为：

交易实例 A：0%；交易实例 B：-2%；

交易实例 C：-3%；交易实例 D：0%。

（2）进行交易日期修正，各参照物交易实例的交易日期调整因子（复利）为：

交易实例 A：1. 0615；交易实例 B：1. 0721；

交易实例 C：1. 1268；交易实例 D：1. 1046。

（3）进行地域因素修正，交易实例 B 所属地区得分为 88，交易实例 C 所属地区得分为 108，交易实例 D 所属地区得分为 100。

（4）其他个别因素修正，容积率与剩余使用年限，交易实例 A、B、C、D 与待估土地相同无须修正。

则计算待估土地的相对各交易实例的评估价格：

交易实例 A 修正后的单价为：

$$8700 \times \frac{100}{100} \times 1.0615 \times \frac{100}{100} \times \frac{102}{100} = 9419.75(\text{元/平方米})$$

交易实例 B 修正后的单价为：

$$8200 \times \frac{100}{98} \times 1.0721 \times \frac{100}{88} \times \frac{102}{100} = 10397.78(\text{元/平方米})$$

交易实例 C 修正后的单价为：

$$8550 \times \frac{100}{97} \times 1.1268 \times \frac{100}{108} \times \frac{102}{100} = 9380.32(\text{元/平方米})$$

交易实例 D 修正后的单价为：

$$8400 \times \frac{100}{100} \times 1.1046 \times \frac{100}{100} \times \frac{102}{100} = 9464.21(\text{元/平方米})$$

交易实例 B 误差过大，舍去，则该土地最终评估值（采用简单算术平均法）为：

土地评估单价=（9419.75+9380.32+9464.21）/3

=9421.43（元/平方米）

土地评估总价=600×9421.43=5652858（元）

五、市场法优缺点

市场法是资产评估的三种路径中的一种，其应用范围非常广阔。尽管市场法并非单一的方式，根据不同的情况与目标，可以衍生出各种更为精确的评估策略，如直接对比分析法、类似物对照法等。在对房地产进行价值评估的过程中，我们将会详细阐述这些方法的具体运用。

1. 市场法应用的优点

所需的资产数据可以直接从市场上获取，这体现了当前社会对于资产价值的认同程度；使用市场法计算出来的估价是基于大量买卖双方互动竞争的基础上，因此，这种方法得到的估价更容易被涉及资产交易活动的各方所接纳。市场法通常被视为最合理的评估方式。

2. 市场法应用的不足

主要阻碍市场法运用的因素是没有一个活跃且规范的资产交易市场，如果没有这样的市场，我们就无法获取到关于资产价值构成和价值变化的全面信息，从而导致评估结果偏离其公允价值。

第二节 收益法

一、收益法的概念

收益法是一种综合性的评价方式，它主要依赖于对预期未来收入的累计折现，以确定资产的价格。这种方法通常包括预计从评估基础日开始直至到期日的净收入，然后使用合适的折扣率对其进行折现，最后得出评估日资产的现价。收益法的基本原理来自效用价值论，该观点认为产品的价值是由其功效与稀有程度共同决定的。

收益法评估基于追求未来资产预期收益的核心观念，这种理论主张，任何一个有智慧的投资者在购买或投入某项资产时，他们愿意支付或投资的金额不会超过该资产未来能给其带来的收益。例如，某公司花费 40 万元买了一部货车，第二天出租给本单位下岗职工小王，让其分 5 年，每年支付 15 万元租金给公司，5 年后车归小王所有。则该货车价值由小王未来 5 年所付租金现值之和决定，而不是昨天公司购买价 40 万元。所以，通过应用投资回报与收益折现等计算方法，我们使用预期的生产力和盈利潜力作为衡量标准对被评估资产进行估价。在采用收益法时，需要考虑一系列经济变量，尤其是以下三项关键因素：收益额、折现率及收益期数。

$$V = \sum_{t=1}^{n} \frac{R_t}{(1+i)^t} \tag{2-22}$$

其中，

t：收益年限，$t=1$，2，…，n；R_t：第 t 年的收益值；V：评估值。

当未来各期收益固定不变时，基本公式如下：

$$V = R\sum_{t=1}^{n} \frac{1}{(1+i)^t} \tag{2-23}$$

而当收益年限 n 为无穷大时又可写成如下公式：

$$V=\frac{R}{i} \tag{2-24}$$

当收益从第 1 年开始以 g 递增，公式又可写成：

$$V=\frac{R_0(1+g)}{i-g}=\frac{R_1}{i-g} \tag{2-25}$$

二、收益法应用的基本前提

使用收益法进行估值需要满足以下三个条件。

第一，被评估资产未来预期收益可预测且可用货币来衡量。

第二，资产拥有者获得预期收益所承担的风险可以预测和量化。

第三，被评估资产的预期盈利年限是可预测的。

三、收益法的基本程序

以下是采用收益法评估的基本步骤。

第一步，收集并核实与评估对象未来预期利润相关的数据信息，这包括商业前景、财务状况、市场情况以及经营风险等。

第二步，对被评估目标的未来预期收益进行研究和计算。

第三步，确定折现率。

第四步，利用折现率将评估对象未来的收益转化为现值并进行累计求和。

第五步，分析确定评估结果。

四、收益法评估涉及的主要参数

1. 收益额

资产的未来客观收益预期值，即其在正常使用下的收益额。

收益金额可以由税后的盈利（也就是纯利）、现金流入或者总利润来衡量。这种选择取决于被评价资产的种类、特性及其评估目标。通常情况下，规范的市场中会使用现金流入作为收益值，这是由于纯利的计算基于权责发生制，而现金流入则基于收付实现制，这更贴近现实情况，也是资产评估工作的基本准则之一。另外，有两点理由支持此观点：首先，部分纯利数据需要考虑到库存估计、成本分配和折旧提取的影响，因此其准确度可能受到质疑；其次，预判资产收益时必须明确每一笔预计进账和出账的确切日期。然而，利润的数据是在权责发生制的基础上计算得出的，并未涉及货币的收支时间问题。为了在资产评估过程中充分考虑货币的时间价值，我们应当选用现金流入而不是纯利。

必须注意到，为确保我们的估计结果能满足公众对于资产价值评估标准的需求，有两个关键因素需要注意：首先，"收益额"是指自评估基础日起之后预期实现的收入，这并非过去或者现在已实际发生的数据，因此无法简单地通过财务报告获取，而是需要我们运用一些预判方法去推算出来；其次，这里的"收益额"特指客观性的收益，一般情况下会用这种方式度量这类资产的社会正常收益率，而非仅考虑其对个别持有者的影响。

2. 折现率和资本化率

折现率和资本化率都代表了未来的收益如何转换为当前价值的比例。前者用于计算预期的期限内的收益（即收入流）现值，后者则处理的是预计的永久性的收益（也就是年金）并将其转变为实际金额（即本金）的过程。换句话说，折现率是一个期待的投资回报率，它是在一定的风险环境中，投资者希望从投资活动中获得的回报比例。折现这个概念强调了时间的先后顺序，意味着将来产生的收益要小于当下同等数量的收益，而且这些收益按照产生的时间依次递减。在评估资产的过程中，由于行业的差异、类型的变化或市场的变化等因素的影响，不同的资产可能需要使用不同的折现率。通常来说，如果某个资产所在的行业风险较大且其未来的收益存在较大的不确定性，那么投资者就更倾向于选择高折现率来保证自己的利益。关于折现率，我们通常把它分为两个主要的部分：一个是无风险收益率；另一个则是风险收益率。一般来说，我们会用同期的国债年息率或者同期的一年期银行定期存款利息率来表示无风险收益率。预期回报是在特定的环境下，对资产的风险补偿值。然而，并不存在一种普遍适用的折现率来衡量所有类型的资产价值。折现率的选择需要通过评估人员结合社会的、行业的、企业的及被评估对象的资产收益状况进行全面研究后得出。常见的折现率包括如下几种。

（1）加和法确定折现率。

原理上，加和法主张折现率由无风险收益率和风险收益率两部分构成，每一部分可以独立计算，然后将它们相加得出折现率。通常，政府债券的收益率被用作替代无风险收益率的指标。公式为：

折现率＝无风险收益率+风险收益率　（2-26）

此处的风险主要有两种：一种是与特定被评估的资产或企业相关的风险；另一种是市场风险。

（2）资本成本加权法。

该种方法是利用历史权益资本成本确定折现率。会计中将公司的资产定义为长期债务与所有者权益的总和，把二者的值作为权重，使用加权平均法来计算折现率。公式为：

折现率＝长期负债占资产总额的比重×长期负债的利息率×（1-所得税税率）+

所有者权益占资产总额的比重×投资报酬率　（2-27）

式中，投资报酬率＝无风险收益率+风险收益率　（2-28）

（3）资本资产定价模型法。

资本资产定价模型确定折现率的方法又称为β系数法，基本原则仍然是折现率由无风险收益率与风险收益率两部分构成，公式为：

折现率＝无风险收益率+贝塔系数β×（市场平均收益率-无风险收益率）（2-29）

在这个过程中，可以选择使用社会上平均利润率来代表市场平均收益率，同时用证券i的风险收益率与市场上平均风险收益率的比值作为β值，以此确定贝塔系数，可以通过会计的β值法和类比法来计算。会计β值法的思路是将企业的资产历史收益率与市场收益率进行回归分析，将企业的风险予以量化。比较法是寻找一个经营模式与预估企业相似的上市公司，并以这家上市公司的β值作为预估企业的β值。资本资产定价模型法计算较烦琐，但结果相对准确。

（4）市场比较法。

市场比较法的核心理念是寻找与被估价资产相似的资产市场价格和收益来反推折现率，其计算公式为：

$$折现率=(\sum 样本资产的收益/样本资产价格)/n \tag{2-30}$$

样本资产是指与被评估资产在行业、销售类型、收益水平、风险程度和流动性等方面相类似的资产，市场比较法要求尽可能多的样本，否则无法准确反映市场对某项投资回报的普遍要求。

3. 收益期

收益期通常是衡量资产盈利延续性的标准，其常用的计量单位是“年”。评估人员会依据资产未来的盈利潜力、消耗程度等多种要素来设定收益期。同时，他们也可以通过参考资产使用者签署的关于收益期的法律法规或者协议来决定收益期。

‖**示例 2-12**‖　一家公司现在仍然能够经营，现在的折现率是 6%，根据评估，该公司未来 3 年的经营收入分别为 600 万元、800 万元和 400 万元。评估：

（1）持续经营 3 年的企业价值；（结果保留整数）

（2）用年金化法评估其价值。（结果保留整数）

分析：在问题（1）中，这是 1 个有限期的例子，直接运用收益法的基本公式将每期净收益分别折现再累加即可求得。在问题（2）中，需要注意的是，第三年后企业仍可继续延续前三年平均收益水平持续经营下去，需要把前三年平均收益作为企业永续经营的年收益来评估企业价值。

（1）持续经营 3 年企业价值评估值为：

$$V_1=\frac{R_1}{1+i}+\frac{R_2}{(1+i)^2}+\frac{R_3}{(1+i)^3}=\frac{600}{1+6\%}+\frac{800}{(1+6\%)^2}+\frac{400}{(1+6\%)^3}$$

$$=566+712+336$$

$$=1614\ (万元)$$

（2）用年金化法评估其价值：

$$A=P/(P/A,\ i,\ 3)=1614/(P/A,\ 6\%,\ 3)=1614/2.673=604(万元)$$

企业评估值为：

$$V_2=604/6\%=10067\ (万元)$$

‖**示例 2-13**‖　假设一项具有盈利性的资产预期未来五年的收入分别为 24 万元、

30 万元、26 万元、22 万元和 28 万元。自第 6 年起，每年的收益都保持在 28 万元。我们设定的折现率与资本化率皆为 10%。现在我们要计算出此项有利可图的资产在永续经营状态下及其运行 50 年内各自的估价结果。

分析：该资产价值评估属于分段收益结合的情形。前 5 年的收益额不等，依次折现求和即可，作为评估价值的一部分。对于第 6 年以后的评估，采用收益不变模型。两段收益折现值求和就是该资产的评估值。则：

（1）永续经营条件下：

$$评估值=24/(1+10\%)^1+30/(1+10\%)^2+26/(1+10\%)^3+22/(1+10\%)^4+28/(1+10\%)^5+28/[10\%\times(1+10\%)^5]=272.42（万元）$$

（2）经营 50 年条件下：

$$评估值=24/(1+10\%)^1+30/(1+10\%)^2+26/(1+10\%)^3+22/(1+10\%)^4+28/(1+10\%)^5+28/[10\%\times(1+10\%)^5]\times[1-1/(1+10\%)^{50-5}]=270.03（万元）$$

五、收益法的优缺点

1. 收益法评估资产的优点

运用收益法对资产未来的贡献程度进行精确测算，能够直接体现其当前价值，结合到投资决策中，更为清晰地度量投资者最关心的资产的“产出能力”。从理论角度来看，收益法被视为一种最具科学性的估值路径。

2. 收益法评估资产的不足

对未来的盈利前景做出估计具有较高的挑战性，这不仅取决于个人的观点，还与无法事先得知的潜在影响密切相关。在计算折旧费用及预计回报的时间长度上，很难保证百分百精确无误；此种估算方式通常用于评定公司全部资产或那些可以明确预测出未来收益的单项资产价值。

第三节

成本法

一、成本法的概念与评估程序

所谓成本法，是一种计算资产在评估时点的重置价格后剔除所有贬值因素以得出其实际价值的方法体系的统称。这种方法基于劳动价值论与生产成本价值论，也就是所有的产品都由消耗于其中的无差异人类劳动决定其价值，而各类产品的社会平均劳动时长则决定了它们整体的市场价位。产品的价值是由劳动者、资金投入及土地资源等要素在制造过程中的共同贡献产生的。

采用“成本法”，其步骤与流程可参考图 2-2：第一步是计算所有设备的重置价值（该项资产在全新的时候所需要的总费用构成）；第二步则是扣除掉所有贬值损失（由全新的资产转变到当前状况所需支付的所有额外支出）后得到最终的价格。有三类不同的贬值，即实体性贬值、功能性贬值和经济性贬值。

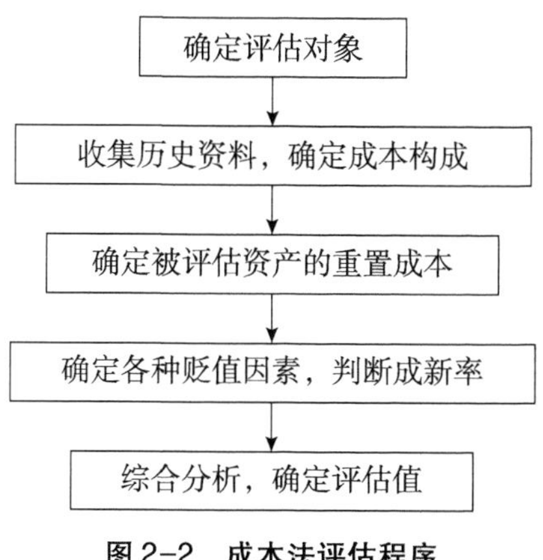

图 2-2　成本法评估程序

成本法的基本计算公式：

$$评估值=重置成本-实体性贬值-功能性贬值-经济性贬值 \tag{2-31}$$

二、成本法的应用前提条件

首先，必须满足持续使用的条件。其初衷在于资产能够正常运作并且在评估前后不会改变其用途。如果一项资产在评估之后已经无法发挥其原有的正常功能，那么对其在新状态下成本消耗的关注就是毫无意义的行为。

其次，被评估的资产在特性、结构和功能上必须与预期重新设计的全新资产相匹配。换句话说，被评估的旧资产与预期重新设计的全新资产之间仅存在新旧差异，而不存在结构、功能等本质区别。

三、成本法评估的各项指标

通过探讨成本法的概念和公式（2-31），我们可以了解到成本法主要计算的指标包括重置成本、实体性贬值、功能性贬值、经济性贬值等几项指标。

1. 重置成本

（1）概念。

重置成本是指为了重新取得与评估资产相同的资产所需要支付的全部现行费用。重置成本可分为两种形式：复原重置成本和更新重置成本。

复原重置成本是指以现在的价格水平重新购建与被评估资产相同的全新资产，并支付全部与被评估资产相同的材料、设计和技术等的成本。

更新重置成本是指使用最新材料、设计和技术等，以目前的价格购买与评估资产功能相同的全新资产所需的花费。

相似点在于，无论是复原重置还是更新重置，其核算的基础均是以当前的价格为准；两者所产生的费用均为全新资产的全部成本，且不会影响到被评定资产的功能特性。然而，两者的差异主要体现在对“复原”和“更新”的要求有所区别：前者需要确保重新购建的资产与原始资产完全一致，而后者仅关注于新技术条件下生产的新的设备能否达到与旧设备同等的使用效能。

通常来说，当更新重置成本与复原重置成本都可以获得的时候，应首先考虑后者。这是由于更新重置成本是基于当前社会常用的高新技术和材质来确定的，这些新颖的技术往往能在效率和成本方面超越那些由陈旧技术和材料构建的老旧资产。换句话说，根据更新重置原则评估的资产相较于按照复原重置方式评价的资产，其价格效益更高，并且能够更好地反映当下社会对于此类资产的估价准则。

此外，我们还需要关注到一点，对资产进行评价后重新估价并非真的需要购买或建设这样一个待评定的资产，而是在模仿这个过程和每一个阶段所产生的费用来推算出估值。

（2）重置成本的估算方法。

重置成本的估算方法除重置核算法，其他评估方法原理类似于市场法。

①重置核算法。运用成本核算的原理对资产的重新获取费用进行逐一计算，并最终累加得到重置成本的核算方法。在具体计算过程中，可将重置成本分为直接成本和间接成本两部分。

直接成本指的是购买和建设新设备的所有花费中可以直接计入成本核算对象的部分，如购买价格、物流与搬运费、安装及调试费用等。而间接成本则是在购买和建设新设备的所有花费中无法直接计入其建造成本的部分。这类成本通常会按照发生的地域或者目的进行汇总，然后在月底时通过特定的分摊方式将其分配到相关的成本计算中。此类费用是为获得这个设备正常运行所需支付的费用，应当被视为这个设备的购建成本，然而它们往往并未独立出现在公司的财务报表里，反而分散在了公司的一些其他费用中，如通信费、管理费等。因此，我们需要根据过往经验或者习惯来设定一个合适的比例，从而计算出这一类费用的实际花费。举个例子，在买某个设备过程中，打了几次电话、发过几份传真，并且还派出了一名工作人员去负责运输和安装工作，从而产生了一些交通补贴和其他相关费用。

重置成本公式为：

$$\text{重置成本}=\text{直接成本}+\text{间接成本} \tag{2-32}$$

间接成本一般可通过以下几种方法取得：

第一，人工成本比例法。计算公式：

$$\text{人工间接成本}=\text{人工直接成本}\times\text{成本分配率} \tag{2-33}$$

其中，

$$成本分配率=\frac{人工间接成本}{人工直接成本} \tag{2-34}$$

第二，单位价格法。计算公式：

间接成本=工作量（小时）×单位间接成本价格（元/小时） （2-35）

第三，直接成本百分率法。计算公式：

间接成本=直接成本×间接成本占直接成本的百分比 （2-36）

‖**示例 2-14**‖ 假设我们需要重置一套设备，其市价定为每套 35000 元，运输和相关费用总计 500 元，而直接安装的花费则达到 450 元，包括了原材料花费 200 元、人力投入 250 元。历史数据研究表明，这部分的人力支出占到了整个安装过程直接支出的 50%。现在我们要算出这套设备的新投资价值。

直接成本=购价+运杂费+直接安装成本=35000+500+450=35950（元）

间接成本=安装间接成本=450×50%=225（元）

重置成本=直接成本+间接成本=35950+225=36175（元）

假设我们改变了案例中的已知条件，使单位间接成本价格变为 9 元/小时，并且安装所需的工作时间为 25 个工时，那么：

间接成本=25×9=225（元）。

②价格指数法。这种方式通过使用与资产相关的价格变化指标对资产的历史价值进行重新定义，从而将其转换成新的购买费用。同样需要关注的是其客观性，也就是应将资产建设时期账面价值作为基础而非依据其实际建造花费。公式：

$$重置成本=账面原值\times\left(\frac{评估时定基价格指数}{购建时定基价格指数}\right) \tag{2-37}$$

或

重置成本=资产原值×（1+价格变动指数） （2-38）

或

$$重置成本=账面原值\times 环比价格指数\ a_1\times 环比价格指数\ a_2\times\cdots\times 环比价格指数\ a_n \tag{2-39}$$

首先，所选择的价格指数应能精确地描绘出被评估资产的价值波动。例如，可以使用分类价格指数或者个别价格指数，但通常不能将统一的通货膨胀指数应用于全部资产的评估。

其次，使用价格指数法计算的重置成本仅考虑了价格波动因素，所以只能计算资产的复原重置成本。

‖**示例 2-15**‖　某资产是在 2019 年 9 月购建的，当时的账面价值为 300 万元。现在我们将评估基准日确定在 2023 年 9 月 10 日，资料显示该资产在 2019 年和 2023 年的定基物价指数分别为 120%和 160%，2019 年至 2023 年的环比价格指数分别为 110%、105%、120%和 96%，物价上涨指数约为 33%。

该资产的重置成本计算如下：

300×（160%/120%）= 400（万元）（取整数，下同）

或

300×110%×105%×120%×96% = 400（万元）

或

300×（1+33%）= 400（万元）

③功能价值法。也称作生产能力比例法。衡量资产的价值时，该方法假设了资产的产值与其产能之间存在线性的关联。第一步是寻找一个与待评资产相似或者相等的参考对象，接着通过计算其每单位产能的市场价格，再依据此数据推断出待评资产的重新购置费用。具体计算方式如下：

$$\text{被评估资产的重置成本} = \text{被评估资产生产能力} \times \frac{\text{参照物的重置成本}}{\text{参照物生产能力}} \qquad (2\text{-}40)$$

‖**示例 2-16**‖　假设一组包含了 20 部缝纫机的制造设备需要花费 120 万来重新购置，并且它能每日处理 4000 套上衣的制作任务。现需对与之类似的一项制造设备进行估值，若该设备能够日均完成 6000 套同样款式的上衣的制备工作，那么其评估值应如何确定。

评估值 = 6000×（120/4000）= 180（万元）

④规模经济效益指数法。与市场法中的规模经济效益指数法相似。在大部分情况下，资产价值和其能力是正向的，但并不总是呈现出线性比例关系。因此，如果一项资产的成本稍微提高，那么它的能力就会有显著的增长。公式：

$$被评估资产的重置成本=参照物的重置成本\times\left(\frac{被评估资产生产能力}{参照物生产能力}\right)^{n} \tag{2-41}$$

式中，n 称为规模经济效益指数，这是一个实证经验数值，如果这个数字较低的话表示这类资产生产能力只要发生微小变化其效率就会显著提升，这说明了资产的高额效用潜力。根据美国的情况，这一比率从 0.4 到 1.2 不等（具体取决于行业），而对于制造业来说则可能达到 0.7 或 0.8 的比例；对于房地产市场而言，平均比例在 0.9 左右。上述提及的功能价值法其实就是一种特殊的案例应用形式——也就是把 n 设定为 1。

⑤统计分析法。这种方法是利用统计学原理来选择代表性样本资产，计算其重置成本，然后推算出全部资产的重置成本。这种方式可以减少评估工作量，提高评估效率，通常适用于大量资产的评估。计算方式如下：

$$批量资产重置成本=批量总资产账面成本\times\frac{\sum 样本资产重置成本}{\sum 样本资产账面成本} \tag{2-42}$$

‖示例 2-17‖　评估某企业一批 200 台的设备，经抽样选择具有代表性的 10 台进行估算，其重置全价之和为 48 万元，该 10 台具有代表性的设备历史成本之和为 60 万元，而该类设备账面价值历史成本之和为 1000 万元，则这一批设备的重置成本为：

方法一：1000×48/60=800（万元）

方法二：200×48/10=960（万元）

[思考]：以上两种方法计算结果为何不一致，哪种方法更合理？为什么？

[分析]：方法一更合理。因为方法一的评估是统计分析法的应用，它是基于替代原则的同类资产的单位历史成本的重置价值相等得出的，所以方法一是符合现实情况的正确评估值。方法二的评估思路是假定 5 台设备与 100 台设备的单价是一样的，这种假定不符合实际市场交易情况。一般而言，单台设备价格会随着交易数量的提升而降低。

2. 实体性贬值

资产的实体性贬值也叫有形贬值，是资产因使用以及自然力作用导致资产的物理性能下降而引起的资产价值损失。确定被评估资产的实体性贬值通常有观察法、使用年限法和修复费用法。

（1）观察法（又称成新率方法）。

我们利用专业的技能和知识去评定资产的主要部分的技术状况，并对设计、生产、应用、保养、维修、大规模修复、改良过程及物理寿命等方面进行全面考虑。然后，我们将被评估物件与其全新的状态相对照，以识别其由于使用磨损或自然消耗所导致的功能和效能上的变化，从而计算出该物品的新旧程度，进一步推断实体的减值水平。这种方式可以量化地表示出设备的价值减少与重新购买所需费用之间的比例，即为实体性的减值百分比。新的设备没有实体性减值，而彻底损坏的设备则有100%的实体性减值。

用观察法计算实体性贬值的公式：

$$\text{资产实体性贬值}=\text{重置成本}\times(1-\text{成新率})$$

$$=\text{重置成本}\times\text{实体性贬值率} \tag{2-43}$$

当涉及实务操作时，我们可以通过直观的方法来评估一项资产的新旧程度；而面对复杂的资产，我们需要把它拆分成多个部分，并逐一对其进行分析以得出每个部分的新旧程度，然后依据这些部分在新总值里的占比计算它们的权重，最终得到整体的成新率。

（2）使用年限法。

使用年限法是指通过比较被评估资产实际使用年限和总使用年限的比值来确定实体性贬值率，从而评估资产的实体性贬值的方法。通常的计算公式为：

$$\text{资产的实体性贬值}=\frac{\text{重置成本}-\text{预计残值}}{\text{总使用年限}}\times\text{实际已使用年限} \tag{2-44}$$

公式中，

$$\text{总使用年限}=\text{实际已使用年限}+\text{尚可使用年限} \tag{2-45}$$

$$\text{实际已使用年限}=\text{名义已使用年限}\times\text{资产利用率} \tag{2-46}$$

$$\text{资产利用率}=\frac{\text{截至评估日资产累计实际利用时间}}{\text{截至评估日资产累计工作制度时间}} \tag{2-47}$$

公式中，预测残余价值代表了预期在设备淘汰并销毁时的回收金额。一般情况下，若残余价值较小，我们往往会将其视为零。寿命期可分为名义寿命期与实际寿命期两种类型，其中，以设备开始运行到评估日期为计算期间被称为设备的名义寿命期，而不管其是否处于停用状态或正在使用。

一般情况下，我们会有以下体验：一种设备若每日运行 2 小时与同种设备每日运行 10 小时相比，其价值损耗会在一年之后呈现出显著差异。简单粗暴地把所有资产的使用期限设定到评估日似乎并不合理。考虑到每项资产的功能特性和运作条件，对其使用应做适当约束，以便让它们保持高效能。这就是关于资产使用频率和时间的规范，也被称为资产的工作制度时长。当资产的利用率超过 1 倍时，意味着该设备已经过度使用，实际上它的寿命可能比标明的寿命更长；反之，如资产利用率的比例恰好是 1 倍，则表明设备处于饱和状态，其实际使用期等同于标注的时期；倘若资产利用率低于 1 倍，那么就说明设备没有充分启动，实质上它的使用周期会少于标明的周期。

需要特别强调的是，不能简单地把会计折旧剩余的年限当作资产的可用期限，而应根据资产的实际使用频率和产品寿命等因素，采取科学的方式来确定该资产还能继续使用的年限。

‖示例 2-18‖ 一台设备于 2015 年 7 月 15 日被购入，并在 2023 年的 7 月 15 日进行评估。根据技术规定，该设备每天需要工作 8 小时，持续时间为 340 天。然而实际上，这个设备每天只能运转 15 小时，且每年（360 天）仅停产 5 天。专业人士估算还可以使用 6 年，评估该设备成新率。

名义已使用年限=8（年）

该设备的资产利用率=8×360×15/（8×340×8）=1.985

实际已使用年限=8×1.985=15.88（年）

设备成新率=1-15.88/（15.88+6）=1-72.58%=27.42%

（3）修复费用法。

该方法基于将设备重新投入使用的支出总额以确定实体性贬值损失的方法，涵盖了关键组件替换或维修、改良等所需费用。这种方式适合于某些特定的构件已经受损但可以通过修复使之回归至原始新品的状态，并且从财务角度来看也是合理的，那么我们就可以认定这些设备的实际价值损失就是它们的修复成本。比如，一架仅仅被使用 2 周的机器，经过专业技术评估后发现，电机部分存在着严重的损坏，这是因为操作者的不当行为导致电机过热并最终焚毁，如果想要修复这个电机则需要支付 800 元的费用，因此我们可以得出结论：这部机器的实体性贬值就相当于它的修复成本，即 800 元。

3. 功能性贬值

功能性贬值指的是新技术的出现导致所评估资产的价值减少。随着新技术的进步，高性能设备的设计、材质及制造过程也得到了优化，这使原本的老设备的使用效能有所下降，从而产生了功能上的损失。根据其影响特性，这种功能性贬值可划分为两类：一次性投资功能性贬值和运营功能性贬值。

（1）一次性投资功能性贬值。

一次性投资功能性贬值指的是由于设备构造、设计及材质等方面的不同导致其相较于先进设备所产生的价格下降。这是因为技术的发展使生产具备相同功能的高级设备变得更便宜从而引发了原有设备价值的下降。从量化角度看，这种贬值可以理解为超额投资的部分，具体计算方式如下：

$$一次性投资功能性贬值=复原重置成本-更新重置成本 \quad (2-48)$$

值得注意的一点是，当我们在评定过程中采用的重新购建价格是更新重置价格时，我们无须计入一次性投资功能性贬值因素了，原因在于重新购建价格已包含此种贬值的影响，若再次加入则会产生多余的计算。因此，在决定重新购建价格的时候应首选更新重置价格。

虽然一次性投资功能性贬值是基于资产本身的价值对比，但在使用过程中，除自身价值的变动外，还可能导致其他成本和费用的改变，这就是所谓的运营性功能贬值。

（2）运营功能性贬值。

这是一种由于该设备与市场上领先技术的同类设备相比运营费用过高导致的损失，使得该设备的使用效果低于其他技术水平更高的设备。这一问题通常表现为产能不足，消耗材料增多，能源浪费增大，产品质量降低等现象。因此，运营功能性贬值是设备在实际应用过程中造成的。为了准确地估计这个损失，我们需要同时考虑当前生产的损失及未来的预期损失。无论如何，一旦设备投入实际操作中，这样的损失就会持续存在。

估算运营功能性贬值一般的步骤是：

①比较被评估的资产年度运营费用与功能相同但性能更优资产的年度运营费用差距。

②确定净超额运营成本。通常情况下，当新购置或使用的设备相较于现有的较优设备而言，其日常运行和维护等各项开支都会有所上升，这一超过的部分被称为超额运营成本。这种费用的增长可能导致企业的盈利水平降低，这是对公司不利的情况；然而，由于公司的收益减少，因此需缴纳的企业所得税也会随之减少，这也是有利于公司的因素。这两方面的影响综合起来构成了被评估设备的真正额外支出，我们把这称为净超额运营成本。

③估计被评估资产的剩余经济寿命。

④将被评估资产在其剩余寿命内的每年净超额运营成本以适当的折现率折现，累加这些折现值得到了被估计资产的运营功能性贬值。

运营功能性贬值的计算公式：

$$\text{运营功能性贬值}=(\text{被评估资产运营成本}-\text{参照物运营成本})\times(1-T)\times(P/A,\ i,\ n) \tag{2-49}$$

式中，T 为所得税税率；i 为折现率；n 为被评估资产的剩余寿命期。

‖**示例 2-19**‖　对于一项需要 6 位工作人员来执行的生产监控系统来说，当前市场上的新型替代品只需要 3 个人就能完成同样的工作。如果我们假定这两种系统的其他运行费用相差无几，那么每位员工每年大约会获得 2.4 万元的薪资和福利待遇，而该设备还可以继续运作 3 年时间。此外，企业需缴纳的所得税税率为 25%，同时采用 10%的折现率。试对这项设备的运营功能性贬值进行估算。

年净超额运营成本＝（6−3）×24000×（1−25%）＝54000（元）

运营功能性贬值＝54000×（P/A，10%，3）＝54000×2.4869＝134292.6（元）

4. 经济性贬值

经济性贬值是指由于外部的环境变化导致了资产被搁置或收益降低等情况，从而引起了资产价值的减少。这些外部影响主要是由诸如宏观经济策略、市场需求、通货膨胀和环保等问题所引发，其核心特征在于资产的使用效率可能减弱乃至停滞，从而造成经营效益的下滑。

一般来说，导致产能未达预期的因素主要分为两类：一是由资产内部功能导致的；二是由于外部的环境影响引发的。第一种情况涉及实体的或者功能上的价值损耗，而第二种则是基于经济角度的损失。虽然二者的评估方式可能相似，但其根本性质却有所不同，因此需要在评价过程中加以区分。对于经济性的损耗，常用的评估方法包括直接计算法与间接计算法。

（1）直接计算法。

直接计算法的核心是计算由于收益减少引发的经济性贬值。其计算流程通常包括：

①计算被评估资产因产能减少而导致年收益减少的额度。

②对所得税的影响进行扣除后，我们可以计算出实际减少的年收益。

③将每年的净收益减少额在剩余使用期限内进行折现，所有的折现值总和就是经济性贬值额。

直接计算法公式：

$$经济性贬值额=资产年收益减少额\times（1-所得税税率）\times（P/A，i，n） \quad (2-50)$$

式中，资产年收益减少额×（1-所得税税率）与运营性功能贬值中净超额运营成本的计算思路是一样的，即收益减少同时所得税也减少，两方面的共同作用才是资产的年收益减少额。

‖示例 2-20‖　假设一家公司有一条生产线，预计在未来 3 年的寿命期内，每年生产数量将减少 4000 件，每件产品的利润为 400 元。假设折现率为 10%，所得税税率为 25%，请计算该生产线的经济性贬值额。

$$\begin{aligned}经济性贬值额&=4000\times400\times（1-25\%）\times（P/A，10\%，3）\\&=1200000\times2.4869\\&=2984280（元）\end{aligned}$$

（2）间接计算法。

间接计算法主要是通过测算资产使用率下降引起的经济损失。计算步骤为：

①计算经济性贬值率。

②经济性贬值率和重置成本扣减其他贬值额的差的乘积即经济性贬值额。公式如下：

$$经济性贬值率=\left[1-\left(\frac{资产的预计生产能力}{资产的设计生产能力}\right)^{n}\right]\times100\% \quad (2-51)$$

$$经济性贬值额=(重置成本-实体性贬值-功能性贬值)\times经济性贬值率 \quad (2-52)$$

式中，n 是规模经济效益指数。

‖示例2-21‖ 假设一条生产线的预期产能是每年制造2000件商品，然而由于市场的变动，预计每年的出货量会降低约600件。同时，它的规模经济效益指数设定为0.6。根据预估，这条生产线的重新投资费用达到了280万元，而实体性贬值金额为60万元，另外还有40万元的功能性贬值额。确定这个生产线的价值评估结果。

$$经济性贬值率=\left[1-\left(\frac{2000-600}{2000}\right)^{0.6}\right]=19.27\%$$

经济性贬值额＝（280−60−40）×19.27%＝34.69（万元）

评估值＝280−60−40−34.69＝145.31（万元）

通常情况下，我们在计算功能性和经济性贬值额时会得到正数的结果。然而，在现实的评估过程中，也可能遇到负数的例子。若功能性贬值呈现出负数，这意味着该项资产相较于当前社会的通用设备具有更为强大的功能，这就是所谓的资产功能上的超额价值；同样地，假如一项资产的产品有着广阔的市场潜力或者受益于重要的政府支持，其真实的产能有可能长时间超越设计的容量从而产生资产的经济性超额收益价值。

四、成本法的优缺点

1. 成本法的优点

采用成本法对那些涉及非实体性贬值或者贬值较少的资产估价时，其实施过程较为简单；那些无法产生收入且难以从市场获取参考价值的单一资产，如公共服务设施等，则更适合使用成本法。这是由于成本法所依据的数据与其会计记录有一定关联，因此可以追溯至会计报告及相关财务信息，使成本法成为一种稳定可靠的评估方法。

2. 成本法的不足之处

在对整体资产进行评估时，如果采用成本法，就需要将其拆分为单项资产进行逐一的计算和汇总，这相当耗时；各种贬值因素较为抽象，难以精确度量；而且，成本法是基于历史成本数据进行计算的，它的客观性也应引起重视。

第四节 评估方法的选择与比较

对于资产价值的估算通常采用三条路径：市场法、成本法与收益法。这些方法各具特色且互有关联，熟练运用它们并恰当地挑选评估方法是提高评估过程效能和保证评估结论准确性的关键因素。

一、评估方法之间的区别

三种评价方法基于各自独特的理论框架：市场法依赖于市场供求原理，通过比较供应与需求双方在市场的均衡价位来确定资产价值的高低；收益法的基础在于效用价值观，它是根据资产能为用户提供的效用程度来评判资产的价格；至于成本法，它的根源来自劳动价值论，是从资产的生产成本出发，以此作为资产估值的标准。

二、评估方法之间的联系

总的来说，评估方法由紧密相连且互相关联的技术和流程构成，它们的主要任务就是获取可信赖的估算数值。如果这三种方法得到恰当的使用，各种用于评估资产的不同技术和路径就具备了替换能力。在市场法中，对参考对象的价格和被评估资产价值差别进行分析时，需要使用收益法中的折旧和资本化技能；而在成本法里，寻找功能性贬值等也需要利用折现的方式，同时在计算更新重置成本时也需采用参照物；而对于成本和市场交易的数据分析通常也是收益法运用的必要部分。无论是成本法还是收益法，它们都基于当前的市场价格来运作，但可能没有市场法那样明显地体现出来。所有的这种内部关系使评估人员能够根据同一种情况和同一项资产去选择并运用不同的评估手段。

三、评估方法的选择

多样的资产评估手段，为评估师挑选适宜的评估方法、高效地完成评估任务提供了可能性。在选择评估手段时，评估师通常需要遵循以下准则。

首先，选择的评估方法应与评估目标、资产市场环境以及资产价值种类相匹配。

其次，评估资产的方式必须与评估对象的特性相匹配。单一资产、整体资产、实体资产、无形资产等各种不同的评估对象需要采用各异的评估手段。由于资产评估对象的状况各异，所使用的评估手段也会有所差别。

最后，选择评估方式受到信息的约束。无论哪一种评估手段都需要基于大量数据和资源来进行研究与分析。在评估过程中，发达市场的评估组织更倾向于应用市场法，然而由于一些国家和地区的市场发展不够成熟，导致很多原本适用于其他地方的市场法评估任务在此类区域无法实施，因此必须采取其他评估方式。

总而言之，在决定评估方式的时候，评估员不能仅仅依赖于某一特定的方式，而应该根据评估活动的具体环境做出调整。无论采用何种评估方法，评估人员必须确保评估目标、基于的假定及条件、使用到的所有参数信息以及得出的评估结果是统一且协调的。实际上，评估员常常会利用多样的手段对同一个评估项目进行评价，这样可以借助不同的评估工具获得的结果互相确认并完善，同时把多个评估方案的结果整合起来，平衡考虑，从而使评估结果更有说服力。

一、单项选择题

1. 当使用市场法来估算资产价值时，应选择以下（　　）资产作为参考。

A. 与被评估资产相同或者类似的资产

B. 旧资产

C. 全新资产

D. 全新资产，也能够是旧资产

2. 当我们使用收益法来评估资产时，各个经济因素之间存在哪些关联性（　　）。

A. 资本化率越高，收益现值越低

B. 对于资产的未来收益期，其现值并不会受到影响

C. 资本化率越高，收益现值越高

D. 资本化率和收益现值无关

3. 在采用市场法的过程中，选择三个或更多参照物的目的是（　　）。

A. 使参照物具有可比性

B. 避免张冠李戴

C. 排除参照物个别交易的偶然性

D. 便于计算

4. 资产评估中的基本方法是指（　　）。

A. 一种具体方法

B. 一种评估方法，包括各种评估思路和实施该方法的总体方式

C. 一条评估思路

D. 多种评估方法的集合

5. 理论上来说，资产的（　　）应该构成资产的重置成本。

A. 实际成本

B. 加权平均成本

C. 个别成本

D. 社会平均成本

6. 当使用市场法来估算资产的价值时，我们可以参考相同或类似资产的（　　）。

A. 重置成本

B. 清算价格

C. 现行市价

D. 收益现值

7. 在收益法中，折现率被视为一种预期的投资回报率，其构成元素包括（　　）。

A. 贴现率

B. 行业基准收益率

C. 无风险收益率和风险收益率

D. 银行同期利率

8. 在使用成本法进行评估时，以下方法中属于实体性贬值计算方式的是（　　）。

A. 成本市价法

B. 规模经济效益指数法

C. 类比法

D. 观测法

9. 收益法中的收益指的是（　　）。

A. 历史收益

B. 现实收益

C. 未来预期收益

D. 账面收益

10. 在以下的影响要素中，属于功能性贬值的因素是（　　）。

A. 社会需求下降

B. 银行利率变化

C. 新工艺、新材料运用

D. 市场价格变化

11. 复原重置成本与更新重置成本相比较，采用相同标准的是（　　）。

A. 价格水平

B. 材料消耗

C. 设计水平

D. 规模和技术

12. 折现率本质上是（　　）。

A. 平均收益率

B. 无风险收益率

C. 超额收益率

D. 个别收益率

13. 政府实施新的经济策略或颁布新的法规对一些资产进行了限制，导致这些资产的价值减少，这是资产的一种（　　）形式。

A. 功能性贬值

B. 经济性贬值

C. 实体性贬值

D. 非评估考虑因素

14. 通过模拟重置被评估的机器设备，并根据目前的技术水平，计算设计、制造工艺、使用材料等成本后得出的费用是（　　）。

A. 更新重置成本

B. 实际重置成本

C. 完全复原成本

D. 复原重置成本

二、多项选择题

1. 进行资产评估时，必须满足的市场法所需条件包括（　　）。

A. 必须存在一个充足且活跃的资产市场

B. 在市场中，必须存在与被评估资产相同或类似的全新资产

C. 市场上的参照物与被评估资产的功能相同或相似

D. 必须具有足够数量的参照物

E. 能够收集到可以与参照物进行对比的被评估资产的指标和技术数据

2. 使用市场法来评估任何一项资产时，必须考虑的可比因素包括（　　）。

A. 资产的功能

B. 市场条件

C. 交易条件

D. 资产的实体特征和质量

E. 资产所处的地理位置

3. 收益法所涵盖的基本元素或参数有（　　）。

A. 被评估资产的实际收益

B. 被评估资产的预期收益

C. 折现率或资本化率

D. 被评估资产的折旧年限

E. 被评估资产的预期获利年限

4. 成本法涉及的基本要素包括（　　）。

A. 资产的重置成本

B. 资产的有形贬值

C. 资产的功能性贬值

D. 资产的经济性贬值

E. 资产的获利年限

5. 通常在进行资产评估时，我们会使用的物价指数是（　　）。

A. 综合物价指数

B. 分类（或个别）物价指数

C. 资产取得日物价指数

D. 年平均物价指数

E. 评估基准日物价指数

6. 造成评估对象经济性贬值的主要原因有（　　）。

A. 该项资产技术落后

B. 该项资产生产的产品需求减少

C. 社会劳动生产率提高

D. 自然力作用加剧

E. 政策要求

三、判断题

1. 市场法是一种评估资产价值的技术规程，它基于替代原则，采用比较和类比的思路和方法。任何一个理性的投资者在购买资产时，所支付的价格不会超过市场上类似用途替代品的现行市价。（　　）

2. 在运用市场法时，为了降低调整时间对资产价值影响的难度，资产及其交易活动的可比性要求所用的参照物成交时间与评估基准日的间隔时间不应该太长。（　　）

3. 在采用市场法进行评估时，为了降低评估员的负担，最佳的参照物选择应不超过三个。（　　）

4. 通常情况下，在使用收益法时，折现率的口径应当和收益额的计算方式

一致。(　　)

5. 在确定收益的条件下，资本化率越高，其现值也就越高；反之亦然。(　　)

6. 利润法是指通过资本化和折现的方式来评估资产价值的一种评估技术方法总称。(　　)

7. 折现率可由无风险利率加风险利率确定。(　　)

8. 通常，采用收益法来评估资产的价值，所确定的收益应为资产的真实收益。(　　)

9. 全面重置被评估资产的成本就是更新重置成本。(　　)

10. 所有可能带来收益的资产，都适用于利用收益法进行评估。(　　)

11. 定基价格指数是衡量评估时间点的价格指标与购买资产时间点的价格指标之间的比例。(　　)

12. 在资产评估中，成本法、市场法和收益法这三种基本方法可以相互替换使用。(　　)

13. 资本化率与折现率本质上是不同的。(　　)

14. 当采用收益现值法进行资产估价时，所谓的收益额就是在评估基准日资产的盈利。(　　)

15. 采用成本法对一家公司的设备进行评价，其成新率与会计中折旧率相同。(　　)

16. 市场法理论来源是供求均衡价值理论。(　　)

四、计算题

1. 已知资产的价值与功能之间呈现线性相关，参照物与评估对象的功能差异明显，参照物年生产能力为 1200 件，成交价为 1500 元，评估对象的年生产能力为 2000 件，现评估资产价值。

2. 一台三年前购买的机械装置，据我们所知目前还没有任何可替换的产品存在。这台设备的原始价值被记录为 14 万元人民币，具体来说，其购买金额是 12 万元，运输和杂项花费共计 0.4 万元，而安装所需的花费包含材料部分共计 1 万元，另外还有 0.6 万元的测试费用需要支付。经过对市场的研究发现，当前的价格已经调整至 9.5 万元，同时，与三年前的初始阶段相比，运输及杂项费用上升幅度达到了 40%，安装费用则增长了 30%，测试费用也增加了 20%。现在，让我们来计算一下这个设备的重置成本

（精确到两位小数）。

3. 评估时间是 2023 年 12 月，这台机器是在 2019 年的 12 月份购买并安装的，其原始成本是 40 万元人民币。它曾在 2021 年经历了一次重要的科技升级，花费了 6 万元的资金。2019 年定基物价指数的数值是 1. 05；而到了 2021 年，这个数字变成了 1. 18；最后到 2023 年时，已经上升至 1. 3。试评估该设备的重置成本。

4. 某资产是一条每年可以生产 18 万件产品的生产线。经过研究，发现市场上现有的类似生产线的重置成本是 24 万元，每年产量为 48 万件。如果规模经济效益指数为 0. 8，我们需要评估这个资产的重置成本。

5. 依据某公司的历史业绩与即将面临的市场环境分析后得出结论：预计该公司未来 5 年的盈利金额分别 13 万元、14 万元、11 万元、12 万元和 15 万元；同时考虑金融机构的利息费用及其运营的风险因素，公司贴现率为 12%，采用年金化法评估该公司价值。

6. 某设备是在 2014 年 3 月购买并建立的，其主体部分包括主机、辅助设施及工艺管路等，初始价值约为 60 万元人民币。具体来说，主机的占比是 60%，辅助设施占比是 28%，而工艺管路占 12%。然而，到了评估日，主机的价格下跌了 4 个百分点，而辅助设施却上涨了 2 个百分点，同时，工艺管路也提升了 6 个百分点。这个设备在评估日的重新建设费用是多少？

7. 一家评估公司利用统计法来评定一间公司的 100 个同一种类的机器设备，这些设备的原始价值总计达到了 120 万美元。他们从这批中选取了 10 个有代表性的设备进行了评估，它们的初始价格合计达到了 16 万美元，经过重新计算后，他们的整体费用超过了 19 万美元。评估这 100 台设备的重置成本。

8. 假设某家公司长期债务占总投入资本的 30%，自有资金比例为 70%，长期债务的平均利率是 8%，社会无风险收益率为 4%，该公司的风险收益率为 9%，适用的所得税税率为 25%，请用资本成本加权法计算贴现率。

9. 新购置的一台机器名为 B，其性能与 A 设备相当，如果用 B 替代 A，预计每年的运行成本可以节省大约 60 万元的人工费、资源耗损及材料开销。而 A 设备还可以继续工作 5 年，假设年贴现率是 8%，企业需要支付 25%的企业所得税。请问此时 A 设备相比于 B 设备是否存在功能性的下降？

10. 某条生产线被评估为专用生产线，设备每日生产能力为 2000 只。随着市场出现可替代产品，未来的生产能力将降至每日 1600 只。假设规模经济效益指数为 0.6，求该生产线的经济性贬值率。

11. 对某老字号企业进行评估，预计未来 4 年净收入分别为 45 万元、50 万元、52 万元和 55 万元；从第 5 年开始，每年预计净收入为 48 万元。折现率为 12%，资本化率为 10%。该企业的评估价值是多少？

12. 对于一项无形资产的评估，其利润期限为 10 年，每年收益是相等的，即 8 万元，折现率为 10%。如果我们使用收益法来衡量这个无形资产的价值，它的估计价值是多少呢？

13. 某公司与外国企业共同投资了一项资产，并需要对这个资产进行评估。详细的信息如下：

此项资产的账面初始价值为 300 万元人民币，其净额为 120 万元人民币。依照会计规则的要求，这项资产的使用寿命被设定为 30 年，并且已经经过了 22 年的消耗。通过深入研究后我们发现，如果以当前的市场原料价位及人工费率来计算的话，那么再造出同样性能的设备所需的所有花费将会达到 520 万元人民币。同时我们也查阅了相关的历史文件并进行了实地考察，截至评估日期，该资产法定利用时间是 57800 个小时，而实际上它已被投入运行了 46800 个小时。由专业的技术团队测算得出的结果显示，这个资产还可以继续工作 12 年。另外，由于它的设计存在缺陷导致能耗过大且维护成本较高，因此相比于其他同等标准的设备来说，每一年都会额外增加 3 万元的运营开支。此外，所得税税率是 25%，假设折现率为 10%。基于以上信息，我们将运用成本法对此项资产进行评估。

14. 对一家公司于 2020 年度购买的一个制造设施进行评价和审计工作，其原始成本是 180 万美元，预计将于 2023 年年底完成评估过程。根据研究结果显示：此种机器价格逐年的增幅约为其前一年的 10%（即以复利计算）。经过专家实地考察及预先预测得出结论——这台机械可以继续运转 6 年以上的时间。同时了解到当前市面上已经出现了更为高级、性能更好的同类设备，并且得到了广泛应用，相较而言新型装备能够减少 3 名员工的占用，且每月薪资达 4790 元/人（包括五险等福利待遇）；另外由于市场的激烈竞争，使这个工厂产能严重受限，从而导致了经济效益上的亏损，金额达到了 2 万元人民币，所得税税率是 25%，假设折现率为 10%。评估该公司的设备价值。

五、简述题

1. 成本法的理论基础和评估思路是什么?

2. 收益法的理论基础和其适用的先决条件是什么?

3. 哪些是市场法的理论基础、评价方式以及应用前提?

4. 讨论成本法、收益法和市场法三种基本评估方法的优点和限制。

▶▶ 第三章

机器设备评估

第一节

机器设备评估概述

一、机器设备的含义

中评协在财政部指导下，根据《资产评估基本准则》，修订了《资产评估准则——机器设备》，制定了《资产评估执业准则——机器设备》。该准则指出，机器设备是指人类利用机械原理以及其他科学原理制造的、特定主体拥有或者控制的有形资产，包括机器、仪器、器械、装置、附属的特殊建筑物等。

二、机器设备的分类

在生产过程中，公司使用的各种机器设备具有显著的形状、尺寸、性能和应用等差异，其类型非常丰富。根据分类准则和标准的不同，通常会采取以下几种分类方式。

1. 依据国家分类标准在固定资产管理中的应用分类

《固定资产分类与代码》（GB/T 14885—2010）将固定资产分为 6 类：土地建筑；通用设备（12 大类）；专用设备（34 大类）；文物和陈列品；图书、档案；家具、用具、装具及动植物。

根据《固定资产分类与代码》（GB/T 14885—2010）国家标准规定，通用设备包括行政事业单位的计算机设备和软件、办公设备、图书档案设备、机械设备、电气设备、雷达、无线电和卫星导航设备、通信设备、广播、电视、电影设备、仪器仪表、电子和通信测量仪器、计量标准器具、量具、衡器等；专用设备包括行政事业单位探矿、采矿、选矿和造块设备、石油天然气开采专用设备、石油和化学工业专用设备、炼焦和金属冶炼轧制设备、电力工业专用设备、非金属矿物制品工业专用设备、核工业专用设备、航空航天工业专用设备、工程机械、农业和林业机械、木材采集和加工设备、食品加工专用设备、饮料加工设备、烟草加工设备、粮油作物和饲料加工设备、纺织设备、缝纫、服饰、制革和毛皮加工设备、造纸和印刷机械、化学药品和中药专用设备、医疗设备、电工、电子专用生产设备、安全生产设备、邮政专用设备、环境污染防治设备、公安专用设备、水工机械、殡葬设备及用品、铁路运输设备、水上交通运输设备、航空器及其配套设备、专用仪器仪表、文艺设备、体育设备、娱乐设备等。

2. 按使用性质分类

以现行会计制度按使用性质的区别，将机器设备分为以下 6 类。

①生产用机器设备，指直接进行生产操作的设备，如动力装置、起重运输设备、电子设备、工作机械和设备、测试设备以及其他生产工具等。

②非生产用机器设备，主要包括福利机构、教育机构以及专门的科研机构等单位所使用的设备。

③租出机器设备，是指按照规定租给外部机构使用的设备。

④未使用机器设备，指未投入使用的新设备和存放在仓库准备安装投产或正在改造、尚未验收投产的设备等。

⑤不需用设备，是指不符合本单位需求，并已向上级申请以待调出处理的各类设备。

⑥融资租入机器设备，是指公司通过融资租赁获得设备。

3. 按在生产中的用途分类

根据生产过程中的用途，可将其划分为两大类别：生产设备和非生产设备。

生产设备是指直接用于制造商品的工具，也就是说，从原材料进入工厂到最终产品出厂的全过程中所使用的设备。

非生产设备指的是那些不直接用于产品制造的设备，也就是在基础设施建设、科学实验和管理方面所使用的设备。

4. 按机器设备的不同技术特点分类

①通用机器设备，一般机械制造公司的设备被称为通用设备。这类设备大多具备

常规的生产处理能力，如各种金属切削机、锻压机和铸造机等。

②专用机器设备，指各个行业和公司所使用的特定设备。这类设备具有明显的行业属性，其工程技术需求也存在较大的差异，通常在公司的机器设备中占据重要地位，例如专门制造机器、专门的港口码头设备以及铁路建设设备等。

③非标准机器设备，它是指非国家定型设备，通常在市场上无法直接获得，需要根据公司的需求进行自主生产或委托其他单位进行制造。

5. 按机器设备的自动化程度分类

①自动化设备，如数控机床、机器人等。

②半自动化设备，如半自动锻锤。

③其他设备，如手动吊车。

6. 按机器设备的不同来源分类

根据机器设备的来源，通常分为自制设备和外购设备。

①自制设备可被划分为自行生产的标准设备和自行生产的非标准设备。

②外购设备又可分为外购国产设备和外购进口设备。

7. 按组合方式和程度分类

在操作过程中，机器设备通常会将各种功能的设备进行分配和组合，以实现特定的生产流程。根据组合方式和程度的不同，可将其划分为：

①单台机器设备（独立设备）。这些以单一形式存在，并能够独立运作或以单一方式出售的机器设备，如一台车床。

②机器设备组合。这是一种为达成特定的目标而构建起来的多个机械装置的总和，例如，集成的制造单元、发电系统等，或者是一系列按照生产流程顺序配置的设备构成的一个完整的或部分的加工环节的机械系统，比如各类生产流水线。

三、机器设备评估的特点

机器设备的单位价值高、使用期限长、流通性差、工程技术要求严格以及价值特征复杂，这些都是决定其评估具有以下主要特质的因素。

1. 以技术检测为基础

作为衡量机器设备科技含量的重要工具，技术的测试对于确定机器设备的技术等级具有重要意义。由于机器设备的工程特性较为复杂且技术深度对其售价或者出售价有显著的影响，因此它的技术水准与层级至关重要。此外，技术测验也会直接影响评估人员对机器设备的新旧状态的认知，这被视为评定机器设备价值的关键要素之一，所以，必须实施适当的技术检验以奠定机器设备评价的基础。

2. 以单台、单件设备为评估对象

由于各种类型的机器设备存在众多且各异的情况，因此为确保评价的真实性与精确度，我们需要对每台和每个部件单独进行评定。针对那些大量但单价低廉的相似资产，我们可以通过核查其具体数目并采用合适的分级策略，按照不同标准对其进行评价。

3. 多种评估方法并用

机器设备种类丰富，尺寸和类型各有不同，并且每种器械的个别价格、寿命周期及功能特性也存在显著差异，因此我们需要根据这些差异来选择适当的方法对它们进行估值。即使是对于相同的设备，有时候也需要采用多种方式对其进行评价，以便确认其评定结果的精确度。

4. 对被评估机器设备逐一鉴定

在对机器设备进行评估的过程中，各个设备的新旧、资产价值和性能可能会有显著的差异。这主要是由于机器设备的使用周期较长且使用环境复杂所导致的。为了保证评估结果的科学性和精确度，必须逐一对被评估的设备进行鉴定。

5. 正确反映贬值价值

由于设备的价值会逐步转化为新产品的价值，并且更新周期较长，因此在评估过程中必须保证计算精确，应根据资产的现值来提取折旧，同时通过重估设备的价值反

映设备实际损耗。

6. 正确估算机器设备的贬值

随着技术的进步和更新，国家相关的环保政策以及市场经济状况等因素都可能对机器设备的评估值产生影响。因此，除实体性贬值外，机器设备通常还会面临功能性和经济性的贬值问题。

7. 正确测定机器设备寿命

机器设备的贬值既有有形贬值，又有无形贬值。因此，必须仔细收集与评估相关的所有信息，综合考虑各种相关因素，以确保准确确定机器设备的物理寿命、技术寿命和经济寿命。

四、机器设备评估的基本程序

作为一个重要的专业评估领域，机器设备评估的情况复杂且工作量巨大。在执行评估过程中，应该按照步骤和阶段进行。通常，机器设备评估会经历以下几个阶段。

1. 接受委托阶段

当客户希望由评估员对某种设备资产进行评估时，他们需要向评估员透露被评估资产的背景、现状、评估目标以及评估报告的用途，同时也需要了解该评估过程中涉及的其他因素。

2. 评估准备阶段

在资产评估委托协议被签署，并且明确了评估目标、对象和范围后，评估人员和机构应立即开始进行评估的预备工作。这个阶段的主要任务包括以下几个方面。

①请委托方准备并填写与评估事宜相关的文件和资料，如描述待评估资产状况的文件、证明待评估资产产权状态的证书等。

②收集与评估和活动相关的价格信息，包括待评估的机器设备、相似资产的市场价格，国家发布的物价指数数据，以及评估人员自行收集整理的物价指数等内容。

③对获取的信息和数据进行系统性的整理，以增强其可靠性和实用性。这包括筛选、核查、校验、分类、编号以及保存等步骤。

④对委托方提供的资产评估清单以及相关表格进行深入分析，确定评估的核心和清理的重点，制订出评估计划、执行人员配置，并规划评估技术路径。

3. 现场工作阶段

评估员进行了现场的实地考察，确定了待评估设备的数量，并对其进行了技术鉴定。在这个阶段，他们主要负责以下几个方面。

①对所有被评估的资产进行逐一检查和确认。评估员必须核实被评估单位提交的设备以及相关的产权证明，以保证没有遗漏或者产权不清晰的资产。

②依据评价的关键点或者工作人员分配，对需要评价的机器设备实施适当的分组。如果要评价的设备类型和数目繁多，评测者应该按照评价的目标、评价报表的需求以及评价的技术特性，把待评价的设备依照其重要程度划分成三个等级：具有高单价的大型关键设备属于A级；低单价但数量众多的设备归入C级；位于A级和C级中间的设备则定为B级。

③设备评估。在现场工作中，对设备的评估是至关重要的，这个阶段的任务涵盖了设备的技术性能、使用状况、质量以及磨损等方面。评估设备的制造商、出厂日期、设备负荷和维护状态等因素，都构成了进行设备评估的基础材料。

4. 确定设备评估经济技术参数阶段

依据评估的目的和项目对评估价值类别的需求，以及选取的方式和手段，科学合理地确定评估所需的各种经济技术参数。

确立设备价值信息及参数对评价结果的准确性和公正性至为关键。首先，评价者需要从收集的数据中挑选出合适的、经过解析和归纳后得出的此次评定的设备价值数据，如同类型设备当前的市场购置费、价格指数、相关费用准则、进口税率、利息比率、货币兑换率等；其次，依据实地考察和科技检查获取的信息，可以计算各类技术的参数，比如机器设备的磨损比例、完整度、剩余寿命、有形贬值率、新旧程度等。此外，若通过研究发现机器设备具有功能性或者经济性的贬值情况，还需要测量超过正常运行成本金额、设备的盈利减少额、规模效应指标、折现率或是资本化率等相关数据和参数。

5. 评定估算阶段

基于已完成的各项任务，评估人员需要依据评估目的、价值类型的需求以及评估对象的实际状况，科学地选择评估计算方式进行评估和估算。这个阶段的工作主要涵盖以下几个部分。

①依据评估目标、评价类型的需求，以及在评估过程中的环境条件，挑选合适的评估手段。

②阅读与可行性分析、设计、预算、完工报告、技术改造报告以及重大设备运行和检验记录等相关的文件，以便更深入和细致地理解评估的设备。

③评估人员在进行设备评估时，应当参考税法、环境保护法、车辆报废标准等相关法律法规，以充分考虑它们对评估的影响。

④对于那些产权受到特定约束的设备，包括已经作为抵押物或保证物的设备以及租赁后的设备，需要单独处理。

⑤假如无法明确界定机器设备与建筑物或者无形资产的区别，应该立即与其他专业评估师进行沟通，以避免重复评估和遗漏。

⑥选择合适的方法估算评估值。

⑦对评估结果进行调整，确保其与评估的目的和用途相匹配。

6. 撰写评估报告及评估说明阶段

在评估过程结束后，应对评估的成果进行详尽的分析和评价，并立即编写评估报告以及相关说明。机器设备评估成果汇总表的常规形式如表 3-1 所示：

表 3-1　机器设备评估结果汇总表　单位：万元

资产类别	账面价值	账面净值	调整后净值	重置价值	评估值	增加值	增加率
专用机器							
普通机器							
运输设备							
……							

7. 评估报告的审核和报出阶段

在评估报告完成之后，必须进行全面的审查，这包括复审人员的审查、项目主管的审查以及评估机构的审查。只有在三级审查人员确认评估报告没有任何重大错误后，才能将评估报告递交给委托方和相关部门。

五、机器设备评估方法的适用条件

1. 成本法的适用范围

主要适用于在继续使用的情况下，单台设备无法独立获利。如果在非继续使用的情况下，待估设备没有市场参照物，也可以采取成本法。

2. 市场法的适用范围

主要适用于二手设备市场较活跃的单台设备评估。

3. 收益法的适用范围

主要针对可独立计算收益的整体设备（生产流水线）进行评估。总的来说，需要根据设备的运行状态、可获取的信息和设备自身的特性选择最合适的评估方式。

第二节 机器设备的核查与鉴定

一、机器设备的核查

在执行评估任务前，评估员应该对被测试设备进行逐一检查，以确保其真实存在。通常，检查设备的方法有两种，即逐项清理和抽样核查。

1. 逐项清查

评估员需要根据受托评估的资产列表，对于所有的待评机器设备进行一一检查与确认，并针对每个设备的具体情况来识别其实体性贬值、功能性贬值和经济性贬值，从而得出评估价。这种方法通常适合于那些具有高额价格，并且有着明显不同的尺寸、类型、应用场景和操作条件的机器设备。这项方法的主要优势在于它能提供精确的评估数据，降低了潜在的风险，但是由于每种设备都需要经过详细的核查，因此它的评估过程较为烦琐。

2. 抽样核查

按照随机抽样法，对被评估设备进行抽样核查是一种方式。在对设备进行抽样核查时，通常会采用分层抽样的方式，具体步骤如下。

①将设备按照规格、使用环境和购置年份等标志值进行分组，并把它们归为同一类别。

②确定抽样比例。

③确定抽样调查指标。

④随机抽样。

⑤分析抽样结果。

当特定情境下需要提升评价效能的时候，我们通常会采取样本检查的方式。这种方式主要针对的是那些价格相对低廉且数量庞大，具有相似规格和应用场景，并且只需获得初始估计值的机器设备。此种策略的主要优势在于其高效性和较小的任务负担，然而它的评估精度并不算太高。

二、机器设备的鉴定

机器设备的鉴定内容主要涉及设备的技术状态、贬值程度、剩余使用寿命、生产能力、加工精度和安装方式等方面。对于机器设备的鉴定可以根据工作阶段分为统计性鉴定和判断性鉴定两种方式。

1. 统计性鉴定

统计性鉴定又分为宏观鉴定和微观鉴定，“宏观鉴定”指对机械装置在全流程中状态的研究和评估，它关注的是三类关键信息：公司所产的产品类型、产品的制作方式及公司的产能水平；而“微观鉴定”则是一种识别设备独特性的步骤，这主要涉及单一设备的信息，如设备名、型号、尺寸、制作者、发布时间、启用日、技术指标、产量、运行压力、操作条件、维护保养记录等。

2. 判断性鉴定

专业工程技术人员在进行现场勘察后，会对机器设备的相关指标（如设备的新旧程度、剩余经济寿命等）进行分析判断，这就是判断性鉴定。

对于大型机器设备，不论使用哪种评价方式，宏观鉴定都是至关重要的。

在详细的评估流程中，对机器设备需要特别关注以下几个重点。

①请仔细检查并核实未入账的设备、已经提取足够折旧但仍在使用中的设备以及经营性租赁或出租的设备。

②请关注财务人员对设备成本构成、资金来源及使用状况以及账目记录的了解。

③请对公司的操作员和技术人员进行详细调查以了解设备使用、维护及修理等状况。对于大型、复杂或高精尖的设备，应聘请专业的鉴定专家来进行勘察。

④当评估的设备数量较多时，应该科学地进行分类，并将相同或相似的设备分别组合。

⑤如果设备已经提完了折旧，并且它还能正常运行，那么我们应该按照正常的方式进行评估和计价。

⑥通常，我们应该逐一确定设备的评估值。对于整个生产线，我们可以根据需求将其视为一个单独的设备进行综合评价，或者将其分解成多台设备进行逐一评价。

第三节
机器设备评估的成本法

成本法是通过计算新设备的重置成本，然后减去设备可能出现的各类贬值（包括实体性、功能性和经济性）来确定设备的价值。公式为：

机器设备评估值=重置成本-实体性贬值-功能性贬值-经济性贬值　(3-1)

或

机器设备评估值=重置成本×综合成新率　(3-2)

式中：

综合成新率=1-［（实体性贬值+功能性贬值+经济性贬值）/重置成本］(3-3)

由此可见，影响估价的基本因素是重置成本及各类贬值。

一、机器设备重置成本的构成

由于重置目标的差异，机器设备的重置费用也会有所不同。

1. 国产设备

（1）外购设备。

对于外部获取的机器设备而言，其重新估值通常包含以下几个部分：①设备主体，即设备现行购置成本（或设备的购买价）。②设备的运杂费，这些费用主要涵盖了从制造商到最终用户所在地之间的所有采购、运输、存储管理、搬移等其他相关开销，尤其是针对小规模设备来说，若此项花费较低的话，可以不予考虑。③安装及调试费用，这主要是指为了检测安装质量而进行的一系列测试的相关费用，同时也要注意到，如果这个阶段耗时过久且支出较大，那么就应该把设备的购买和安装期间所需占用资金的利息也算进去。

（2）自制设备。

通常来说，自行研发的机器设备其重新估价的价格主要涵盖以下几个方面：①制造成本及相配比的期间费用，其中不仅涉及直接投入的人力与物料，也包括了建筑施工所需的相关辅助设施支出、项目监督费用、工程保单支付等；②大型设备的合理制造利润；③其他必要的合理费用，如地质调查与设计的收费、实验研究的费用等；④安装调试费，设备装置调整与测试所产生的费用。

2. 进口设备

进口设备重置成本主要由三部分构成。

（1）境外发生的成本。

①离岸价（FOB 价），是指装运港船上交货的价格，这意味着卖家需要承担货品出境的相关税收，而买家则需负担从产品离开船只后所产生的一切额外支出与潜在风险；②海运费；③海运保险费。这三者之和构成了进口设备的总价值（即 CIF 价）。所谓的到岸价，实际上是由离岸价加上海运费（F）和海运保险费（I）组成的。其计算方式可用如下公式表达：

$$\text{到岸价}=\text{离岸价}+\text{海运费}+\text{海运保险费} \tag{3-4}$$

或

$$CIF=FOB+F+I \tag{3-5}$$

（2）设备的进口附加费用。

这些附加费用涵盖了进口税收、企业代理服务费、银行服务费、海关监管服务费和商检费等。

（3）境内发生的成本。

机器设备在国内产生的主要花费是其在国内的搬运与设置和调试费用。对于进入中国境内的机械而言，这部分费用指的是自中国的海港、飞机场或火车站将其送至实际使用的场所所需支付的码头税、运输费、存储费、装载费及其相关的国内运输保险金等支出。有时候，这些费用会被纳入机器设备的价格里，无须额外计算。

二、机器设备重置成本的估算

1. 设备主体购置成本（现行购置成本）的确定方法

（1）直接法。

一般依据当前市面上机器设备的价格水平来计算其重新购置价值。关于如何使用市场的交易价格来设定设备的新购置费用，原则如下：第一，如果条件相同的话，评估员应该选用有可能获取的最便宜的价格。第二，要辨别报价与成交价，并以成交价作参考。针对那些难以找到相关市场数据的大型特殊设备，可以通过询问最近从同一厂家采购类似商品的其他消费者，从而去除报价中的水分。第三，考虑打折因素。一般来说，商人会对采购量大的客户提供一定程度的优惠，所以评估员需要关注的是扣除折扣后的价格。第四，还要考虑到替代品与其被评估物品质量和功能差异的影响。假如用替代品现在的市场价格去衡量它的更新再造成本，那么评估员就必须对此做出适当的调整。

‖**示例 3-1**‖ 对一台 10 年前从德国进口的气流纺机进行评估，该机器在进口合同中的 FOB 价格为 20 万马克。评估人员了解到德国已不再生产该型号的气流纺机，现在的替代产品是全面采用计算机控制的新型纺机，其现行 FOB 报价为 70 万欧元。评估人员以德国方面 FOB 报价的 80%作为 FOB 成交价。鉴于新型纺机在技术性能上优于被评估的气流纺机，估算被评估气流纺机的现行 FOB 价格约为新型纺机的 70%，其中 30%的折扣主要由功能落后造成。评估基准日的欧元对美元汇率为 1∶1.4，人民币对美元汇率为 6∶1。境外运杂费按 FOB 价格的 5%计算，保险费按 FOB 价格的 0.5%计算，而关税和增值税因符合合资企业的优惠条件，免除征收。银行手续费按 CIF 价格的 0.8%计算，国内运杂费按 CIF 价格与银行手续费之和的 4%计算，安装调试费已包含在设备价款中，无须额外支付。由于安装调试时间较短，因此无须考虑利息因素。对该设备进行重置成本评估。

根据上述数据资料分析，被评估气流纺机的重置成本评估过程如下：

离岸价 = 70×80%×70% = 39.2（万欧元）

离岸价（美元）= 39.2×1.4 = 54.88（万美元）

海运费 = 54.88×5% = 2.744（万美元）

海运保险费 = 54.88×0.5% = 0.2744（万美元）

CIF = 离岸价+海运费+海运保险费

= 54.88+2.744+0.2744 = 57.8984（万美元）

银行手续费 = 57.8984×0.8% = 0.4632（万美元）

国内运杂费 =（57.8984+0.4632）×4% = 2.3345（万美元）

气流纺机重置成本 = 57.8984+0.4632+2.3345 = 60.6961（万美元）

气流纺机重置成本 = 60.6961×6 = 364.1766（万元）

（2）间接法。

主要适用一些难以直接取得现行市场价格的机器设备评估。

①物价指数法，又被称为指数调整法，是一种以设备的初始购买成本作为基础，参照相似设备的价格上涨率来确定机器设备重置费用的策略。它包括定基物价指数和环比物价指数两类，其计算公式如下：

$$重置成本 = 设备购置历史成本 \times \left(\frac{设备评估基准日定基物价指数}{设备购建时定基物价指数}\right) \quad (3-6)$$

或

$$设备主体重置成本 = 设备历史成本 \times (P_1^{\ 0} \times P_2^{\ 1} \times \cdots \times P_n^{\ n-1})$$

$$资产评估价值 = 设备历史成本 \times a_1 \times a_2 \times \cdots a_n \quad (3-7)$$

式中，$a_1 \sim a_n$ 表示从设备购置日期的下一期至评估基准日的环比物价指数。

在应用公式时，应注意以下几个问题。

a. 通常，物价指数是分类产品的物价指数（避免使用综合物价指数），它揭示了某一类设备的整体物价变动情况，而非特定设备的价格变化。

b. 重置成本的计算基于设备的初始费用，因此评估人员需要对其真实性进行审查。

c. 对于企业账面上的设备初始成本，包括运输和杂费、安装费、调试费以及其他各项费用，我们需要分别计算它们的物价变动指数和设备价格变动指数。

d. 将进口设备原值中的外汇支付和人民币支付部分区别开来，我们使用了设备生产国（也就是出口国）的分类物价指数以及与之相关的国内物价变动指数。

‖示例 3-2‖　某设备在 2015 年被购买，其账面价值为 30 万元，2023 年进行了评估。在 2015 年和 2023 年，该类型设备的物价指数分别达到 120%和 150%，评估该设备的重置成本。

设备重置成本=30×（150%/120%）=37.5（万元）

②综合估价法，通常适用于那些无法获取市场价值信息或自行制造设备的情形。该方法基于主材料及关键外部组件的价格与其生产成本之间的特定比率，通过设定这些元素的总额来推算设备的完整制作成本，同时还需考虑到公司的盈利、税收以及设计的支出，从而得出设备的重新购买成本。公式为：

设备重置成本=（主材费用/不含外购件的成本主材费率+主要外购件费用）×（1+成本利润率）×（1+销售税费率）×（1+非标设备设计费率/非标设备生产量）　(3-8)

式中：

主材费用=主材净耗费/主材费利用率　(3-9)

主要原材料的费用和主要的外部购买件的费用都不包含增值税。

‖示例 3-3‖　对于一项特定的非标准化产品来说，它的主要材料（即钢铁）的使用数量是 7.2 吨，并且假设这种主要材料没有税收的价格是在每吨 1900 元。此外，这个产品的关键外部组件总共需要花费 21000 元。根据销售税费率的计算结果，我们选择将其设定为 18%。如果考虑到主材料使用效率达到 90%，且未包含外购件的主材料成本比例为 48%，同时设定了 16%的盈利比率和 24%的设计费用率，生产此项非标准化产品将会是 3 台。确定这项非标准化产品的重置成本。

主材费=（7.2/90%）×1900=15200（元）

设备重置成本=（15200/48%+21000）×（1+16%）×（1+18%）×（1+24%/3）

=77857.34（元）

2. 设备的运杂费、安装费、调试费等费用的确定

评估员分别评估人工成本、物料成本、基本费用后，将各项相加以得出机器设备的装配费用。而机器的搬运与其他相关费用通常可以通过咨询相关的物流机构获取。

针对那些拥有大量机器的大型制造公司来说，为提升工作效能，评估员可以选择按照购买机器的比例来测算其运杂费、安装费、调试费等。

3. 进口设备从属费用的确定

当外国制造的机器抵达中国海港时，需要支付各种费用如关税、增值税、消费税和外贸手续费等。根据货物种类，这些税收按照海关手册中设定的比例征收。此外，外贸手续费通常是到岸价（CIF）的1%至1.8%，而银行手续费则大约占离岸价（FOB）的0.4%至0.5%。进口设备从属费用的计算公式为：

海运费=离岸价×海运费率 （3-10）

国外运输保险费=（离岸价+海运费）×保险费率 （3-11）

关税=到岸价×关税税率 （3-12）

消费税=（到岸价+关税）/（1-消费税税率）×消费税税率 （3-13）

增值税=（到岸价+关税+消费税）×增值税税率 （3-14）

银行手续费=离岸价×银行手续费费率 （3-15）

外贸手续费=到岸价×外贸手续费费率 （3-16）

对于进口车辆，有车辆购置附加费：

车辆购置附加费=（到岸价人民币数额+关税+消费税+增值税）×车辆购置附加费费率 （3-17）

‖示例3-4‖ 一台进口设备的离岸价为60万美元，到岸价为64万美元，关税税率为16%，银行手续费费率为0.4%，外贸手续费费率为1%，如果不考虑其他因素，该设备的重置成本应为多少万美元？

关税=64×16%=10.24（万美元）

银行手续费=60×0.4%=0.24（万美元）

外贸手续费=64×1%=0.64（万美元）

重置成本=64+10.24+0.24+0.64=75.12（万美元）

‖示例3-5‖ 某进口汽车的到岸价为80万元人民币，关税税率为100%，消费税税率为5%，增值税税率为17%，银行手续费、外贸手续费、海关手续费合计为到岸价的3%，那么应该缴纳多少万元的增值税？

关税=CIF×100%=80×100%=80（万元）

消费税=（到岸价+关税）/（1-消费税税率）×消费税税率=8.421（万元）

增值税=（到岸价+关税+消费税）×增值税税率=28.632（万元）

三、机器设备贬值的估算

机器设备的贬值有实体性贬值、功能性贬值和经济性贬值三种类型。

1. 实体性贬值及其估算

实体性贬值指机器设备在投入使用后，由于经常磨损和自然力的作用，导致其物理性能逐渐减弱从而价值减少的现象。公式为：

实体性贬值=设备重置成本×实体性贬值率　　(3-18)

若不考虑设备的功能性和经济性损失，那么计算设备评估值的公式应为：

评估值=设备重置成本-设备重置成本×实体性贬值率

=设备重置成本×（1-实体性贬值率）

=设备重置成本×成新率　　(3-19)

通常，我们可以使用以下几种方法来估算成新率。

（1）观察法。

这种方法是指对被评估的机器设备的运行状态和整体状况进行观察，综合考虑其设计、制造、使用、磨损、维护、修理、大修理、改造等方面，以及物理寿命等因素，然后将其与全新设备进行对比，对每一项进行评分，最后得出一个成新率的总分值。

（2）比率法。

比率法是对特定机器的运行状况或者生命周期进行评估，以确定已经执行的任务数量或是剩余可以使用的年份。然后，我们根据这个数据来推断出该机器的实体性贬值率。此种方法又可分为工作量比率法和使用年限法两种。工作量比率基于已经完成的任务数量与仍能继续执行的任务数量的比例；如特殊交通工具是以已经行驶过的距离与仍然能够行驶的距离作为已完成任务数量和尚能继续执行的任务数量的替换指标。

①工作量比率法。工作量比率法的计算公式为：

$$设备实体性贬值率=\frac{已完成工作量}{预计完成工作总量}$$

$$=\frac{已完成工作量}{已完成工作量+尚可完成工作量} \quad (3-20)$$

‖示例 3-6‖ 设备预期能够产出 200000 件商品，目前已经生产了 40000 件，该设备的实体性贬值率是多少？

实体性贬值率 = 40000/200000×100% = 20%

又假设该设备已经制造了 200000 件产品，但由于维护得当或者进行过大修，各种损失已经得到了弥补，预计还能再制造 40000 件，那么其实体性贬值率是多少？

其实体性贬值率为：

实体性贬值率 = 200000/（200000+40000）×100% = 83.33%

②使用年限法。当工作量的计量标准是以时间为基础并且以“年”衡量时，那么对于设备实体性贬值率和成新率可以这样来推断：

$$资产的实体性贬值=\frac{重置成本-预计残值}{总使用年限}\times 实际已使用年限 \quad (3-21)$$

总使用期限，也被称为使用寿命，是指设备自启动至停止使用的全过程。它包括三个含义：物理寿命（或称为自然寿命），指的是机器设备在预设的环境下运行并直至退役的过程时长；技术寿命则表示设备从首次启用直到因为技术过时而被替换所需的时间，这通常受到社会科技发展与更新速率的影响；经济寿命代表着设备从初次应用到由于持续使用不再划算从而退出的时间间隔，此期间会受到有形贬值和无形贬值两方面的共同作用。现今的大多数机器设备都以固定的使用期为设计基础，因此设备的设计寿命能作为一个衡量其实际使用期的参照依据。对于通用的机器设备及家庭用途的产品而言，他们的使用期限可以通过参考国家的相应规定来确认。

设备的实际使用年限是指从设备开始运行到评估基准日期间所花费的真实工作时间。一个更为合理的计算方法应该同时考虑折旧年限和设备的实际运行状况，其计算公式如下：

$$实际使用年限=名义使用年限\times 设备利用率 \quad (3-22)$$

名义使用年限可从会计账目中查到，而设备利用率可由下列计算公式求出：

$$设备利用率=\frac{至评估基准日实际累计工作时间}{至评估基准日法定累计工作时间} \tag{3-23}$$

③加权使用年限法。当机器设备被频繁地投入资金以实现升级和改良时，这可能会增加设备的使用时间或者减少已经使用的年份。在这个情况下，我们可以用每次新增投资的重置成本作为权重，然后根据这些投资的“已使用年数”的总额来做加权平均，从而得出有效且实际的综合已使用年数。这个公式的具体表达式如下：

加权投资年限=∑（复原或更新重置成本×投资后设备的已使用年限）/∑复原或更新重置成本　（3-24）

实体性贬值率=加权投资年限/（加权投资年限+尚可使用年限）×100%　（3-25）

成新率=尚可使用年限/（加权投资年限+尚可使用年限）×100%　（3-26）

在这个公式里，机器设备的尚可使用年限是指其还可以使用的时间段，这需要通过技术测试和专业的设备技术鉴定来确认。

‖**示例3-7**‖　某项资产是在2013年购买并建立的，原始价值是68000元。它曾在2018年及2021年进行了两轮升级改装，主要增加了自动化的控制系统，投入的资金分别达到了3200元和2500元。到了2023年，我们需要对其进行估价，如果自2013年起每年物价上涨幅度设定为10%，并且经过专家小组的测试和确认，这个设备还可以继续使用的期限为6年，请计算一下它的实体性贬值率。

第一步，估算设备的复原重置成本（见表3-2）。

表3-2　设备复原重置成本估算表

投资时间	原始投资额（元）	价格变动系数	复原重置成本（元）
2013年	68000	2. 60	176800
2018年	3200	1. 61	5152
2021年	2500	1. 21	3025
合计	—	—	184977

第二步，接下来计算设备的复原重置成本与投资年限的乘积（见表3-3）。

表 3-3　　　　　　设备的复原重置成本与投资年限的乘积表

投资时间	复原重置成本（元）	投资年限（年）	设备的复原重置成本与投资年限的乘积（元）
2013 年	176800	10	1768000
2018 年	5152	5	25760
2021 年	3025	2	6050
合计	184977	—	1799810

第三步，我们需要计算出已经使用的机器设备的加权年限。

加权投资年限＝1799810/184977＝9.73（年）

第四步，计算实体性贬值率。

实体性贬值率＝9.73/（9.73+6）×100%＝61.86%

因而，该设备的成新率约为 38%。

（3）修复费用法。

修复费用法是一种评估机器设备实体有形贬值的方法，它通过估计恢复其原始状况所需要的维修和改装支出来实现。这可能涉及替换或修复关键组件，如主要零部件，并可能包含一些其他相关的费用。这种方法的使用取决于设备的复杂性和修复工作的难度，同时也受到设备实际贬值水平的影响。对于那些拥有独特构造的机器设备来说，此种方法是合适的。用要支付的修理费用（即全新的替代品）除以新的设备价值就是这个设备的实体有形贬值率。若需更精确地了解设备的成新率，可以使用以下公式进行计算：

成新率＝1-有形贬值率＝1-（设备修复费用/设备重置成本）　　（3-27）

需要指出的是，设备的总实体性贬值可分为可修复和不可修复两部分，可修复指的是能够在技术和经济上进行修复的方式来修复实体性贬值，修复费用法只适用于对可修复实体性贬值的估计。对于不可修复性实体性贬值采用观察法或年限法估算。修复费用法在很多领域都有应用，特别是对于需要定期替换易损部件的机器设备（例如纺织机）的更新率评估。

‖示例 3-8‖　某项待评资产是一台巨型机械加工器材，自其建立以来已有 10 年的历史，预期的寿命还剩 20 年。据调查员所知，这台机器当前正处于维护阶段，主要问题在于它受到了严重的腐蚀，底座出现了裂缝需要替换以保证正常运转。这个修理方案估计会花费 70 万元人民币。经过对这台机器重新购建所需资金的预测，我们得出了它的复原重置成本为 400 万元人民币。现在我们将运用修理费计算方法来确定这台机器的新旧程度。

可修复性实体性贬值额 = 70（万元）

不可修复性实体性贬值率 = 10/（10+20）= 33%（此处保留整数）

不可修复性实体性贬值额 =（400−70）×33% = 110（万元）（此处保留整数）

实体性贬值额 = 70+110 = 180（万元）

成新率 = 1−180/400 = 55%

（4）技术鉴定法。

此种方法是由具备专门技能与丰富实践经验的专业工程师针对资产的主要部分实施专业技术评判，以此来确定其新旧程度。这种技术的应用需要有完善的技术测试工具及精确的数据，并使用适当的方法，以确保所得到的结果能够全面地体现设备的技术状况。相较于观察法，该技术对于资产的新旧程度测量更为深入且详细，通常被用来估算那些大体积、核心或昂贵的设备的新旧情况。

2. 功能性贬值及其估算

科技发展引发的功能性贬值主要体现在两方面：一是由新的技术、新型材料或创新制造方法所带来的被评估设备的价值损失；二是由于技术的提升使得使用该设备的运行成本相对增加，进而产生的二次价值减少。第一种情况被称为“一次性投资功能性贬值”（又称超额再生产成本），第二种则称为“运营功能性贬值”（又称超额营运成本）。

（1）一次性投资功能性贬值。

新技术、新材料、新工艺的应用会导致设备生产成本下降，从而导致一次性投资功能性贬值。这种情况下，更新重置成本低于复原重置成本，即一次性投资功能性贬值等于复原重置成本减去更新重置成本的差值。其公式为：

一次性投资功能性贬值 = 复原重置成本 − 更新重置成本　　(3-28)

在进行设备评估时，应优先考虑更新重置成本。这实际上已经排除了被评估设备价值中的超额再生产费用，防止通过寻找设备复原和更新重置成本之间的差异来获取设备的额外投资成本。

通常来说，实际操作中的评估对象的替代设备往往是更高级、性能更好的设备，它们的价值也可能超过评估设备的修复或重新购建的价格（例如通过使用物价指数修正方法得出的重置成本）。因此，我们需要运用“功能重置成本法”把替换设备的重建费转换成和原始设备具有相同功能时的重建成本，消除它们之间的功能差距，这样才能真实地揭示出设备所产生的额外再生产成本。

（2）超额营运成本。

新技术的进步带来了超额运营成本，这是由于新型、性能更强的设备的出现，导致新设备在运行费用上低于旧设备，因此原有设备价值下降。

‖**示例3-9**‖　该待评设备是一个制造过程中的操控器件，它需要6位工作人员来维持正常的运作状态。然而，当前类似的新款操控器的员工需求量已经减少到3人。假设这个待评设备和参考对象在其他运营费用上没有显著差异，并且每个工人的年度薪资及福利大约是8000元。此外，这台控制器还可以继续工作3年时间，而税收率设定为25%，同时使用的折旧率为10%。评估控制装置的功能性贬值。测算如下：

被评估设备的年超额营运成本＝（6−3）×8000＝24000（元）

被评估设备的年超额营运成本净额＝24000×（1−25%）＝18000（元）

超额营运成本净值折现并累加，则其功能性贬值为：

18000×（*P*/*A*，10%，3）＝18000×2.4869＝44764.2（元）

3. 经济性贬值及其估算

经济性贬值是指由外部因素引起的机器设备价值下降，可能是由于外部原因导致生产成本增加，也可能是外部原因限制了机器设备的生产能力无法充分发挥所导致的价值下降。其计算公式为：

$$\text{经济性贬值} = \text{重置成本} \times \left[1 - \left(\frac{\text{设备实际生产能力}}{\text{设备设计生产能力}}\right)^{x}\right] \qquad (3-29)$$

在公式里，x 代表的是生产规模效益指数，在机器设备中取值范围是0.6~0.7。

‖示例 3-10‖　某彩电生产厂的一条生产流水线，设计年生产彩电能力为 40000 台，该流水线经评估其价值为 1200 万元。因市场上彩电供过于求，市场竞争十分激烈，该流水线目前年生产 20000 台即可满足销售需要。假设每台彩电成本为 3000 元，预计在未来 5 年内，每台彩电成本上升 15%，而销售单价因竞争原因只能提升 10%，假设所得税税率为 25%，折现率为 10%，生产规模效益指数为 0.7。评估其经济性贬值。

（1）计算成本上升导致的经济性贬值。

每台电视的成本增加与销售价格上涨相抵消后，所产生的损失金额为：

3000×（15%−10%）= 150（元）

在减免所得税之后，每台彩电的净损失数额是：

150×（1−25%）= 112.5（元）

那么，在未来五年内，每台彩色电视机的总损耗将是：

112.5×（P/A，10%，5）= 112.5×3.7908 = 426.47（元）

企业 5 年内损失额 P_1 为：

P_1 = 426.47×20000 = 8529400（元）

（2）计算生产能力的经济性贬值。则经济性贬值 P_2 为：

P_2 = 12000000×［1−（2/4）$^{0.7}$］= 12000000×（1−0.616）= 4608000（元）

（3）计算总经济性贬值。总经济性贬值 P 为：

$P = P_1 + P_2$ = 8529400+4608000 = 13137400（元）

需要注意的是，使用重置成本方法来评价机器设备具有一定的应用范围，主要表现如下：首先，如果设备仍在继续使用中，其评估可以直接采用重置成本方式，不需要做出大的修改，例如对一辆正在运行的车床进行价值评定；其次，若设备从当前用途转变到其他用途，那么在转换过程中产生的净成本增减应被视为原始重置成本的修正项；再次，设备迁徙至新的地点可能导致净成本上升，这同样也是原始重置成本的一个修正项；最后，如果是没有市场参考值的设备，在评估之前需要对其成本组成进行调整，以便获得非持续使用的重新评估价值，并按照重置成本的方法进行评估。

第四节

机器设备评估的市场法

一、市场法的含义

市场法也被称为市价法或现行市价法，是一种基于选取最近一段时间内的类似或者相似设备并在市场上寻找其成交情况的方法。通过对比这些设备的价格差异并考虑影响它们价格的所有因素，我们可以对目标设备进行单项价格修正，接着汇总所有修正后的数据以得出最终的设备估值。这种方法对于那些有稳定且频繁交易的大众化通用机器设备来说更为适用。

二、市场法的基本步骤

1. 根据评估目的选择适用的价格类型

机器设备的价格可分为全新设备的市场价格、二手设备的市场价格、典当拍卖行的价格和罚没处置的价格。根据机器设备业务要求和评估目的，确定相应的价格类型。

2. 明确鉴定评估对象

主要的鉴定信息涵盖了设备种类、名称、规格型号、制造商、生产日期、设备特性、当前技术状况以及有效使用年限。

3. 选择参照物

挑选出市场上适合作为参考对象的设备是必要的步骤之一，如果可能的话，我们应该尽可能多地选取一些样本，并确保它们的属性尽可能地贴近待评定的设备。这有助于提高评价的结果精确度及稳定性。关键的一点在于这些参照设备必须具备可比较性，其对比要素包含以下几点：①设备的具体类型和版本号；②设备来自哪个厂商；③设备的制作品质；④设备所使用的零件或附件状态；⑤设备的使用寿命；⑥设备的技术性能；⑦设备的新旧程度；⑧设备的销售目标和销售方法；⑨设备的售卖数量和售卖日期；⑩设备交易时所在的市场环境；⑪设备的储存位置和使用场所。

需关注的是，收集参考对象的过程可以通过多种方式来实现，包括审查其数据精确度，并且要符合选取参考对象的标准，剔除不符合要求的案例，最终挑选出来一些参考样本。具体来说：第一，可从已经完成交易的资产买方与卖方那里获得相关参考案例的信息；第二，可查询相关部门关于资产交易或所有权转移的相关档案，例如房产交易处、市场注册文件，或者产权交易所及服务中心的交易记录等；第三，可通过阅读各类媒体上的资产销售、租赁或是所有权变更的广告内容；第四，同行业间相互分享经验也是一种有效的方式，同时也可以借助本地资产评估协会的力量促进各评估公司之间的交流共享；第五，创建自己的交易案例数据库也是一个有效的手段。

4. 调整参照物价格及估算被评估设备的价值

通常情况下，参照设备和被评估设备可以进行比较，但它们并非完全相同，因此需要根据可比因素逐一调整参照设备的价格，然后取多个调整后价格的算术平均值或加权平均值作为被评估设备的评估值。

三、市场法的应用

在使用市场法来评估单一设备的时候，通常有以下几种方式。

1. 直接比较法

采用直观对比的方法，我们寻找并评价那些与目标设备极为相似的市场参照物，通过这些参照物的市价来确立目标资产的价格。使用此种策略的关键在于评估员能在二手设备买卖领域中寻觅到与目标资产高度类似的产品，这涉及诸如制作者、规格类型、发布年份、实质状况等多个方面。比如，当我们要对一辆轿车做出估值的时候，我们在二手车市场上找到了一个作为参考的车子，它的市场售价达到了 8 万元，并且它在产地、款式、发售时间、附加设施、行驶距离上都跟待评定的车辆一模一样，但是待评车辆又额外安装了一套音响系统，这个系统的价值是4000元，那么根据这样的情况，我们可以得出的结论就是：待评车的总价值应该等于8万元加上4000元的数额，也就是8.4万元。

直接比较法的操作过程相对简便，能够最直观地反映出设备的市场价值。然而在实施时，必须确保评估设备与参照物之间的差异非常小，否则就无法采用该方法。

2. 类比评估法

采用对比评价方式，我们需借助类似对象与待评设备的相关特性来做对比研究，在此基础上参考相关市场的价位，然后依据两者的差距做出适度的修正，从而得出待评设备的价格。通常情况下，为了提升评估结果的精确度，我们会选择一些具有典型意义的相近资产作为参考样本。

‖**示例3-11**‖　对一家公司的M12机床设备进行评估时，评估员通过市场研究，选择了近期在本地区成交的3个M12机床交易案例作为比较标准。被评估对象和参照物的相关信息详见表3-4。

表3-4　M12机床设备评估资料

	参照物A	参照物B	参照物C	被评估对象
交易价格	9000万元	6100万元	8500万元	
交易状况	公开市场	公开市场	公开市场	公开市场
生产厂家	上海	郑州	上海	长春
交易时间	6个月前	5个月前	1个月前	
成新率	80%	60%	65%	70%

通过研究市场的数据并对其进行深入解读后，我们发现这三个案例都是以公开发售的形式完成的，决定商品价值的主要因素包括制造商（品牌）、出售时间及设备的新旧程度。根据我们的观察，参考对象A与参考对象C是由位于上海市的一家知名机器工具公司所产出的优质产品，它们的定价相较于其他普通厂商的产品大约要高出20%。此外，我们也注意到最近的几个月里，该种类型的机器工具的价格每个月都在上涨约2%。

对制造商（品牌）的影响进行校准。根据我们的调查结果显示，参考对象 A 和参考对象 C 是由位于上海市的一家知名纺织设备制造商所出品的高品质商品，它们的售价相较于其他普通厂商的产品大约提升了约 25%。因此，对于这些参照物的调整系数应为：100/120、100/100 和 100/120。

对交易时间因素进行研究和调整。经过分析，近期纺织设备的销售价格每月增长大约 2%。因此，参照物 A、B、C 的调整因子分别是 1.1262、1.1041 和 1.02。

成新率因素。参照物 A、B、C 成新率调整因子分别是 70/80、70/60 和 70/65。

计算参照物 A、B、C 的修正后价格，得出初评结果。

相对于参照物 A 修正后价格：

$$V_{A} = 9000 \times \frac{100}{120} \times 1.1262 \times \frac{70}{80} = 7391(\text{万元})（\text{此处取整数，下同}）$$

相对于参照物 B 修正后价格：

$$V_{B} = 6100 \times \frac{100}{100} \times 1.1041 \times \frac{70}{60} = 7858(\text{万元})$$

相对于参照物 C 修正后价格：

$$V_{C} = 8500 \times \frac{100}{120} \times 1.02 \times \frac{70}{65} = 7781(\text{万元})$$

确定评估值。通过对参照物 A、B、C 的修正后价格进行简单的算术平均，我们得出了被评估设备的评估标准为：

（7391+7858+7781）/3=7677（万元）

3. 成本百分率比较法

成本百分率比较法是指首先估算参照物的市场交易价格与其重置成本的比值（成本比率），该值反映了设备的市价成本比率，然后将该比值乘以被评估设备的重置成本来确定设备评估值。公式为：

设备评估值=成本比率×被评估设备的重置成本　　（3-30）

成本比率=设备的市场交易价格/设备的重置成本　　（3-31）

‖**示例 3-12**‖　某锻造设备自出厂以来一直正常运行，目前重新配置费用为 80 万元。设备的成本比率是 0.5815，评估该设备的价值。

$80\times0.5815=46.52$（万元）

第五节

机器设备评估的收益法

一、收益法的基本原理

通过预测设备未来的盈利能力和净现金流量，然后根据特定的折现率将其转化为现值。现值的具体公式如下：

$$P=\sum_{t=1}^{n}\frac{R_t}{(1+i)^t} \tag{3-32}$$

式中：

P 为评估值；

t 为设备收益年限，$t=1, 2, \cdots, n$；

R_t 为设备第 t 年的收益值；

i 为折现率。

收益法是基于设备的盈利能力来评估其价值的，这种方法的使用需要满足两个条件：首先，必须有能力确定和量化设备未来以净利润或净现金流量表示的盈利额；其次，必须有能力确定合理的折现率。

二、收益法的运用范围

第一，对于能够进行数值化的机器设备，可采用收益法来评价。

大多数单一的机器设备并不具有自主盈利的能力，因此，通常不会使用收益法来评估这些设备。然而，对于那些独立运作的整体设备、生产流程，以及可以单独操作的车辆等设备，尤其是租赁的设备，我们可以使用收益法进行评估。

‖示例 3-13‖　对于一个机器设备做出的资金投入选择中，我们必须评估其经济效益以便确定是否有必要购入它。经评估员调查，这个机器的价格是 300 万元人民币，预期的服务年限 5 年；预期每年产生的纯利润分别是 40 万元、100 万元、160 万元、140 万元和 120 万元，折现率为 10%，详见表 3-5。

表 3-5　投资价值计算表

年份	第一年	第二年	第三年	第四年	第五年
净现金流量（万元）	40	100	160	140	120
现值系数	0.9091	0.8264	0.7513	0.6830	0.6209
收益现值（万元）	36.364	82.640	120.208	95.620	74.508
投资价值（万元）	413.34				

显然，这个投资的价值超过了其成本，因此可以考虑购买。

第二，此种方式可用于识别设备功能性和经济性的损失，抑或作为一种辅助工具来判断公司是否有潜在的无形资产。以一家公司的机器设备为例，其采用成本法估价为 1500 万元人民币，而通过收益法计算出的结果仅有 1000 万元人民币（已排除工厂、流动资金等其他资产的影响），这意味着在这个设备的评价过程中有可能忽略了 500 万元的贬值因素。相反地，若收益法得出的价格超过了 1500 万元，那么这家公司很可能拥有某些无法被量化的无形资源。

第三，可用企业未来预期年净收益倒推设备价值，这种情形适用于设备本身带来的收益无法直接计量的情况。公式为：

$$设备评估值=\frac{设备使用年限内累计净收益\times(A/P,\ i,\ n)}{投资利润率}\times \tag{3-33}$$

$$企业固定资产占企业资产比重\times设备占固定资产价值比重$$

三、机器设备收益法评估的优劣

对于机器设备的估价而言，采用收益法可以有效地考虑到所有可能导致设备贬值的要素，并通过以未来的收益为基础对设备的价值做出评价，这使该方法更易于被投资人理解与接纳。然而，这种方法也存在一些限制，例如，无法单独应用于单一设备的估算，这是由于收益法预期的现金流入往往来自整个企业的固定资产、流动资产、土地及无形资产等多种资源的综合贡献，因此难以将其精确地分解至某一台特定的机器设备。此外，预测未来收益及其对应的折现率的过程涉及许多主观判断，这些都直接关系着最终评估结果的精准性和可靠性。

一、单项选择题

1. 在确定设备的使用年限时，一般首选（　　）进行行业评估。

A. 物理寿命

B. 技术寿命

C. 经济寿命

D. 均可

2. 通常来说，设备的重置成本是指机器设备的（　　）。

A. 购买价+运杂费

C. 购买价+运杂费+安装费

B. 建造价+安装费

D. 购买价或建造价

3. 在以下关于采用物价指数法来估算设备重置成本的表述中，正确的是（　　）。

A. 所得到的重置成本一般反映更新重置成本

B. 应该根据国内物价指数来确定进口设备的价格

C. 一般应用综合物价指数

D. 所得到的重置成本一般反映复原重置成本

4. 对设备已使用年限的判断，不需考虑的因素是（　　）。

A. 设备利用情况

C. 技术进步情况

B. 设备更新改造情况

D. 设备磨损情况

5. 假设某设备的有形实体性贬值率为 25%，已使用了 10 年，那么它还能使用的年限是（　　）年。

A. 55

B. 23

C. 30

D. 39

6. 在机器设备重置成本中的直接费用是（　　）。

A. 各种管理费用

B. 安装调试费用

C. 人员培训费用

D. 总体设计费用

7. 评估员在预测一般设备的重置费用时，通常首要考虑的是（　　）。

A. 价格指数法

B. 功能价值法

C. 重置核算法

D. 询价法

8. 在评估设备已停产的情况下，评估师需要参考（　　）确定被评估设备的重置成本。

A. 设备的账面原值

B. 国内市场类似替代产品的价格

C. 国际市场相同设备的价格

D. 设备的账面净值

9. 由于外部环境的变动导致资产闲置、利润降低等，这种损失被视为资产的（　　）贬值。

A. 技术性贬值

B. 功能性贬值

C. 实体性贬值

D. 经济性贬值

10. 因为外部条件的变化引起资产闲置、收益下降等造成的资产价值损失属于资产的（　　）贬值。

A. 实体性

B. 经济性

C. 功能性

D. 内在性

11. （　　）是指复原重置成本和更新重置成本之间的差异。

A. 实体性贬值

B. 功能性贬值

C. 有形贬值

D. 经济性贬值

12. 对于需要安装的设备，如果安装调试时间过长，除了需要考虑正常的费用，还应该考虑（　　）。

A. 资金成本

B. 运输费

C. 安装费

D. 调试费

13. 以下数值中，不能用于计算设备成新率的数据是（　　）。

A. 设备总使用年限

B. 设备实际已使用年限

C. 设备名义使用年限

D. 设备剩余使用年限

14. 设备账面原值为 200 万元，购置已有 5 年，每年同类设备价格指数递增 12%，那么购置成本大约在（　　）万元。

A. 357.35

B. 176.23

C. 352.47

D. 432.35

15. 对某企业 5 年前购置的家用电器生产线进行评估发现，它的年产量为 30 万台，目前市场上同类新型生产线的价格为 300 万元，设计生产能力为 25 万台/年，并且规模经济效益指数为 0.8。据此推算，该生产线的重置成本接近（　　）万元。

A. 240

B. 347

C. 360

D. 240

二、多项选择题

1. 机器设备的重置成本应包括（　　）。

A. 日常维修费用

B. 购置费用

C. 大修理费用

D. 操作人员的培训费用

E. 调试费用

2. 进口设备的重置成本包括（　　）。

A. 设备购置价格

B. 设备运杂费

C. 设备进口关税

D. 银行手续费

E. 设备安装调试费

3. 机器设备的经济性贬值与哪些因素（　　）有关。

A. 市场竞争

B. 产品供求

C. 技术进步

D. 设备保养

E. 环保政策

4. 收益法一般适合于（　　）的价值评估。

A. 单台设备

B. 成套设备

C. 通用设备

D. 生产线

E. 无形资产

三、判断题

1. 物价指数法是最佳的估算设备重置成本的方法。(　　)

2. 各类设备的初始成本构成都是相同的。(　　)

3. 评估机器设备时一项基本的工作是进行技术检测。(　　)

4. 查明了实物、落实了评估对象是机器设备评估现场工作完成的标志。(　　)

5. 设备的重置费用，是指在评估期间获得与被评估对象相同或类似的全新设备所需的成本。(　　)

6. 对于无需安装的小型设备，其目前的市场购买价格可以等同于其重置成本。(　　)

7. 通常在估算机器设备的重置成本时，会直接使用设备供应商的报价进行市场询价。(　　)

8. 在评估设备重新配置的费用时，必须考虑到利息成本这一因素。(　　)

9. 设备的有形贬值率等于设备实体贬值额与全新状态的现时价格比率。(　　)

10. 设备已提完折旧，其成新率为零。(　　)

11. 估测设备实体有形贬值率最为普遍适用的方法是修复费用法。(　　)

12. 通过物价指数法来估算机器设备的重置成本，仅仅考虑了价格变动的影响因素。(　　)

四、计算题

1. 2019 年 6 月购买的被评估设备原值为 200 万元，2022 年 6 月对其进行了技术升级，采用了一项专利技术，升级费用达到 10 万元。2023 年 6 月，对该设备进行评估，并获取了以下数据：

(1) 从 2019 年到 2023 年，这种设备的价格变化指数（定基）分别为 108%、105%、110%、115%和 128%。

(2) 比起同类型的设备，被评估设备每月占用的人工成本减少了 2000 元。

(3) 设备评估企业的预期投资回报率为 10%，规模经济效益指数为 0.7，该企业适用的所得税税率为 25%。

(4) 经过调查得知，在评价之前，由于技术的更新或其他原因导致实际使用的比例只有设计标准的 70%。然而，通过对设备的检查与研究，我们发现它还可以继续工作 8 年。按照这个情况来判断，如果从现在开始计算，它的运行效率可以满足设定的标准要求，即能达到80%的设计目标。基于这些信息，我们可以推断出这台设备的相关经济及技术指标并给出相应的价值估计（货币单位为万元，精确到小数点后第二位）。

2. 对M公司在2020年12月31日购买的机器进行评价，这台机器每年可以制造出100万个单位的产品，其预期寿命是10年。当时的价格标签显示，这个设备价值140万元人民币。自购买以来，该公司并未对其进行任何操作或维护，而是将其维持在一个全新的状况下。经过对相关情况的研究和了解，我们得知当前这种机器已经更新了版本，新的型号市场价格是155万元人民币（保持同样的产能）。相较之下，如果用这个新款来替代旧版的话，那么每年的运营消耗会多出3万元。据研究显示，按照规定，这台机器从开始运营的那一刻起就得在10年后淘汰掉。此外，业内人士的人力成本大约是每个月每个员工8000元（包括薪资、社保及福利等）。而对于行业的折现率设定为10%，企业的所得税税率为25%。

3. 一家公司购买了一台数控机器设备，在2017年的12月份，其原始成本是45万元人民币，这包括了机器设备本身的价格42万元和一些相关的费用3万元。到了2022年年底的时候，他们决定要更换掉这个设备上的控制系统，并把旧的部分拆卸下来，换上新的一套控制器，预计需要花费大约10万元的资金。然后计划在第二年的12月底出售此设备，给潜在买家提供一个合理的估价依据。

评估人员掌握了如下条件：

（1）在2017年至2023年，这种类型的数控机床的价格指标（定基）依次为125、122、118、120、125、127和135。

（2）经过对这台机器的改良，其性能与其他类型的数控设备相比并无明显差距。

（3）自从购买了这台机床，其实际使用率大概在90%左右。

（4）根据该机床目前的状态，预计该机床尚可使用6年。

请计算该设备的实际价值（按万元计算，保留两位小数），并详细列出计算步骤。

4. 评估机构以2023年6月30日为评估基准日。对一家公司的大型进出口机器进行了评价，这台机器是在2019年的6月30日被引进来的，账面价值是3052.51万元人民币，包括离岸价和海外运输、保险等费用总计1822.5万元，同时我们知道海外运输和保险费用占据了离岸价的1.5%，并且设备进入中国的关税税率是35%，增值税税率是17%，而银行手续费率是到岸价的1%，另外还有20万元的国内物流和相关费用，最后加上120万元的安装和配套费用，美元对人民币比率是1：6.3。

尽管评价者未能获取到此设备的最新售价信息，但是他们已经了解到其制造国的类似产品在这 4 年内价值增长了 5%。海外运输和保单总成本依然保持着离岸价格的 1.5%不变。而在评价日，关税税率降低到了 20%，而增值税税率维持在了 17%。此外，银行手续费用率并未有任何变动。在国内调研过程中，我们发现这 4 年间各类开销的价格指数都经历了显著的变化：例如，装配辅助费用从 2019 年 6 月 30 日开始计算的基础物价指数是 118%，而截至 2023 年 6 月 30 日这个数字则变为了 124%；另外，物流与其他相关费用的指数在此期间每年都会比前一年上涨 2%。

经对机器状况的研究发现，这台机器是在 2020 年 7 月开始使用的，其 3 年来均有超过八成的运行频率；如果未来它能维持满负荷运转的话，那么还可以继续工作 12 年以上的时间。人民币与美金之间的比值是 6.5 : 1。按照我国的相关法律规定，所得税税率为 25%，假设该设备的价格与其生产能力呈线性关系。评估该机器价值。

五、简述题

1. 机器设备分类的依据和分类方法有哪些？
2. 简述机器设备评估中的贬值理念以及各种贬值的含义。
3. 简述机器设备的评估程序。
4. 机器设备评估的三种方法的应用原理和范围是什么？

▶▶ 第四章

房地产评估

第一节

房地产评估的特点和程序

不动产又称房地产，指的是房屋建筑物和土地使用权的总和，包括房产和地产。在我国，土地的所有权只归国家或农村集体，单位和个人只能取得土地的使用权。

一、房地产的特点

房地产是评估实践中常见的评估对象，土地与建筑物一起共同构成房地产。土地作为一种自然资源，它具备无法再生、难以迁移、功能多样化及持续性等天然属性，同时也拥有广泛的使用领域、供应的紧缺性、社会经济地理环境的变化及其独占性等特质。房屋则是一种社会资源，它是建立在土地之上的劳动成果，它的显著特色包括离不开土地的存在、有一定的使用期限、可以再次使用的社会资源。影响房地产价值的因素众多，因此对房地产的价格估算相较于一般的固定资产来说更加烦琐。相对其他类型的固定资产而言，房地产有以下特殊之处。

1. 位置的固定性

因为土地是不可移动的，所以那些固定在其上的建筑物也是不能改变的。房产位置的稳定性使得房产具有明显的区域特征和独特性，这种区域特征和独特性是影响房产价值的关键因素。

2. 使用的长期性

土地的使用具备持续性，因此房产的长久应用特性使得它的功能可以随着社会的发展而不断优化并做出相应的调节，以便实现最优的地利条件。根据不同的需求类型，政府会对各类地产权利转让的最长期限设定标准，例如，住宅类用地的最大时限可达70年，工业用地为50年，商业、旅游、娱乐用地为40年。此外，剩下的产权有效期也是评估房产价值的关键指标之一。

3. 影响因素的多样性

许多要素会影响到房地产功能及其市场价格，这些既包括自然属性如物理特性，也包含社会层次的如环境因素。就社会层面来说，城市规划明确界定了地产的使用方式和负荷量（如容积率、绿化面积、楼层高低等）；而对于周围环境而言，所有地产的功能性和价位都取决于它所处的位置，尤其是附近地产的利用情况。再者，政府的土地管理策略、住宅体系、公众的需求水平都是决定地产效益和市场价格的关键因素。

4. 投资的大量性

政府、企业或个人进行房地产投资，都需要投入大量的资金，这也导致了房地产存在着转让风险。因此，对于房地产投资，我们应该提前做好可行性研究，以便有针对性和高效率地进行投资。

5. 保值增值性

房产能升值或保持其价值是普遍的现象，但并非所有时间段都呈现出这种态势，我们必须根据每个房产的情况去把握它的升值潜力。由于城市的土地总量有限制，从长期来看，土地供应往往落后于市场需求从而导致房价上扬。若发生通货膨胀，则房产的保值能力将会更加显著。

二、房地产价格的种类

房地产价格可分为土地价格、建筑物价格、房地综合价格等。

1. 土地价格

土地价格，又称地价，通常指的是单一空地的价格。根据我国当前的地价体系，地价可以具体分为基准地价、标定地价、出让地价、转让地价和其他地价等。

2. 建筑物价格

建筑物价格是指单独的建筑物价格，不包括所占用的土地价值。通常我们所说的建筑成本是含有土地价值的。

3. 房地综合价格

房地综合价格是涵盖了建筑及其所占地皮的价值总额。这种价格状况较为繁复，就住宅而言，自改革后，住宅价位包含员工购置现有住处的价格、动迁房价、安居工程房价等。从表面来看，这些不同种类的房价都源于市场交易，然而它们的实际差距却是相当显著。

4. 其他价格形式

（1）房地产单位价格。

房地产的单位价格可以是土地面积或建筑面积的单位价格，也可以是在房地合一的情况下的单位价格。我国通常将平方米作为衡量房地产价值的标准，但面积的定义因房地产类型的差异而有所不同。

（2）楼面地价。

单位建筑面积地价也叫楼面地价，是指每单位建筑面积上的土地价格平均值。当反映某一具体宗地的地价时，楼面地价通常比单位地价更能准确表达地价水平。

楼面地价＝土地总价格/建筑总面积

或

$$\text{楼面地价}=\text{土地单价}/\text{容积率} \tag{4-1}$$

$$\text{容积率}=\text{建筑物面积}/\text{建筑占地面积}\times 100\% \tag{4-2}$$

（3）拍卖价格和招标价格。

在公开市场上，拍卖价格和招标价格都是随机形成的。拍卖价格是指以拍卖方式出让或交易的房地产价格；而招标价格则是指以招标方式出让或交易的房地产价格。

三、房地产评估的特点

依据我国的房产体系、政策以及市场发展状况，房地产评估的特点如下。

1. 分别评估、综合计价

评估建筑物和土地需要采取不同的方法和程序的原因在于：①建筑物和土地的本质不同，建筑物是商品的承载体，价格反映了其价值，而土地并非商品，其价格取决于土地使用权的转让交易；②建筑物会受到损坏，会有折旧，价值逐渐降低，而土地不会有折旧问题，反而会随着社会经济的发展而升值；③影响建筑物和土地评估价值的因素不同，土地的价格受市场供求和地理位置、面积、形状等因素影响较大，而建筑物主要受建筑质量和环境因素的影响。综上所述，评估建筑物和土地需要采取不同的方法和程序，因此需要分别评估。同时，考虑到地价是建筑物价格的基础且是构成房价的重要因素，最终确定建筑物价格。

2. 最佳使用原则

最佳使用原则是指在进行评估时，应以最适合的估价对象为基础。这种最佳使用原则包括法律上的允许、技术和功能上的可能性、经济上的可行性，并且需要通过充分和合理的证明，以确保给予估价对象最大的价值。

3. 合法合规原则

我国有许多关于房地产价格的法律法规，包括《中华人民共和国城乡规划法》《中华人民共和国土地管理法》《中华人民共和国城镇国有土地使用权出让和转让暂行条例》《房屋完损等级评定标准》等。因此，对于房地产的评估必须以其合法取得、合法使用、合法交易、合法处置为前提。

四、房地产评估的程序

1. 明确评估的基本事项

在接受房地产评估委托后，评估机构不仅需要明确评估的费用、违约责任等相关条款，还必须清楚指出评估的目标、时间点以及具体的工作时间。

首先，我们必须对房产的实物属性有清晰认识，包括其名字、位置、功能、大小、楼层、构造、装饰、设施设备、获取日期、寿命期限、维护情况等。接着，我们要了解它的所有权状态，如财产的所有权类别及所属人等。其次，为了确立评价目的，我们需明确评估成果的具体应用场景，也就是为什么会做这个房地产评估。这能帮我们更清楚地定义评估的目的，从而更好地选定评估对象与评估范畴，并限定评估报告适用的领域，使评估员能够挑选合适的评估值种类和评估依据。最后，我们需要设定一个明确的评估日期。同时，我们也得明晰具体的评估执行周期，这是指客户和代理商应提前约定好自接手任务至交出评估报告所需的时间。

2. 制订评估计划

一旦确认了评价的基础任务后，我们需要深入研究每个评价项目，制定出详细的评估工作方案。这主要涉及以下几个方面：首先是依据评估目标、被评估主体及可获取的数据信息来初步选择合适的评估方式与技术路径；其次要明确参与评定的工作人员及其职责分工；接着按照评估要求使用适当的方法收集所需的数据信息；最后设定操作流程和预计完成的时间表，同时预估整个过程的费用支出。

3. 实地查勘获取资料

估价员需要亲自前往估值地点进行实际考察，了解其所在地位置及其周边的环境、自然资源与文化景色、公用设施及基础建设，同时也要对被评估资产的具体情况有深入理解，如外貌、构造、大小、装饰、装备等，这样才能更全面地收集并充实这项估算所需要的数据信息。

4. 选用评估方法评定估算

在房地产价值的鉴定过程中，除应用了常规的评价方法如市场法、收益法及成本法之外，还可以依据实际情况采用假设开发法、残余估价法、路线价格法、基准地价修正法等多种方式。若环境许可，每个评估任务应尽可能选用两到三种不同的方法来衡量其价值。

5. 确定评估结果，撰写评估报告

通过使用两种或更多的评估方法，我们可以获得一些初步的评估结果。在进行全

面分析和论证后，应该提供最终的评估结果，并编写相关的评估说明或报告。

需特别关注的是，关于房产拆迁价值评估权利的主张是否合法合规的问题。这涉及对房地产产权的合法性审查，也就是要求评估人员在开始评估之前要确保客户已经获得了有效的法律证据来证实其拥有房子的所有权、地皮的使用权以及其他与房地产相关的权益，如房地产档案、房地产所有权证、土地使用证、建设用地规划许可证等。这些都是用来确认被评估物合法性的重要依据。因此，在正式开展评估工作以前，评估机构需要先弄清楚房地产的产权情况，这样才能得到准确无误的评估结果。这也是房地产评估人员做出精确估计的关键所在，同时也是拆迁评估合规性的必要条件之一。

第二节 土地使用权价格的评估

在我国，城市土地的所有权归属于国家，无法进入市场交易。土地使用者可以拥有并转让这些土地的使用权，因此，地价通常是指土地使用权的售价。

知识链接

各国土地使用权

英国：国民拥有令人垂涎三尺的永久产权房。

美国：按时缴税，房子才是你的。

日本：房产、土地的使用期限是永久的。

新加坡：永久产权住宅数量稀少且价格昂贵。大多数房屋采取租赁形式，通常的租期为 99 年。

澳大利亚：购买房屋后要支付一系列费用。例如，在墨尔本购置住宅必须承担的税务包括地契印花税、房地产印花税、银行估值费、保单费和法律顾问费等，这些费用大约占到整个房款的 6%左右。另外，当出售房子的时候也可能会有税收问题，其中最常见的就是增值税，比如澳大利亚可能会按照增值额度的 45%来征缴。

德国：绝大多数的地主拥有地契的所有权，也有一部分归公众所有。当租用期限结束时，租赁方需要把其所拥有的地产和附属建筑交还给地主，而地主则需为这些建筑物付出相应的补偿费用。

一、土地使用权价格的特性

土地的无法再生、供应稀缺以及位置固定，使土地使用权价格与普通商品价格有所区别。

1. 土地使用权价格是地租的资本化

地价与一般商品价格的不同在于，一般商品是劳动的成果，其价格会围绕价值上下波动，价格来源于生产成本和利润，而地价不完全是劳动的结果，因此，地价并非土地购买价格，而是地租的资本化。

2. 土地使用权价格是权益价格

地产的买卖、抵押等行为并不会改变地产的实物位置，而是涉及与土地相关的各种权益转移。由于地产转移方式不同，形成的地产权益也会有所不同，因此在评估时需要谨慎考虑。

3. 土地使用权价格具有增值性

由于土地价格的特殊性，其价值的变化也具有独特性。土地价格受到多种因素的影响，除非是在特定情况下，土地使用权价格通常呈现出自然增值的特性。

4. 土地使用权价格与用途相关

通常情况下，商品的价格并不会因使用环境的差异而有所不同，然而，在不同的规划目标下，相同的土地使用价值是不一样的，土地价格与其使用目标紧密相连。

5. 土地使用权价格具有个别性

土地的交易并非像其他商品那样，可以进行单独或大规模的交易。每一次的土地交易都是独特的，而且在决定土地价格的因素中，各个交易主体之间的差异性也极为明显。

6. 土地使用权价格具有可比性

虽然房产价格与普通商品有许多不同的特性，但这并不表示它们之间没有关联。实际上，我们可以依据房产价格的形成原理，对影响房产价格的因素进行比较，从而评估房产的价值。

二、土地使用权价格的种类

随着经济体制改革的不断深化，我国目前形成的地价体系，包括基准地价、标定地价、交易底价、市场交易价格、课税价格等不同种类。

1. 基准地价

基准地价是根据城市土地等级或均质区域对商业、住宅和工业等各种用途以及综合性土地使用权的平均价格进行评估。这个评估过程以城市为单位执行。

基准地价可以根据其使用目的被划分成总的基准地价、商业用地基准地价、住房用地基准地价以及工业用地基准地价。总体基准地价以面状地价方式来展示，而商用的土地则通过采用线状和面状方式的结合显示出它的基准价格，对于居住用地和工业用地，它们是以面状地价方式来展现。

2. 标定地价

标定地价依据基准地价，可根据土地使用年限、地块大小、土地形状、容积率、微观区位等条件，通过修正系数进行评估，也可以直接根据市场交易资料进行评估。

3. 交易底价

交易底价有不同的类型，例如，土地使用权的出让和转让的价格底线，或者以不动产为担保品所设定的抵押价格底线等。这些底价通常基于基准地价或是标定地价来设定，同时也会考虑到房地产市场的变化情况。而当需要对某块土地的使用权进行买卖的时候，这个过程中的初始议价就是所谓的转让底价；而在设立了不动产抵押的情况下，其对应的地产价值则被称为抵押底价。

4. 市场交易价格

房地产的市场交易价格是指其在市场上真实销售时的价值。当一切正常且市场条件良好时，买家与卖家能够快速获取相关资讯并基于各自需求达成交易，他们都是出于自我利益考虑并在自由意愿下确定某个特定售价来结束房产交易。由于具体情况各异，市场交易价通常会持续变动。此外，包括出租费用及出售成本等各类价格皆可被视为市场交易价。

5. 课税价格

政府为征收土地税项（如土地增值税、土地使用税等）而规定的价格是征税依据的课税价格。确定课税价格与制定课税政策息息相关。

三、土地使用权价格的评估方法

评估土地使用权价格时，通常根据土地使用特点可以使用市场法、收益法、成本法、路线价格法、假设开发法等方法。

1. 市场法

根据市场法，在评估一处不动产的价格时，通过比较待估土地与类似土地最近的交易价格，依据替代原则进行修正，考虑交易状况、日期、区域和个别因素等，得出待估土地在评估期间的价格。

（1）一般步骤。

首先，收集交易数据。为了使用市场法来估计房地产价值，我们必须拥有大量的交易信息。因此，我们应该始终密切关注房地产市场的动态并定期积累相关数据。其次，我们要确定合适的参考交易样本。在评价特定房地产价值的过程中，我们会根据其特性挑选出满足某些要求的交易样本作为参考依据。这个过程中的参照资产选取会直接影响到利用市场法得出的结果的准确程度，所以选取参考样本要非常谨慎。

（2）修正因素。

修正因素涵盖了交易状况、交易日期、地理位置、个别因素、面积比率、土地使用年限等，其基础计算公式如下：

$$P = P' \times A \times B \times C \times D \tag{4-3}$$

式中：P 为待估地产评估价格；P' 为可比实例交易价格；A 为交易情况调整因子；B 为交易日期调整因子；C 为区域因素调整因子；D 为个别因素调整因子。

或

$$P = P' \times A \times B \times C \times D = P' \times \frac{100}{(\ )} \times \frac{(\ )}{100} \times \frac{100}{(\ )} \times \frac{100}{(\ )} \tag{4-4}$$

式中：$A = \frac{100}{(\ )} = \frac{\text{待估对象正常交易情况指数}}{\text{可比实例交易情况指数}}$；

$B = \frac{(\ )}{100} = \frac{\text{待估对象评估基准日价格指数}}{\text{可比实例交易时价格指数}}$；

$C = \frac{100}{(\ )} = \frac{\text{待估对象所处区域因素条件指数}}{\text{可比实例所处区域因素条件指数}}$；

$D = \frac{100}{(\ )} = \frac{\text{待估对象个别因素条件指数}}{\text{可比实例个别因素条件指数}}$。

在这个公式里，我们使用了正常的市场状况作为参考来计算出与之相匹配的市场状态下资产的价格调整参数；同时我们也用同样的方式去衡量和比较不同时间点的物价指数；对于区域的影响程度也采用这种方法来评估其对资产价值的影响；最后，我们还通过对比分析的方式找出了影响该资产特殊性的关键因素并对其进行了相应的调整。

在上式中，100 代表基准值。在交易情况调整因子 A、区域因素调整因子 C 和个别因素调整因子 D 的计算中，分子都是 100，表示以待估房地产的价格为基准确定可比实例交易情况的价格参数；注意，在交易日期调整因子 B 的计算中，分母是 100，表示评估基准日的价格指数是以参照物交易时的价格指数为基准的。

市场法的计算公式也可表达为：

$$P = P' \times A \times B \times C \times D = P' \times A \times B \times \frac{100}{(\ )} \times \frac{100}{(\ )} \tag{4-5}$$

式中，P、P'、A、B 含义同前，C 和 D 分别为以待估房地产的区域因素条件和个别因素条件为基准确定的可比实例的对应参数的调整因子。

如果单独修正土地的容积率和使用年限，那么其评估值的计算公式应为：

$$P = P' \times A \times B \times C \times D \times 容积率调整因子 \times 土地使用年限调整因子 \tag{4-6}$$

式中，P、P'、A、B、C 和 D 含义同前。

（3）容积率调整因子。

容积率与房地产价格不是简单的线性关系，而是需要根据具体区域情况做具体分析，因为容积率与地价呈倒 U 形变化关系。容积率调整的评估值计算公式：

$$容积率修正后价格 = 参照物成交价格 \times \frac{待估宗地容积率修正系数}{参照实例容积率修正系数} \tag{4-7}$$

‖**示例 4-1**‖　一家公司拥有一块待评估的土地，现在收集了该城市的容积率修正系数，详见表 4-1。

表 4-1　　容积率修正系数

容积率	0.1	0.4	0.7	1.0	1.1	1.3	1.7	2.0	2.1	2.5
修正系数	0.5	0.6	0.8	1.0	1.2	1.4	1.6	1.8	1.9	2.3

假设比较案例的宗地价格为 3200 元/平方米，其容积率是 2.1，而待估的宗地规划容积率则是 1.7，那么需要对待估的宗地容积率进行修正计算如下：

容积率修正后价格＝3200×1.6/1.9＝2694.74（元/平方米）

（4）土地使用年限调整因子。

我国采用有限期的土地使用权付费制度，这对土地价值的大小产生直接影响。调整土地使用年限的因子是由待估的土地与参考土地年金现值系数之比决定的，其计算公式为：

$$K = \frac{1-(1+i)^{-m}}{1-(1+i)^{-n}} \tag{4-8}$$

式中：K 为年限调整因子；i 为还原利率；m，n 分别为待估土地的使用年限、可比土地实例的使用年限。

$$土地评估值 = 参照土地实例价格 \times K \tag{4-9}$$

‖**示例 4-2**‖　甲公司拥有一块待估的土地，现在已经收集到了六个与这块土地条件相似的土地的情况，详见表4–2。

表4–2　　六个与待估宗地条件类似的宗地情况

宗地	成交价（元/平方米）	交易时间	交易情况	容积率	区域因素	个别因素
A	6800	2020	+1%	1.3	0	+1%
B	6100	2020	0	1.1	0	–1%
C	7000	2019	+5%	1.4	0	–2%
D	6800	2021	0	1.0	–1%	–1%
E	7500	2022	–1%	1.6	0	+2%
F	7000	2023	0	1.3	+1%	0
G		2023	0	1.1	0	0

该城市地价指数如表4–3所示：

表4–3　　该城市地价指数

时间（年）	2017	2018	2019	2020	2021	2022	2023
指数	100	103	107	110	108	107	112

根据研究发现，这个城市的土地容积率和价格之间的关系是：如果容积率处于［1，1.5］，那么每一平方米土地的价格会随着容积率上升0.1而增长5%；然而，一旦容积率超过了1.5，对于超出的部分，每提升0.1，所产生的单位面积的地价增幅将会达到3%。通过对比实际成交数据、地区环境及特殊状况等因素的影响程度，可以从表格4–2看出这些调整的情况，其中负号意味着当前地块的环境条件不如预期地块好，而正号则表明实际情况要优于预期的地块，数字大小反映的是对地块价值的调整范围。

试根据以上条件，评估该宗土地2023年的价格。

（1）建立容积率地价指数表，如表4–4所示：

表4–4　　容积率地价指数表

容积率	1.0	1.1	1.2	1.3	1.4	1.5	1.6
地价指数	100	105	110	115	120	125	128

（2）修正后价格计算：

宗地A修正后的价格（结果取整数）为：

6800×（112/110）×（100/101）×（105/115）×（100/100）×（100/101）=6197（元/平方米）

宗地 B 修正后的价格为：

6100×（112/110）×（100/100）×（105/105）×（100/100）×（100/99）= 6274（元/平方米）

宗地 C 修正后的价格为：

7000×（112/107）×（100/105）×（105/120）×（100/100）×（100/98）= 6231（元/平方米）

宗地 D 修正后的价格为：

6800×（112/108）×（100/100）×（105/100）×（100/99）×（100/99）= 7555（元/平方米）

宗地 E 修正后的价格为：

7500×（112/107）×（100/99）×（105/128）×（100/100）×（100/102）= 6377（元/平方米）

宗地 F 修正后的价格为：

7000×（112/112）×（100/100）×（105/115）×（100/101）×（100/100）= 6328（元/平方米）

（3）确定评估结果。

经过评估专家的最终评审，他们认为宗地 D 的数值是异常的，应该被剔除。其他的数据更接近待估算的宗地，因此我们选择了它们的平均数作为评估结果。所以，待估宗地 G 的评估结果如下：

评估值 =（6197+6274+6231+6377+6328）/5 = 6281（元/平方米）

2. 收益法

对于具有未来收益的房地产价值评估，如办公楼、商店、旅馆和住宅区等，收益法是适用的。然而，医院、学校、公园等公共设施土地使用权的价格评估则不能应用此方式。

（1）预测未来的收益。

通常，我们应以未来产生的现金流量总额作为衡量标准，排除一些特殊和偶然的影响因素，同时也要考虑到对未来风险的合理预估。

（2）折现率。

折现率即资本化率，被视为影响土地使用权价值的核心要素，由于它对于定价的影响非常明显，任何细小的调整都可能引起巨大的评价差异。通常，我们采用以下两个方式来确定这个值：第一种是通过计算无风险回报加上风险回报的方式得出的。此方法适用在房地产市场较为冷淡、无法找到相似参考样本的环境中。第二种则是基于收益和售价比率的方法。该方法需要从市场收集一系列与待估地相近的交易数据，并对其中的资本化率进行分析，最后通过加权平均或者直接算术平均得出结果。这适合于市场相对发达且拥有大量交易案例的情况，因此它的数据来源于市场，使这一方法更具客观性。

‖**示例 4-3**‖　为了评估某块土地的使用权价值，我们在房地产市场中收集了六个与待估地产相似的参考案例。关于未来收益和对应的价格信息如表 4-5 所示。

表 4-5　六个参照实例的有关资料

交易案例	未来纯收益（1）（每年）	价格（2）	资本化率（3）=（1）/（2）
1	900.0（元/平方米）	12000（元/平方米）	7.5%
2	786.6（元/平方米）	11600（元/平方米）	6.8%
3	837.8（元/平方米）	11900（元/平方米）	7.0%
4	1014.0（元/平方米）	13200（元/平方米）	7.7%
5	864.2（元/平方米）	11440（元/平方米）	7.6%
6	937.0（元/平方米）	12200（元/平方米）	7.7%

通过观察表 4-5 可以得知，资本化率指的是未来纯收益占价格的比例，而纯收益则是总收入减去总费用后的剩余金额。对于这六个可比案例的资本化率进行简单算术平均后，得到的资本化率为：

（7.5%+6.8%+7.0%+7.7%+7.6%+7.7%）/6=7.4%

若在前述六个可比案例中存在不同的影响因素，那么应当进行加权平均。

‖**示例 4-4**‖　假设某公司是在 2019 年 10 月通过付费的方式获得了拥有 50 年使用期限的某地产，并在两年后的 2021 年完成了其建设工作，此时的建造成本是每平方米 4000 元。到了 2023 年，这种类型建筑物的重新估算价格已经上升到每平方米 4500

元。这个建筑物占据了500平方米的土地空间，建筑区域为900平方米。预期的实际租赁收益每个月可达12万元。此外，我们还了解到，类似性质的办公空间通常会收取每月每建筑平方米120元的租金，而闲置率则保持在10%。需要支付的管理费、修理费、土地使用税和房屋税、保险费等与租户相关的支出占整个租金收入的比例达到了15%。同时，土地资本化率设定为7%；建筑物资本化率设定为8%。现在让我们来计算一下，基于这些信息，在2023年10月份的土地使用权价格。（假设土地无残值，土地使用权将会在使用期限到期时被政府无偿收回）

分析过程：根据题目资料，首先，通过房地产的总收入减去总费用来确定房地产净收益。其次，计算建筑物现值。最后，计算土地评估值。

公式为：

$$土地评估值=\frac{房地产净收益-建筑物现值\times(建筑物正常回报率+建筑物折旧率)}{土地折现率}\times\left[1-\frac{1}{(1+土地折现率)^{房地产收益年限}}\right]$$

（1）计算房地产净收益。

①对年度房地产综合总收入进行计算。这个年度总收入应该是客观的收益，而非利润。

年总收入＝120×12×900×（1−10%）＝1166400（元）

②计算年总费用。

年总费用＝1166400×15%＝174960（元）。

③计算房地产年净收益。

房地产年净收益＝1166400−174960＝991440（元）

（2）建筑物现值的计算。

在这个例子中，土地的使用年限低于房屋的耐用期限，因此，房屋的重置全价必须在土地剩余48年可用期内完全收回。因此建筑物总经济寿命可看成48年，评估时（2023年）尚可使用年限是46年。

建筑物现值＝建筑物重置价×建筑物成新率

＝4500×900×46/48＝3881250（元）

（3）计算土地评估值。

土地使用权在 2023 年 10 月的剩余使用年限为 46 年，其评估值总价为

$$V=\frac{991440-3881250\times(8\%+\frac{1}{48})}{7\%}\times\left[1-\frac{1}{(1+7\%)^{46}}\right]=8191112.6(元)$$

土地单价 = 8191112.6/500 = 16382(元)

经过上述计算，我们可以得知这块土地在 2023 年 10 月的使用权价格是 8191112.6 元，每平方米的价格为 16382 元。

3. 成本法

成本法是通过计算包括土地开发费用和预设利息及税收等因素后得出地价的方式。此种评估策略适合于那些无法找到可供参考的价格或缺乏盈利且鲜少买卖的校园、公园等地段的地价评估，尤其是在土地市场成熟度较低的时候。

在成本法的框架下，土地使用权价格的基础计算方式是：

土地使用权价格=土地取得费+土地开发费+投资利息+利润+土地增值收益　（4-10）

（1）土地取得费。

土地取得费即获取土地的费用。这笔费用是为了获得土地，向原来的使用者支付的。可分为两类：

①当政府征收农民的农田时政府需付出的成本。主要由三大部分构成：一是土地补偿费，政府对该地块给予相应的赔偿金，其中就含有一定程度的级差地租；二是地上附着物和青苗补偿费，对于已经种植于此地的作物或其他附属物的价值予以评估并给出适当的价格来弥补农户在此方面的损失；三是安置补助费，用于保障那些因为耕地遭到占用而导致生计受到影响的人们的生活质量不会因此下降的一种补贴措施——这种方式可以视为从将来可能产生的增值收益中抽取一部分以作为补充性的赔付手段。

②为了获取已经使用过的城市土地，对原有土地使用者支付的拆迁费用，是对原城市土地使用者未能收回投资部分的补偿，各地对此都有明确的补偿标准。

（2）土地开发费。

土地开发费涵盖了基础设施配套费、公共事业建设配套费和小区开发配套费等。

“七通一平”作为核算基础设施配套费要求，意味着需要满足通上水、通下水、通电、通讯、通气、通热、通路、平整地面的标准。而公共事业建设配套费则主要是针对邮局、图书馆、学校、公园、绿地等各种设施所产生的费用。至于小区开发配套费，各地区会依据实际需求来制定合适的规范。

（3）投资利息（资金成本）。

在房地产评估中，涉及的土地取得费和开发费均需要计算资金成本，即使资金是自有资金。因为投资者是理性经济人，若不投资房地产，他不会把资金闲置，也会存入银行收取利息或投资其他行业获取收益，因而房地产投资的全部资金都要计息。对于利息计算期间的选择，由于土地获取费用与土地开发成本这两个方面的投资开始及使用的时间各异，一般而言，土地获得费用需要在项目启动之前就全额支付完毕，只有当房地产开发工作结束并实现销售之后才能得到偿还，所以我们应该把这个项目的整体开发阶段和销售周期作为其利息计算期；然而，土地开发成本会在项目建设的过程中逐渐均衡地产生，并在最终产品售出时得以回收，因此我们可以选择开发周期的二分之一作为利息计算期间。

（4）利润。

这是土地投资应得的回报。

（5）土地增值收益。

土地增值收益主要源于地域使用性质的变化或者功能上的改动所引发的地价增长。比如，原本用于农业耕作的土地被转换成建筑用地，其新的价值往往远超于原始状态下的价值，因此必定会导致地价上升。通过运用数学模型，将土地取得费、土地开发费、投资利息和利润相加，得到四项的和，然后用这个数值乘以土地增值收益率就是地价增益。

‖**示例 4-5**‖　在某个城市的经济技术区中，存在一块占地 45000 平方米的地皮，其原始成本为 1000 万元人民币。这片地的征用费用包括了安置补助费、拆迁费、青苗补偿费和耕地占用税等部分，这些费用加起来是每亩 200 万元。此外，每平方千米的土地开垦费用为 40 亿元人民币，而这个过程预计会持续两年时间。其中，前一年所投的钱数占整个开销的三成，后一年则占比七成。土地开发费分段均匀投入。投资者期望获得的投资回报率为 10%，而土地增值收益率为 20%。同时，银行贷款年利率为

6%。现在，地产商计划用此项土地使用权作为投资对象，我们需对该土地的市场价位做出估算。

分析：选择成本法对其进行评估。

（1）计算土地取得费。

购置土地的成本是每亩 200 万元，即每平方米 3000 元（200×10000/666.67 = 3000）。

（2）计算土地开发费。

每平方千米的土地开发费用为 40 亿元，每平方米也就是 4000 元。

（3）计算投资利息。

鉴于土地获取费的利息期限为 2 年。对于土地开发费的利息，我们应该按照均匀投入原则进行计算，则第一年土地开发费的利息期限为 1.5 年，而第二年则是 0.5 年。

土地取得费利息 $=3000\times(1+6\%)^{2}-3000=370.8$（元/平方米）

土地开发费利息 $=4000\times30\%\times[(1+6\%)^{1.5}-1]+4000\times70\%\times[(1+6\%)^{0.5}-1]=192.4$（元/平方米）

（4）计算利润。

利润 =（土地取得费 + 土地开发费）×投资回报率 =（3000+4000）×10% = 700（元/平方米）

（5）计算土地使用权价格。

土地使用权价格 =（土地取得费+土地开发费+投资利息+利润）×（1+土地增值收益率）

=（3000+4000+370.8+192.4+700）×（1+20%）

=9915.8（元/平方米）

土地总价 = 9915.8×45000 = 446211000（元）

依据前述的计算结果，这块土地每平方米的价格是 9915.8 元，总价为 446211000 元。

4. 路线价格法

路线价格法基于道路远近与地产价值成反比的关系，通过指定特定的路线上的单一售价，并结合深度指数和其他调整因素以估计相邻同一条道路上的其他地块的价格。

该种方式特别适合大规模沿街房地产的评价，然而收益法、市场法及成本法通常仅应用于单独地块的定价。

宗地价格=路线价×深度指数×宗地面积

得出其计算公式为：

$$V = A \sum_{i=1}^{n} K_i S_i \tag{4-11}$$

式中：V 为待评宗地总价格；A 为路线价；n 为待评宗地划分的地段数；K_i 为第 i 段地的深度指数；S_i 为第 i 段地的面积。

对于一宗地产而言，如果它靠近大街并且离得较近，那么它的使用价值和盈利能力就会更高，同时，它的市场定价也会更高。采用此种方式的时候，我们需要首先选择一条位于特定深度位置的大街为基准点，并以此计算出该地的标准售价，接着通过设定不同的调整系数或比例（即指数）对目标地块的价格做出评估。

‖示例 4-6‖　某路线价区段，包含了从 16 到 48 米的标准深度范围，其每平方米的价格是 4000 元。现在我们有一个位于街道旁边的长方形地块（见图 4-1），它的街道边界长度有 10 米，临街深度为 18 米。深度指数（深度百分率）具体数据列于表 4-6 中。接下来我们将对这片地产进行估算。

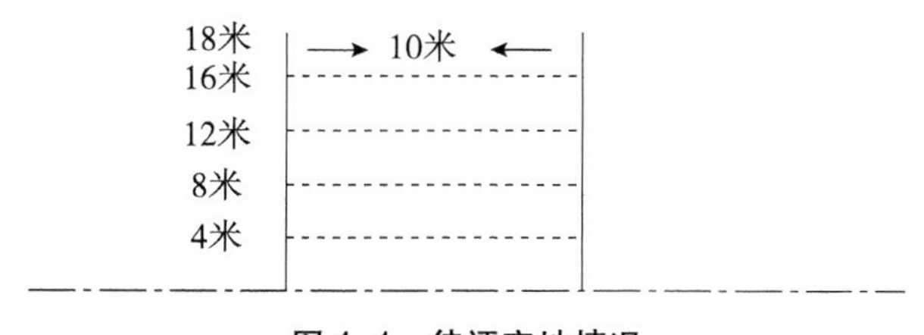

图 4-1　待评宗地情况

表 4-6　深度指数

临街深度	未满 4 米	满 4 米、未满 8 米	满 8 米、未满 12 米	满 12 米、未满 16 米	满 16 米、未满 18 米
深度指数	130%	125%	120%	110%	100%

宗地价值=4000×（1. 3×10×4+1. 25×10×4+1. 2×10×4+1. 1×10×4+1×10×2）

=856000（元）

5. 假设开发法

假设开发法通过模拟按照最佳运用策略对地皮进行开发，并假定该地块已完全开发，根据售出所得收入减去其开发费用与盈利之后剩余的部分来估计待估的土地使用权价格的方法。此种技术主要用于测算大面积未开发地皮的价格。

（1）计算公式。

待估土地价格=开发后房地产总价值-开发成本-投资利息-投资利润-税费

或

待估土地价格=房屋的预期售价-建造费用-专业费-利息-利润-税费 （4-12）

（2）应用程序。

①调查待估对象的基本情况。

这包括了土地的限制条件，如位置、面积和形状，不动产使用要求以及其权益性质和使用期限等。

②确定待估房地产最优的开发和使用策略。

包括设定用途、容积率、土地覆盖范围、建筑高度以及装修水平等。最优的开发和使用策略就是在开发完成并销售时能获得的最大收益。

③预测房地产售价。

依据不同的房地产类别，我们一般通过两个方法来预估其完工后的大概总价值：针对销售型房地产，如住宅或工厂等，我们可以参考类似项目的市场价格来评估其最终的价格；而对那些用于租赁的建筑物，比如办公大楼或者商铺等，我们会预测出它们客观产生的租金收入，然后使用收益折现法将其转换为房屋整体的市场价值。

④估算各项成本费用。

首先，我们需要评估新建项目的开发建筑成本费用。这部分包含了直接和间接工程费用、开发商的盈利以及与承建方相关的附加费用。其次，我们要对专业费用做出估计。这些费用包括建筑设计费、工程概预算费等，一般以建造费用的一定比例估算；接下来，我们需要为支付的利息做预估。这个过程涉及获取土地的使用权直至所有房产被出售或者租赁完结的时间段，从而我们可以推断出建设的周期并由此得出相应的利息。再次，我们要考虑税务方面的预估。这类费用主要是针对房屋销售所产生的印花税等相关税种，具体数额应该依据现行的税收规定来测定，通常是以待售房子的总价值作为基准乘以一定的比例得到。最后，我们还需要对新地产项目竣工之后的租金和销售收入做一个预计。其中可能会涵盖经纪人的佣金、市场推广费用、宣传费、交易手续费等。

⑤确定开发商的合理利润。

通常，开发商的合理利润是根据房地产总价或预付总资本占比来计算的。投资回报利润一般根据土地价格、开发费用和专业费来确定，而销售利润则以房屋售价金额为基准。

⑥估算待估房地产价格。

‖**示例 4-7**‖　A 机构将一块土地的使用权投资到某个企业中，相关信息如下：

①这块土地所在的位置及其周边的环境状况：它坐落在××市××区××路上，被定义为商业核心区域。其南部紧挨着一条主要道路——这是全市最为繁华的购物街道之一；向北走约五百米就能到达火车站；东部则靠近一条名为××街的小巷子；西部则是另一条小巷子——××街。该地块总面积达 1 万平方米，预估会建一座包含公寓、酒店、住宅楼、商铺和休闲场所的多功能大楼，最高限制高度为 18 米，整体建筑面积可达 8 万平方米，具体的布局情况详见表 4-7。此地的地理条件非常理想，交通方便且公共服务设施齐备，包括城市的供排水系统、暖气供应、燃气管道、供电网络、电话通信等都已完全覆盖。

表 4-7　　宗地功能分布

功能	建筑面积（平方米）	百分比（%）
写字楼	30000	37.5
酒店	18000	22.5
公寓	20000	25
餐饮	9000	11.25
健身、娱乐	3000	3.75
合计	80000	100

②此项目的盈利途径包括酒店、餐厅、健身与休闲场所的出售所得以及办公楼和住宅区的租赁收益。整个项目建设周期预估为 2 年。当餐饮、健身与娱乐场所完成建造时，就可以开始出售了。据预测，这些设施每平方米的价格大约是 32000 元，而酒

店则可能达到36000元/平方米。利率为10%，且销售成本以总价的10%计算。基于当前办公楼和住宅区每月的租金标准，我们预计未来2年后其月度租金价格会维持在200元/平方米左右，同时预计租赁费用率为20%。此外，预计使用面积占建筑面积的75%，平均闲置率仅为10%。建筑物寿命预计为50年，最后，考虑到无风险收益和风险收益的影响，我们将折现率设定为10%。

③两年均匀投入的建筑安装工程费用分别是60%和40%。其中，直接成本（包括结构和装修）为4000元/平方米，而间接成本（占直接成本的20%）则为800元/平方米。

专业费和其他花费，占前两项总额的10%。投资回报率为10%。设定年利率为20%。税率按照项目开发价值的10%来计算。

评估该宗地价格。

（1）预测开发后总收入（最后结果保留整数）。

酒店及餐饮、健身、娱乐部分收入：

酒店收入=36000×18000×（1－10%）=583200000（元）

餐饮、健身、娱乐部分收入=32000×（9000+3000）×（1－10%）=345600000（元）

酒店及餐饮、健身、娱乐收入合计=928800000（元）

写字楼、公寓的出租收入：

$$写字楼、公寓出租收入=200\times(30000+20000)\times(1-20\%)\times75\%\times(1-10\%)\times12\times\frac{1}{10\%}$$

$$=648000000(元)$$

项目开发后总收入=928800000+648000000=1576800000（元）

（2）预测开发总成本。

建造费用=（4000+800）×80000=384000000（元）

专业费及其他费用=384000000×10%=38400000（元）

资金成本分为土地取得费利息和开发费利息。

$$土地取得费利息=地价\times[(1+10\%)^{2}-1]=0.21\times地价$$

$$开发费利息=(建造费用+专业费用)\times60\%\times[(1+10\%)^{1.5}-1]+$$

$$（建造费用+专业费用）\times 40\% \times [(1+10\%)^{0.5}-1]$$

=422400000×（0.09221+0.01952）=47194752（元）

开发商利润=（地价+384000000+38400000）×20%

=地价×20%+84480000

税费=1576800000×10%=157680000（元）

地价=房屋的预期售价-（建造费用+专业费）-利息-开发商利润-税费

=1576800000-422400000-0.21×地价-

47194752-（地价×20%+84480000）-157680000

（3）计算得出：

土地总价=612798048（元）

土地单价=612798048/10000=61280（元）

第三节
建筑物价值评估

通常，建筑可分为两类，即建筑物和构筑物。建筑物是指供人类居住、生产、工作、学习和从事其他社会活动的房屋等工程建筑；而构筑物则是指除建筑物以外的工程建筑，如桥梁、隧道、道路等。

一、影响建筑物价值评估的基本因素

建筑物价值评估的影响因素主要有以下几点。

（1）坐落位置。

一般来说，坐落位置对于房地产的价值评估有很大影响。如果建筑物和土地一起评估，坐落位置因素通常在土地评估中被考虑，而不需要在建筑物评估中被考虑。

（2）面积。

此处的面积涵盖了建筑物所占用的土地区域及自身的面积。对于用地范围，我

们会在地价评价过程中予以考量；而对独立建筑体的测量，需特别关注诸如总建筑面积、实际利用空间、商业经营场所等方面的计量方式。针对各类功能性的建筑设施，以及以各种策略来评定其价值时，都需要明确建筑物规模的衡量标准及其具体含义。

（3）用途区分。

对于特定的建筑物来说，区分其用途是单一的还是多元化的。在评估过程中，我们需要关注建筑物的用途，特别是要考虑到建筑物用途的面积和楼层分布。

（4）建筑结构。

常见的如木结构、砖混结构、钢筋混凝土结构和钢结构。不同结构建筑物价值差异很大，评估时应根据结构确定评估标准。

（5）建筑高度。

主要关注的是待估计建筑物的高度是否与城市规划的需求相冲突。

（6）附属设施。

在此，我们主要关注的是附属设施的完备性和耐用期限。前者可能会对建筑物的主要功能产生影响，而后者与建筑物的主体耐用期可能有所不同，因此，在计算成新率等指标时需要考虑这种差异。

（7）装修质量和水平。

（8）建成时间。

（9）外观。

（10）平面格局。

（11）产权。

这个产权涵盖了建筑物的所有权、使用权以及使用年限等。在进行评估时，需要特别关注建筑物的产权是否受到了限制，比如是否已经进行过抵押、保证或租赁等操作，是否存在产权争议。

（12）其他方面。

比如建筑的品质、适用性、建筑风格与城市总体风格的匹配度等。

二、建筑物价值评估方法

1. 市场法

市场法是根据市场上相同或类似建筑物的交易价格，通过适当调整来确定待估建筑物的价格的一种方法。其具体操作与土地使用权评估中的市场法基本相同，只是调整的因素略有不同。在评估中注意区分单一建筑物还是包含土地的建筑物。

‖**示例 4-8**‖　一座总建筑面积达 4000 平方米的住宅楼于 2022 年落成，且属于两个独立的所有者——其中一个是住宅楼所有者，另一个是拥有这块地皮的使用权人。预计到 2023 年，住宅楼业主计划把整个建筑的一部分出售给那位有地皮使用权的人。经过研究发现，类似的大楼在评估日每平方米单价约为 8000 元人民币。然而，这个新建的房子和目前正在使用的房屋相比较，可能在内部构造、选材用料及附加设备方面稍显不足，因此预期的建造成本可能会低于当前的价格水平，大概会降低 5%左右。另外，考虑到这座新建筑是在评估日前一年内完成建设的，所以它的售价应该进一步下降 2%。基于目前的房地产市场状况，这种类型住房的建设成本与其市值的比例大致为 1∶1.2。综上所述，我们尝试对这套房产的交易价值做出评价。

待估住宅楼（含土地）的市场单价为：

8000×（1−5%）×（1−2%）×1.2＝8937.6（元/平方米）

待估住宅楼转让价为：

4000×8937.6＝3575（万元）

2. 残余估价法

残余估价法又名“剩余价值估计法”，是一种结合房屋和土地使用权一起对综合收益进行分析并从其中剔除与土地相关的客观净收益后，以此来确定建筑物价值的方式。此方式实际上就是一种基于收益理论的评价手段，仅适用于那些具有潜在盈利能力的地产项目。具体算法如下：

建筑物评估价＝建筑物年净收益×（P/A，i，n）

= (房地综合净收益-土地价格×土地预期收益率) × $(P/A,\ i,\ n)$ (4-13)

在这种情况下，土地收益使用简化的收益折现公式来计算；建筑物年金现值系数的折现率应该是建筑物预期收益率和建筑物折旧率的总和。

‖**示例4-9**‖ 一座框架结构的单层住宅，宅基地面积为200平方米，建筑面积为120平方米，月租金为24000元。土地预期收益率为8%，建筑物预期收益率为10%，建筑物评估时的剩余使用年限为40年。房租损失为月租金的一半，房产税为年租金的12%，土地使用税为每平方米20元，管理费为年租金的3%，修缮费为年租金的4%，保险费为2880元。根据市场调查，土地使用权价格为每平方米10000元。综合以上信息，该住宅具有出租的可能，可以运用残余估价法对建筑物价格进行评估。

第一步：计算建筑物年客观净收益。

(1) 年房租收入=24000×12=288000（元）

(2) 年总费用计算如下：

房租损失准备费（以半月租金计）=12000（元）

房产税（按年租金的12%计）=288000×12%=34560（元）

土地使用税（按20元/平方米计）=200×20=4000（元）

管理费（按年租金的3%计）=288000×3%=8640（元）

修缮费（按年租金的4%计）=288000×4%=11520（元）

保险费=2880（元）

年总费用=12000+34560+4000+8640+11520+2880=73600（元）

(3) 建筑物的年客观净收益计算如下：

房地合一年客观净收益=288000-73600=214400（元）

土地使用权总价=10000×200=2000000（元）

归属土地的年客观净收益=2000000×8%=160000（元）

归属于建筑物的年客观净收益=214400-160000=54400（元）

第二步：计算建筑物价格。

建筑物折旧率=1/40×100%=2.5%

折现率=10%+2.5%=12.5%

$$建筑物总价 = 54400 \times \frac{1}{12.5\%} = 435200（元）$$

$$建筑物单价 = 435200/120 = 3627（元/平方米）（此处保留整数）$$

3. 成本法

在对建筑物进行评价的过程中，我们主要考虑了四种基础因素：重新建设所需的成本、实体的物理价值下降——实体性贬值、功能性的损失及经济上的折损。首先，我们将从新建造所需要的资金角度出发，预估全新的建筑物需要的资金量；其次，我们要扣除由于各贬值原因导致的价值降低额；最后，我们会得到该建筑物的评定价格。

（1）建筑物重置成本构成项目。

建筑重置成本是由不同部分组成的。建筑物无法脱离土地而独立存在，必须建筑在土地上。所以，在计算建筑的价格时，需要注意其中包含了土地部分，避免重复计算土地价格。

构成建筑物（房地合一）价格的因素主要有土地获取费用、前期工程开销、建设安装项目花费、建筑安装工程费、配套费、建设期利息、管理费、税费及开发商正常利润。

（2）建筑物重置成本估算。

①重编预算法。此种方法是依据工程预算的编制方法，对待估建筑成本构成中的每个项目进行重新估算并汇总。这种方法对于计算出精确的重置成本具有较高的可靠性，但需要大量的技术和经济信息，耗时且任务繁重。因此，它的应用场景较为受限，主要包括两个方面：一是计算建筑物更新重置成本；二是对结构简单的大型建筑物（如路基、围栏、设备底座或定制构架等）进行评价。

其公式为：

建筑物重置成本 = Σ［（实际工程量×现行单价或定额）×（1+工程费率）±材料差价］+按现行标准计算的各项间接成本　　（4-14）

②预决算调整法。该方案以被估建筑物决算中的工程量为依据，通过使用当前的工程预算价格和费用比率对其进行修正，使其符合当下的市价标准，加上间接成本后，得出建筑物重置成本。这个过程无须再次核算工程数量，因为我们默认了原始工程量的合理性，因此只需要替换掉建筑物的预算价格和费用比率，按照评估日期的标准进

行计算，得到调整后的工程决算造价，然后加入标准的间接成本就完成了。

③价格指数调整法。基于对已计入资产价值的估计，通过比较当前时期的价格指数与其过往的历史价格指数来确定其重新购建的成本的方法。此种方式的关键因素包括选择适当的价格指数并精确计算价格调整系数。关于如何挑选合适的价格指数，可以参照房产市场的价格指数，它通常能够捕捉到建筑产品的价格变动轨迹，并且分为定基价格指数和环比价格指数两种类型。

第一，应用定基价格指数计算价格调整因子，公式为：

价格调整因子=评估时点价格指数/建筑物购建时价格指数×100%

第二，应用环比价格指数计算价格调整因子，公式为：

$$X = (1+\alpha_1)(1+\alpha_2)(1+\alpha_3)\cdots(1+\alpha_n) \tag{4-15}$$

在公式里，X 代表价格调整因子；α 是从建筑物完工后的第一年到评估基准日年度间每年环比价格增长的指数。价格指数调整法的计算公式为：

$$重置成本=账面原值\times价格调整因子 \tag{4-16}$$

‖**示例 4-10**‖ 某公司有一个简易的存储仓库，其账面值约为 200 万元人民币，建筑面积达 1000 平方米，完工于 2018 年的年尾。根据当地的调研结果，2018 到 2023 年间，此房地产的价格环比增速依次是 29%、17%、6.9%、30.5%和 6.8%。要求估算 2023 年年底该仓库的重置成本。

重置成本=200×（1+29%）（1+17%）（1+6.9%）（1+30.5%）（1+6.8%）×100%=200×225%=450（万元）

（3）建筑物有形贬值率及成新率的测算。

主要有使用年限法和评级法两种方法。

①使用年限法。该方法是通过计算建筑物的实际使用年限占其耐用年限的比例来确定建筑物的有形贬值率，或者根据预估出的尚可使用年限占建筑物耐用年限的比例来确定建筑物的成新率。

$$建筑物有形贬值率=\frac{建筑物实际已使用年限}{建筑物实际已使用年限+建筑物尚可使用年限}\times 100\% \tag{4-17}$$

$$建筑物成新率 = \frac{建筑物尚可使用年限}{建筑物实际已使用年限 + 建筑物尚可使用年限} \times 100\% \tag{4-18}$$

运用使用年限法的核心是确定相对合理且可持续的建筑设施的尚可使用期限，这需要评估员具备深厚的实务知识并参考国家过往对固定资产折旧时间的规定。通过分析被评估建筑物的真实情况与维护管理水平，我们可以推断出其尚能持续使用的最长时期。

②评级法。该种方式是通过使用建筑物的新旧程度评价指标来衡量其价值，这些指标涵盖了整个建筑和各个组成部分的评价标准，并参考这些标准对应打分，从而计算并总结出建筑物的成新率。采用这种方法估计建筑物的成新率，可参考以下公式：

$$成新率 = \left(G \times \frac{结构部分}{合计得分} + S \times \frac{装修部分}{合计得分} + B \times \frac{设备部分}{合计得分}\right) / 100 \times 100\% \tag{4-19}$$

式中：G 为结构部分的评分调整因子；

S 为装修部分的评分调整因子；

B 为设备部分的评分调整因子。

‖**示例 4-11**‖　一座 5 层的钢筋混凝土框架楼房，经过评估员现场评分，其结构部分得分为 85 分，装修部分得分为 75 分，设备部分得分为 60 分。调整因子 $G=0.6$，$S=0.22$，$B=0.18$，评估该楼房的成新率。

成新率 = $(0.6\times85+0.22\times75+0.18\times60)/100\times100\%=78.3\%$

（4）建筑物功能性贬值测算。

这是一种由于建筑物的实际应用方式、设计、构造、装饰、设施配置等方面存在问题导致的建筑物功能受损或者浪费所带来的经济损失。如果建筑物的实际用途和使用的程度未能达到最优状态，那么该地块的使用效益并未被完全体现，从而产生了这一类型的损失，即建筑物的功能性减损。此外，建筑物的规划和结构问题也可能是导致功能性减损的原因之一，因为这些因素可能会限制建筑物的正常运作。例如，过大的房屋空间配以相对较小的实用区域会导致建筑物的效率降低；过于奢华的装潢和高级别的设施设置会使建筑物的某些特定功能变得无效，但同时增加了整体成本，使一些潜在的价值难以实现。

（5）建筑物经济性贬值的估算。

这涉及由于外部环境的变化使得建筑物的使用效率降低，从而引起其价值的减损。通常情况下，当建筑物发生经济损失时，往往会伴随使用率的降低，如商铺的空置率上升、租赁区域缩小或者工厂用房的大量闲置等。它的计算方式如下：

经济性贬值=建筑物年收益净损失额累计现值

=建筑物年收益净损失×（P/A，i，n）（4-20）

‖示例4-12‖ 一座办公楼位于广州市中心，某事业单位拥有该建筑，占地面积为600平方米，建筑物总面积为1800平方米，建成于2013年8月，结构为钢筋混凝土框架。据估计，该土地资产的市场价值为9000元/平方米，建筑物的重置价为10000元/平方米。该单位计划将其转变成商业用途，并转让其产权，但内部格局需重新布置，预计费用为500元/平方米。评估人员认为该建筑还可使用60年。根据成本法，估算2023年8月该办公楼的价格（房地综合价格，不考虑经济性贬值）。

土地总价=5400000（元）

建筑物重置成本=10000×1800=18000000（元）

建筑物的成新率=60/（10+60）×100%=86%

功能性贬值=500×1800=900000（元）

建筑物评估价格=18000000×86%-900000=14580000（元）

土地使用权价格=9000×600=5400000（元）

房地产价格=14580000+5400000=19980000（元）

一、单项选择题

1. 采用最佳使用准则来评估房地产的基本前提是（　　）。

A. 土地的非再生性

B. 土地的位置固定性

C. 土地的用途广泛性

D. 土地的利用永续性

2. 当采用市场法对房地产价值进行评估时，通过调整区域因素后，可以将参照物的价格调整为（　　）的条件。

A. 评估对象所处区域

B. 参照物所处区域

C. 城市平均区域

D. 参照物规划区域

3. 某房地产还剩下 20 年使用寿命，预期每年纯租金为 20 万元，折现率为 10%，最接近的评估值为（　　）万元。

A. 210

B. 192

C. 150

D. 170

4. 一家房地产开发商投资 1000 万元进行房地产开发，其中 400 万元是自有资金，借入了 600 万元。投资期为 2 年，每年均匀投入，年利率为 12%，则利息可能是（　　）万元。

A. 240

B. 120

C. 100

D. 84

5. 在进行房地产估值时，如果没有参考标准或无法预测未来收益，那么使用（　　）评估是比较合适的。

A. 成本法

B. 市场法

C. 路线价格法

D. 收益法

6. 通常情况下，房地产的（　　）应当被用来进行房地产的收益额评估。

A. 实际总收益-实际总费用

B. 实际总收益-客观总费用

C. 客观总收益-实际总费用

D. 客观总收益-客观总费用

7. “三通一平”是指土地的（　　）。

A. 通水、通热、通路、平整地面

B. 通水、通路、通电、平整地面

C. 通水、通路、通气、平整地面

D. 通气、通电、通信、平整地面

8. 在一块4000平方米的土地上，有一座6层楼的办公大厦。其中，第一层面积为1400平方米，而从第二到第六层每层的建筑面积都是1000平方米。这栋建筑物的容积率是（　　）。

A. 1.9

B. 2.2

C. 3.8

D. 1

9. 根本性的房地产经济性贬值标志是（　　）。

A. 客观收益下降

B. 部分闲置

C. 实际收益率下降

D. 利用率下降

10. 如果一块土地的面积是4000平方米，其价格是每平方米2000元，而国家规定的容量为4，建筑密度为0.5，那么这个楼盘的地面价格应该是（　　）元/平方米。

A. 250

B. 400

C. 1000

D. 500

11. 不完全竞争性是由土地的（　　）决定的。

A. 稀缺性

B. 用途多样性

C. 不可再生性

D. 价值增值性

12. 对于已经接近完成但还未交付投入使用的施工中项目，可以选择（　　）。

A. 假设开发法

B. 成本法

C. 形象进度法

D. 市场法

二、多项选择题

1. 下列属于建筑安装工程费的有（　　）。

A. 招、投标费

B. 质量监督费

C. 测量、勘察设计费

D. 竣工图费

E. 城市规划设计费

2. 土地的经济特征有（　　）。

A. 供给的稀缺性

B. 可垄断性

C. 不可再生性

D. 土地利用多方向性

E. 效益级差性

3. 当使用假设开发法来估算土地价值时，从房地产的预期租售价格中减去的项目有（　　）。

A. 征地费用

B. 建筑总成本

C. 税金

D. 利润

E. 利息

4. 新建房地产的开发成本包括（　　）。

A. 可行性研究费

B. 设计费

C. 土地出让金

D. 场地平整费

E. 勘察费

5. （　　）是由国家支付给集体土地的征用补偿。

A. 土地补偿费

B. 拆迁费

C. 安置补助费

D. 地上建筑物补偿费

E. 青苗补偿费

6. 由政府制定并定期公布的房地产价格有（　　）。

A. 基准地价

B. 交易底价

C. 标定地价

D. 房屋重置价格

E. 转让价格

7. 房地产评估所应用的经济技术原则有（　　）。

A. 供求原则

B. 贡献原则

C. 最有效使用原则

D. 替代原则

E. 合法原则

8. 影响住宅用地价格的主要区域因素是（　　）。

A. 建筑高度

B. 土地形状

C. 公共设施高度

D. 位置

E. 规模

9. 房地分估主要是针对（　　）进行的。

A. 占地面积不合理的房地产

B. 新开发的房地产

C. 用地性质不合理的房地产

D. 工业用房地产

E. 非经营性房地产

10. 主要用来判断建筑物是否有经济性贬值的标准包括（　　）。

A. 使用用途不合理

B. 利用率下降

C. 使用强度不够

D. 设计不合理

E. 收益水平下降

三、判断题

1. 土地使用权最大出让年限由省、自治区、直辖市及更高级别的人民政府部门确定。(　　)

2. 如果住宅用地使用者在出让合同中约定的期限结束后，没有提交续期申请，那么原来的土地登记机构将会注销其登记。这时候，国家将无偿收回该土地的使用权。(　　)

3. 土地价值主要是由于土地用途的改变或者功能的转变导致的，这种转变产生的价值增值应该归属于土地转让方。(　　)

4. 国家征收城镇土地税收的依据是标定地价。(　　)

5. 土地的自然供应和经济供应都是具有弹性的。(　　)

6. 国有土地只能在一级市场进行所有权转移交易，而无法在二次交易市场进行转让。(　　)

7. 土地的不可再生性引发了土地级差地租的产生。(　　)

8. 市场法评估房地产的理论基础是供需原则。(　　)

9. 最有效使用原则是房地产评估的最高原则。(　　)

10. 在房地产分项评估中，贡献原则是收益法的理论基础之一。(　　)

11. 总体来看，一个地区的房产价格与其经济发展状况存在正向关联。(　　)

12. 房地产价值的增长是一个趋势，无论何时何地，房地产价值都会提升。(　　)

13. 在使用成本法来评估土地价值的过程中，假如土地开发成本是均等投入的，那

么计算时间就应该是开发期的一半。(　　)

14. “七通一平”是基础设施配套费的标准。(　　)

15. 国有土地管理局决定了土地使用权出让的最大期限。(　　)

四、计算题

1. 某地块的总占地面积是1000平方米，其征收费用和开发费用分别为每平方米200元及300元，且这些费用将在四年的时间里平均投入整个项目中。同时，投资者期望获得的回报率设定为10%，而地方政府将这块地的土地出让增值收益率定在了12%。此外，金融机构提供的借款利率也确定为6%。基于此情况，我们需要使用成本估算方法来测算出这个地产的价格。

2. 一块土地的出让年限为50年，资本化率为10%，在未来的5年预计纯收益分别为15万元、16万元、18万元、15万元和20万元，并且从第6年开始，收益可以稳定在25万元左右。请评估该土地的收益价值。

3. 2016年1月，一家房地产公司以有偿方式获得了一块土地的50年使用权，并在2018年1月在该地段建成了一栋写字楼，其经济使用寿命为60年，残值率为2%。评估当日，同类建筑物的重置价格为每平方米4500元，该建筑物的占地面积为1200平方米，建筑面积为3000平方米，目前用于出租，每月实际租金为15万元。据调查显示，当地同类写字楼的出租租金一般为每月每建筑平方米120元，空置率为10%，年管理费为年租金的3%，维修费为重置价格的1.5%，土地使用税和房产税为每平方米30元，保险费为重置价格的0.2%，土地资本化率为6%，建筑资本化率为9%。根据以上资料，采用收益法可以评估出该地产在2023年1月的土地使用权价格。

4. 一家公司计划向另一家公司投资一宗待开发的土地，其占地面积达1000平方米，拥有50年的使用期限，且评估日期设定于2023年8月1日。经过专家团队的研究与探讨，这块地的最优应用场景应为商业居住混合区，并按照规定的容积率8.4来布局，预设的总体建筑面积达8400平方米，共有14个楼层，每个楼层的面积均为600平方米，其中首两层用作商业区域，其余部分则作为住宅空间。预期建造周期约需两年时间，前一年需要支付总投资额的60%，而剩余的40%将在次年完成支付。据预测，整个项目的总投资金额预计为2000万元人民币，这些资金均来自银行贷款，利息率为10%。另外，专业的费用占到总建筑费用的6%，销售费和税收合计占到了房价的5%。我们假设一旦大厦完工就能立即出售完毕，预计的单价分别为：商业用地14000元/平方米，居民住房8000元/平方米，折现系数为10%。投资利润是地价、总建筑费用和专业费用之和的20%。根据收益折现的方法，采用假设开发模式对这个未使用的土地进行了评价，得出了相应的评估值。

五、简述题

1. 土地有哪些自然特性和社会特性？

2. 房地产有哪些特性？房地产如何分类？

3. 哪些专业性原则应被用于房地产评估呢？

4. 土地价格有哪些不同的种类？

5. 影响房地产价格的因素有哪些？

第五章

无形资产评估

第一节
无形资产概述

一、无形资产的概念及特点

根据《资产评估准则——无形资产》的规定，无形资产是指特定主体所拥有或者控制的，不具有实物形态，能持续发挥作用且能带来经济利益的资源。其特点包括：

1. 依附有形资产

虽然无形资产无法以具体物体的形式显现出来，它却是一种具有潜在获利能力的经济资源。然而，无论如何，它们总会在某种程度上依靠物理载体来展示其价值，比如，土地所有权需要基于实际的土地；专利则借助专利证明书得以展现；而独有的技术则可以通过技术蓝图或生产流程等方式表现出来。因此，当评估师对无形资产价值进行估算及确认的时候，他们必须考虑到与其一起工作的其他有形资产的影响范围，同时还要区分出这两种资产分别创造出的效益，以便精确计算出无形资产的确切价值。

2. 被特定主体控制

无形资产的控制性应当是特定的主体所拥有的。对于那些能够为社会带来益处的公共知识技术，不能被视作无形资产。

3. 效益的持久性

作为一种非有形的资产，它需要具备能为拥有者带来收益的能力并且这种收益应能在相当长时间里保持稳定。若某项资讯或战略只能短暂影响公司的运营并无法形成稳定的盈利模式，那么它们就不应该被视作无形的财富。

4. 共益性

对于无形资产而言，由于市场的局限和激烈的竞争，它们可能被用于满足个人或组织的私利需求，并因此受到合同条款的影响。与此相反，有形的资产可以通过实物来明确定义，但评价无形资产时，我们需依据它的所有权范围来决定。与有形资产相比，无形资产更具独特之处，他们可以成为共享资源供不同的人们受益。这意味着一种无形资产可以在同一次活动中，同时为多方提供服务，然而这种现象无法发生在有形资产上。比如，某项创新科技可以使多家公司的产品品质得到提升，减少生产成本；同样地，当一家公司的专利技术得到应用后，并没有阻碍该技术进一步转移到其他公司。

5. 积累性和替代性

具体来说，积累性主要表现在以下两点：首先，无形资产的产生依赖于其他无形资产的发展；其次，它们自身的增长过程同样是一个持续累积与发展的循环。因此，无论何时何地，无形资产都会在一定的范围内起到特殊的作用，并且它们的成熟度、影响力及盈利潜力也在不断地变化。与此同时，我们也应注意到它们潜在的替代性。例如，某项技术的出现可能会取代之前的技术或者某种工艺会代替之前的技术等，这种特性并不是共同存在或是累积，而是一种替换和升级。由于每种无形资产都可能被更高级别的无形资产所取代，所以在对无形资产进行估值的时候，必须考虑到它的有效期限，特别是可以使用的年限。然而，这是根据所在领域的科技发展速度以及不同无形资产间的竞争力来确定的。

知识链接

企业无形资产评估有什么作用?

（1）利用无形资产质押贷款（如利用商标权、专利、版权等质押贷款）、工商注册、参资入股、许可使用、转让、租赁承包、清算拍卖等；

（2）提高品牌知名度，向外展示企业实力，增强凝聚力；

（3）企业利用无形资产的运作与国际标准接轨，进而打入国际市场；

（4）保护知识产权的需要，为企业打假、侵权、诉讼提供索赔依据；

（5）通过无形资产的评估，能够摸清家底，为经营者提供管理信息；

（6）项目融资、合资合作、企业兼并、收购、吸引投资；

（7）无形资产能够增加注册资本金；

（8）无形资产还能够按照规定年限进行税前摊销。

二、无形资产的分类

无形资产并不是一个单一的种类，可从不同的角度对它的类型进行划分。

第一，根据其是否具有独立的存在能力，我们可以将其划分为以下两种：可辨认无形资产（如专利、品牌标识、版权、独家技术、营销渠道、客户联系、许可协议、合约权利、网址等）和不可辨认无形资产（即为商誉，它是一个独特且不能被分离出来的无形资产，一旦脱离公司便会消失不见）。

第二，根据其性质和内容可分为技术性无形资产和非技术性无形资产。技术性无形资产包括专利权、专有技术等，而非技术性无形资产指的是商标权、特许权、著作权、商誉等无形资产。

第三，根据获取途径，我们可以把无形资产划分为外购无形资产和自创无形资产两类。外购无形资产是通过支付对价从外部机构取得的无形资产，如购买的外部专利或品牌标识；自创无形资产则是源于公司内部自主开发与创新所产生的无形资产，比如自行创建的专利、独特的技术、品牌标识及商业信誉等。

第四，根据是否具有特定法规保障，我们可以把无形资产划为有专门法律保护的无形资产和无专门法律保护的无形资产两类。专利权与注册商标权就属于前者；未被特别立法保护的技术属于后者。这些无形资产的估值会因其所享有的法律法规保护力度而产生显著差异，因此我们在评估过程中需要对它们做出精确辨别。

第五，根据其来源，无形资产可分为知识类、专有技术类、权利类、关系类和组合类无形资产。知识类无形资产包括专利技术、著作权等；专有技术，也称为秘密技术或技术诀窍，是指符合法律规定条件的秘密知识、经验和技能，包括工艺流程、公式、配方、技术规范、管理和销售技巧与经验等，是先进实用但未申请专利的技术秘密；权利类无形资产是通过书面或非书面协议条款产生的，对于契约各方都具有经济利益，如供货合同、服务提供合同、专卖权、专营权等；关系类无形资产通常没有书面协议，可能是短期存在，但对关系方具有巨大价值，如客户关系、客户名单、员工组合、销售网络、与供销商的关系等；组合类无形资产是由多种因素组合而成，具有协同效应的无形资产。

三、影响无形资产价值的因素

1. 获利能力

盈利能力主要衡量的是无形资产预期的收入潜力，这被视为评估无形资产价值的关键指标。任何一种无形资产，只要它能在适当的环境和政策下产生更高的利润，那么它的价值就会更高。有些无形资产虽然成本较高，但是如果它们无法满足市场的需要或者产生的收益有限，那么它们的价值就相对较低。

2. 权利级别

由于无形资产的非物质性质，无形资产所有者的收益不仅来自自身的使用，还可以将其使用的权力以费用形式出售给其他人来获取利润。因此，同一种类的无形资产对于不同的用户可能会产生差异化的权益等级，这种差别将会直接影响到该无形资产的估值。所以在评价过程中应注意区分各种权益。比如，一项专利可能是关于资产的所有权或使用权，或者说它是一项独家授权或是普通的授权等。根据权益的界定，无形资产的价值也会有所变化。

3. 技术成熟程度

技术的发展过程与其他商品一样，都具有其生命周期。技术的成熟度越高，其带来的利润就越稳定，使用风险也会相应降低，价值也相对更高。科技成果的完善程度直接决定了评估价值的大小。

4. 经济使用期限

每种无形资产通常都存在特定的有效期。这个有效期不仅要注意其法定保障期，还需重点关注其创造实质性额外效益的能力。比如，一项发明的专利权保障年限是二十年，但七年以后，当其他技术比这项专利更加优越后，继续利用此专利就变得不再划算。因此，对于这一专利的使用寿命估量，我们应该以七年作为衡量标准，因为这是专利可以为其持有者提供超过正常回报的时期。

5. 风险因素

无形资产在开发和最终受益过程中可能会面临多种风险，如开发、转化、实施和市场风险等，这些不确定因素会影响无形资产价值的实现。

6. 市场因素

市场的变化会影响无形资产的价值。具体来说，当市场上对可以交易或转售的无形资产有大量需求时，其价值往往更高，相应的评估价也更高。若没有其他类似的资产来替换该种无形资产，那么它所具有的价值就会上升。而一旦出现大量的同类资产，则这种无形资产的评估价值将会下降。然而，与之相比，来自相同类型无形资产的价格变动对其价值的影响更加明显。

四、无形资产交易的支付方式

在交易过程中，无形资产的价值可能因支付方式的差异略有不同；不同价值的无形资产在转让时需要的支付方法也会有所区别。

1. 总付

总付是一种付款模式，它指的是当购买者和出售者达成关于某项无形资产定价协议时，购买者按照约定的金额一次性或者分阶段完成支付的过程。此种支付方法并不受购买者的盈利状况影响，也与他们使用该无形资产的结果没有关系。对于购买者来讲，由于已支付了全部费用，因此丧失了与出售者共同承担风险的可能性，并且一般来说，他们无法再获得来自出售者的有效技术支持。此外，提前投入大笔资金可能导致购买者资金流动性的降低。然而，若购买到的无形资产未来产生了意外的高额回报，则无须与出售者共享利润。总体上看，总付方式对出售者而言更有优势，且通过这种方式支付的无形资产往往具备较高的投资收益潜力，使得出售者在交易过程中占据主动权。

通常来说，采用总付模式需满足以下几个前提：出售的无形资产应完整且可一次完全移交，并能迅速融入购买者的业务中，如配方和软件代码等；对于购买者而言，他们必须拥有充裕的资金或者其经济状况良好，以期尽早脱离与出售者的关联关系；此外，如果交易金额适度或是收益明确的话，也更适合使用这种支付方法。

2. 提成支付

与总付不同的是，提成支付是以未来产品的销量、收益或者产出量为基准按一定百分比计算出价格，而非立刻支付全部交易金额。在这种方式下，基准及比例往往会在合约条款内明确说明。此种定价方法主要取决于无形资产在整个体系中的重要性和影响力。

通常来说，使用此种付款模式的无形资产，其盈利潜力可能较低或仍处在初步发展期，尚未找到合适的运用场景，从而使这类无形资产被视为不太热门的选择。因此，在这个时候，购买者往往在产权买卖过程中拥有更强的主导地位。

3. 混合支付

混合支付是指购买者在合同开始执行时需要支付一部分转让费并在有产出时按比例支付剩余部分。首次支付的金额称为入门费或最低收费额。

‖**示例5-1**‖　一家名为A公司的企业考虑将其一项药品制造工艺出售给C公司，合同条款要求交易完成后的双方产量应分别达到每年6000吨与4000吨。这项科技的研究费用总计达2000万元，其中A公司已投入使用4年，剩余的使用年限还有6年。当前，假定工艺转移到C公司之后，由于其市场竞争力对A公司的销售产生影响从而导致A公司净收入损失的折现价值是70万元；同时，考虑到A公司在这4年内通货膨胀率为6%。请问如何确定这个药品制造工艺的最低定价？

在这个案例里，我们需要考虑两个方面的评价标准：一个是C公司应承担的研发支出；另一个是由于与C公司的竞争导致A公司未来收入下降的部分。在前4年的时间里，因为A公司独立掌握了这项技术，因此在这期间C公司无须支付任何费用。接下来 6 年的合作期内，按照合同约定，C 公司的产能仅占据总产量的 40%，故此他们需根据这个比例来承担尚未摊销完的研发开支。

C 公司应分摊的开发成本为：

$$2000\times(1+6\%)\times\frac{6}{4+6}\times\frac{4000}{4000+6000}=508.8\text{（万元）}$$

A 公司竞争损失现值 = 70（万元）

最低收费额 = 508.8 + 70 = 578.8（万元）

第二节

无形资产评估的收益法

一、收益法的估算方法

收益法的基本计算公式如下：

$$V=\sum_{t=1}^{n}\frac{R_t}{(1+i)^t} \tag{5-1}$$

式中：

t——收益有效期限，$t=1, 2, \cdots, n$；

R_t——第 t 年的收益值；

i——折现率；

V——评估值。

对于无形资产来说，它通常与一些有形资产或者其他的无形资产一同产生效益。换句话说，当无形资产被运用时，其产生的利润实际上是由包括无形资产和与其相关的所有资产所构成的一个整体系统的协同效应决定的。因此，为了确定某个特定的无形资产的实际价值，我们需要剔除出整个系统中单个资产的部分贡献，也就是指由单一无形资产带来并独立于其他资产之外的额外收入，这被称为无形资产的溢价收益，而无形资产的评价公式的形式则转变为：

$$无形资产评估值 = \sum_{t=1}^{n} \frac{无形资产第\,t\,年的超额收益}{(1+折现率)^{t}} \tag{5-2}$$

在实际操作中，如果超额收益难以确定，可以借助分成率来估算出超额收益的近似值。

构成特定无形资产系统的各个部分所产生的贡献与整体贡献之间的比例相对稳定，我们将其中任何一部分的贡献与其所在系统总体贡献之比称为该部分对应的分成率。

某项无形资产分成率＝该无形资产的超额收益/无形资产系统总收益

一旦某项无形资产的分成率通过了验证并被广泛接受，计算该无形资产的超额收益只需要将其分成率与整个系统所创造的收益相乘即可。此时：

$$无形资产评估值 = \sum_{t=1}^{n} \frac{某项无形资产分成率 \times 第\,t\,年无形资产系统总收益}{(1+折现率)^{t}} \tag{5-3}$$

二、收益法中主要参数的确定

1. 超额收益的确定

确定无形资产的超额收益可采用以下几种方法。

（1）直接评估法。

在评估超额收益时，通常使用新增利润或者收入进行衡量。可以通过对比分析无形资产使用前和使用后的收益情况，来确定无形资产所带来的超额收益。

假设我们分别用 P_0、P_1 记录无形资产使用前后的商品单位价格；C_0、C_1 记录使用前后的商品单位成本；Q_0、Q_1 记录使用前后的年销售量；T 代表所得税税率。相较于未使用无形资产的运营状态，使用无形资产后可能会出现以下三种结果：

第一种：商品单位成本得到了减少。在商品单位价格和年销售量保持不变的情况下，成本降低，此时的超额收益如公式（5-4）所示：

$$R = (C_0 - C_1)Q_0(1 - T) \tag{5-4}$$

第二种：提高了商品单位价格。因此，在保持商品单位成本和年销售量不变的前提下，超额收益如公式（5-5）所示：

$$R = (P_1 - P_0)Q_0(1 - T) \tag{5-5}$$

第三种：增加了年销售量。假设商品单位成本和商品单位价格保持不变，超额收益如公式（5-6）所示：

$$R = (P_0 - C_0)(Q_1 - Q_0)(1 - T) \quad (5-6)$$

上述的三种情况探讨了当某一因素如成本或价格变动时，另外两项因素保持恒定的情况下的超额收益。然而，实际上，使用无形资产可能导致所有相关因素包括非货币资源的变化，因此需要采用其他的策略以计算出额外利润。

（2）差额法。

无法进行使用了无形资产和没有使用无形资产的收益情况对比时，可通过比较无形资产和其他类型资产在经济活动中的综合收益和行业中未使用该项无形资产的平均收益水平，计算出无形资产的获利能力，即超额收益。

无形资产超额收益=净利润-净资产总额×行业平均净资产利润率　（5-7）

在使用这种方法时，需要留意的是，如果存在多种无形资产共同发挥作用，那么计算出来的数值就是它们的超额收益总和。若要计算某一特定专项无形资产的超额收益，还需进行更深入的分析。

前述两种方法是计算超额收益的主要方法。

（3）分成率法。

选择分成率的时候需要考虑的是收益的类型，如盈利、营业收入或净现金流等。一旦明确了收益类型，后续的相关因素比如分成率、行业的平均收益率就需要与之保持一致。分成率可以根据不同的收益表现方式分为基于销售收入的分成率和基于销售利润的分成率。公式为：

无形资产超额收益=销售收入×销售收入分成率×（1-所得税税率）
=销售利润×销售利润分成率×（1-所得税税率）　（5-8）

其中：销售收入分成率=超额收益/无形资产系统销售收入

销售利润分成率=超额收益/无形资产系统销售利润

销售收入分成率和销售利润分成率，这两个概念是有区别的，因此在实际操作中需要适当地运用。它们之间的联系如下：

销售收入分成率=销售利润率×销售利润分成率

（4）要素贡献法。

对于某些无法准确评估的无形资产所产生的额外利益，可以依据在商业运营过程中的构成元素的作用来大致推测无形资产的收益。在中国，我们一般会采取三分法，也就是重点分析三个关键要素——资本、科技与管理，而这三者对各行各业的影响是不同的。

2. 折现率的确定

由于无形资产的投资回报高且风险大，因此在评估过程中其折现率通常会超过有形资产的折现率。在进行评估时，评估师需要根据无形资产的各种类型，对可能影响未来收益的风险因素以及可能获取收益的其他外部因素进行研究，以计算出合适的折现率。

3. 有效期限的确定

无形资产盈利期指的是该项无形资产能够产生超越常规利润的能力所持续的时间长短。这也可以被称为有效期限。在实际操作中，预测并设定无形资产的有效期限有多种方式：一是可以依据法律法规或者合约条款、公司申请文件来界定法定有效期限及利益周期；二是如果法规并未明确指定有效期限，可以根据公司的合约或是申请文件来决定；三是若法律法规、公司合约或申请文件都未能明示有效期限和利益周期的，则需要通过预估收益时间来确定。这种预估通常是基于统计数据分析或者是参照类似资产的结果而得到的。

虽然无形资产并无实物形态，且不易受损，然而，如果因为特定因素而影响到其实用效益的话，可能需要提早结束对其的使用。以下是一些可能缩短无形资产有效期限的潜在因素：首先，当更高级别的无形资产问世后，公司发现无法从原无形资产中获益，这时的无形资产便不再具备经济意义。其次，随着无形资产被广泛应用于商业领域，公众已经能够轻易地获取这项技术，无须付出额外费用，此时，持有此种无形资产的公司就失去了获得超越市场平均收益水平的机会，无形资产的价值也随之降低或消失。最后，若公司的产品销量因某种无形资产锐减，此时，这类无形资产的价值也将相应缩水，直至彻底失去其价值。

可能影响到无形资产有效期限的因素，在评价过程中都应予以重视。我们需要不仅专注于合同中关于时间的限制条款，还要考虑到外部的环境变迁，因为当前的社会科技和知识更新的频率非常高。受到多种条件的制约，许多无形资产的真实有效期限远低于法律规定。随着科技的发展，尤其是新技术周期的加速，无形资产的有效期限也在不断减少。

第三节
无形资产评估的成本法

一种科技型无形资产的诞生往往需耗费大量的时间，这可能涵盖跨领域的交互效应及影响，并且可能会经历数次尝试并未能成功的循环。即使这样，也不能确保研究最终能达到预期效果。因此，对于是否能够把科研成果转化成科技型无形资产产权的费用进行计算变得非常繁复且难以确定。而且，花费巨额资金建立起来的科技型无形资产不一定就会带来巨大的收益。因此，只有当科技型无形资产的实际或潜在盈利能力无法衡量，或是必须以其他方式的评估结果作为参照时，评估人员才会倾向于采用成本法去估计科技型无形资产的价格。

无形资产的实体性贬值不会发生，因此我们通常采用其重置成本与综合成新率的乘积来计算评估值，如公式（5-9）所示。

$$\text{无形资产评估值}=\text{无形资产的重置成本}\times\text{综合成新率} \tag{5-9}$$

相关参数的估算方法如下。

一、无形资产重置成本的估算

1. 外购型无形资产重置成本的估算

计算外购型无形资产的重置成本相对简单，如公式（5-10）所示。

$$\text{重置成本}=\text{无形资产账面价值}\times\frac{\text{评估基准日物价指数}}{\text{购置日物价指数}} \tag{5-10}$$

用市场法的理念评估重置成本，我们以资产交易市场中相似的资产参照物价格为基准计算重置成本，然后根据其功能、技术水平和适用性等因素来调整被估计资产的重置成本。

2. 自创型无形资产重置成本的估算

对于自行研创的无形资产，其生产成本由制造过程中使用的物化劳动与活劳动的总花费组成。若此种无形资产已经有了财务记录的账面价格，则可以通过使用物价指数来重新计算出它的重置价值。然而，大多数情况下，这些自创的无形资产并没有明确的账面价格，因此我们必须对其进行评估。这种评估通常采用以下两种方法：

（1）核算法。

无形资产重置成本如公式（5-11）所示：

无形资产重置成本＝全部资本投入的现值+合理利润　（5-11）

或如公式（5-12）所示：

无形资产重置成本＝全部资本投入的现值×（1+投资报酬率）　（5-12）

“全部资本投入”涵盖了研究开发支出及管理、财务、营销等相关开销。研发成本涉及学习新知的付出、反复实验的耗费以及科技人员的智慧与时间消耗等等，而这些花费往往难以从其他的会计科目中分离出来，因此，评估员有时候会对人力投入予以加倍计算，同时加入一定比例的风险因素以估计无形资产的重新购入价值。

（2）倍加系数法。

用于计算那些需要投入大量智力的技术性无形资产的重置成本。这个过程考虑到了科研工作的复杂性和风险因素，可以通过公式（5-13）估算无形资产重置成本：

$$V = (1 + L)\frac{C + \beta_1 V}{1 - \beta_2} \tag{5-13}$$

在这个公式中，C 代表无形资产研发中所耗费的物化劳动，V 代表无形资产研发中所消耗的活劳动，β_1 代表科研人员的创造性劳动倍增系数，β_2 代表科研的平均风险系数，L 则是指无形资产投资的回报率。

二、综合成新率的估算

由于无形资产没有实物形态的特性，无形资产并不会经历实体性的贬值，而只会出现功能性和经济性的损耗。其中，功能性损耗源于科技的发展或是该项无形资产被广泛应用后，使其实现额外收益的可能性减弱，从而影响了其价值；经济性损耗则主要由外部的市场条件变化引起的需求下滑或价格下跌所致，进而引发价值的下调。因此，对综合成新率的估算应同时考虑这两方面的影响。

对于无形资产综合成新率的估算，常用的两种方法包括专家评审法及年限法。专家评审法就是召集相关的专业技术领域的人士来评定被评估的无形资产的技术领先性和实用性，并对其对市场环境的适应程度做出分析，以此为基础决定其综合成新率。年限法则是评估人员根据对无形资产未来剩余经济寿命的预期与判别，以确定其综合成新率。具体来说，该算法如式（5-14）所示：

$$综合成新率=\frac{无形资产剩余使用年限}{无形资产已经使用年限+无形资产剩余使用年限} \tag{5-14}$$

第四节 专利权和专有技术的价值评估

一、专利权概述

1. 专利权的概念

专利权是指权利人所拥有的，能持续发挥作用且能带来经济利益的专利权益。

发明、实用新型和外观设计是专利权的三种形式。发明专利包含产品的发明和产品制造方法的发明，是指对产品、方法或者其改进所提出的新的技术方案，新颖性、先进性和实用性是发明具有的特点；实用新型专利是指对产品形状、构造或者其结合所提出的新技术方案；外观设计专利必须与产品相结合，是指对产品形状、图案或其结合以及色彩与形状、图案的结合所做出的富有美感并适于工业应用的新设计，单纯的图案不能申请外观设计专利。

2. 专利权的特点

（1）排他性。

对于相同主题的技术创新，只能由国家专利局授予一次权限，对于已经获得专利的技术，任何人在未经许可的情况下不能进行商业应用。

（2）地域性。

所有的专利只在其授权地区具备法律效力，而在其他地区则不具备这种法律效力。

（3）时间性。

在法律规定的时间内，合法获取的专利权会受到法律的保护，期满后专利权人的权利自行终止。我国的专利法规定了发明专利的保护期为 20 年，实用新型专利的保护期为 10 年，外观设计专利的保护期为 15 年。

（4）共享性。

这是指专利权人有权利在同一时刻，允许其他组织通过某种形式使用该专利资产。

3. 专利权的转移形式

总体而言，专利权的转移形式可以归纳为完全所有权移转与授权使用权移转两种。其中，完全所有权移转是指专利的所有者将其权利全部交由接收者掌控的方式；而授权使用权移转则是专利拥有者依据合约条款，向接受者授予特定条件下在特定地区内的使用专利的一种方式。通常情况下，授权使用权的限制（如权限大小、有效时长及使用地点）都会被详细列明于专利许可协议之中。

根据许可使用权限的大小，我们能将其划分为以下几种类型。

（1）独占使用权。

在许可证规定的期限与地区内，出售者只能向特定的购买者提供专利权，而不能将其转售给其他任何人；同样，购买者也不能在许可证允许的区域内对该专利产品进行制造或销售。

（2）排他使用权。

排他使用权是指出售者只将专利授权给购买者在合同规定的时间和地区内使用，同时出售者保留了专利的使用权和产品销售权，但不再将该专利转让给第三方。

（3）普通使用权。

在合同规定的时间和地区内，出售者有权将专利转让给多家购买者，同时出售者自身保留专利使用权和产品销售权。

（4）次级许可使用权。

允许购买者将其已经获得的使用权转移给其他人（即次级被授权者），这样就在原被授权者（购买者）和次级被授权者之间建立了使用许可的关系。

（5）交叉许可。

交叉许可指合同当事人各自持有专利技术，并且根据协议条款，他们能够互换技术的使用权。

二、专有技术概述

专有技术是指那些未公开且未申请专利的知识或信息，拥有者可从中获得超额经济利益，主要内容包括设计资料、技术规范、工艺流程、材料配方、经营秘诀和图纸、数据等技术资料。

虽然专有技术和专利权具有一定的共通点，即两者都可使持有者获取高于一般社会平均水平的收益。然而，他们仍有差异，主要体现在：专利权由国家法律保障，而专有技术并非一项明确的权益，只是一项自然产生的权益，必须由持有人自行保守秘密，否则就不能被视为资产；专利权所提供的额外利益是有时间限制的，但如果专有技术的保密工作做得足够好，则可以持续地赚取垄断利润。

为了评估特定专有技术价值，我们必须确认该技术的实际存在。然而，这与专利权价值评估有所不同，后者可以通过由政府授权的认证文件证实其真实性，但前者无法向公众展示，这就需要我们根据其实际应用效果来对其做出评定。通常来说，我们可以依据以下几个特征来衡量特定专有技术的实质存在和价值大小。

1. 实用性

某个技术能否被称为专有技术，关键在于它是否能够在实际生产中得以运用。

2. 获利性

专有技术必须具备价值，只有能够为公司创造超额收益的技术才可以被认定为专有技术。盈利能力的高低直接影响到专有技术的价值。

3. 保密性

专有技术的价值与其保密性有着紧密的联系。如果泄露了机密，那么这项技术就失去了它应有的价值。

三、专利权与专有技术价值评估的收益法

对于使用收益法评价专利权和专有技术来说，主要区别在于如何确定超额收益。根据超额收益产生的原因，通常会将其归为两类：一类是基于节省开支的专利权或专有技术；另一类则是基于性能提升的专利权或专有技术。前者指的是相较于现有的类似技术，这些专利技术或专有技术能降低制造成本，因此产生了额外收益。后者则表示拥有专利技术或专有技术的产品在功能方面能超越其他类似的产品，进而可以提高售价或扩大市场份额，实现额外收益。

通常情况下，并非所有的情况都只涉及两种类型的盈利模式，还有许多其他影响因素存在。在本章的第二节中，我们可以使用分成率法去计算更复杂的超额收益。

对于合适的销售利润分成率，各个国家有不同的数据范围，一般情况下，评估员更愿意选择25%~33%的区间作为适宜的销售利润分成率。这些数字为实际操作过程中的决策提供了重要依据。然而，评估师需要根据实际情况来判断和计算出适合且精确的销售利润分成率，并运用之前提到的方法进行详细的研究。

‖示例5-2‖ M公司于4年前独立研发了高性能的电力转化设备及相关工艺，并且成功获得了发明的专利授权，其有效期长达20年。目前，他们计划把这项专利资源卖给位于郊区的某个乡村企业，因此有必要对该项专利资源进行价值评估。以下是评估步骤与计算方法：

第一步，评估对象和评估目的。由于M公司售出了这项专利，所以我们要评估的是该专利技术的所有权。

第二步，确认专利资产。该技术已申请专利，其基本功能可以从专利说明书和专家鉴定书中得知。另外，该技术在M公司已经使用了4年，表明其已经相对成熟且稳定。

第三步，选择评估方法。对于 M 公司计划把该专利技术转移至乡镇企业的情况，其估值的关键在于预测此举能够为其带来的潜在利益。鉴于该专利技术的盈利潜力较大，且市场中类似的技术已被广泛授权使用，因此，计算收益金额较为可靠。基于这些因素，我们选择了运用收益法来做评估。

第四步，确认并设定评价指标。依据对于这类专利创新频率和市场中商品更新的研究，我们得出这个专利的技术寿命还剩下 4 年。通过对比参考案例的研究结果及这项技术对制造过程的影响程度，我们将其销售收入分成率定为 3%。

依据过去的运营表现和对未来市场需求的研究，评估师对之后 4 年的销售收入做出了预测，具体结果如表 5-1 所示。

表 5-1　　预期销售收入　　单位：万元

年度	第 1 年	第 2 年	第 3 年	第 4 年
销售收入	6000	7500	8000	9000

依据当前市场投资回报率，我们决定此次评估所使用的折现率为 10%。

第五步，计算评估值。结论如表 5-2 所示。

表 5-2　　评估值　　单位：万元

年度	销售收入	超额收益（销售收入×销售收入分成率）	收益现值（超额收益×现值系数）
第 1 年	6000	180	163. 6
第 2 年	7500	225	186. 0
第 3 年	8000	240	180. 3
第 4 年	9000	270	184. 4
合计	—	—	714. 3

该专利的评估值为 714. 3 万元。

四、专利权与专有技术价值评估的成本法

采用成本法来评价专利技术，通常需要对重置成本及综合成新率进行分析与计算。外购的专利技术的重置费用相对较为容易确定，一般可以根据购买价格调整物价指数得到。自主创造的专利技术的成本通常由下列因素组成。

1. 研制成本

研制成本包括直接成本和间接成本。直接成本是指在研制过程中直接投入的成本，而间接成本则是与研制项目相关的花费。

直接成本涵盖了材料开销、员工薪酬、专业设备费用、文件费用、咨询费（包括技术咨询和鉴定费用）、合作费（某些零部件的外包加工费用以及使用外部资源的费用）、培训费、出差费用以及其他各种开支。

间接成本涵盖了管理费、非专有设备的折旧费用以及由标准设备承担的公共开支和能源开销。

2. 交易成本

交易成本包括需要支付的技术服务费（如卖方为买方提供专家指导、技术培训、设备仪器的装配与调整，以及市场的开拓费用）、商务交涉和管理的工作人员差旅费等手续费（包含公证费、审核登记费、法务咨询费等），以及税费（例如无形资产交易或转移过程中需缴纳的增值税）。

3. 专利费

为申请和维护专利权所发生的包括专利代理费、专利申请费、实质性审查请求费、维护费、证书费、年费等的各种费用。

在实际操作过程中，由于评估的目标不同，成本构成的内涵也会有所差异。因此，我们需要根据各种情况来适当地调整重置成本的构成。

专利权的评估方式与专有技术相似，接下来我们针对一个案例进行讨论。

‖**示例 5-3**‖　某公司目前有12万张不同种类的设计工艺图纸，需要进行评估来确认它们的价值。评估的步骤如下：

第一步，分析鉴定图纸的使用状况。

评估员对这些图纸的大小、所提供产品的类型和周期进行了详细的分析和整理。经过分析，我们将这些图纸划分为四种类别：

①活跃型/当前型：这类工程图纸及其他工艺文件共有5.2万张，是指那些目前正

在生产，可随时订货的产品零件、部件、组合件的工程图纸及其他工艺文件。

②半活跃/当前型：1.9 万张。该类产品指的是目前虽然已不再批量生产，但仍可以接受预订的零部件、组合件工程图纸和其他工艺文件。

③不活跃/陈旧型：这种类型的产品，是计划停止生产但现在仍可供销售的产品的零部件、组合件，其工程图纸和其他相关技术文档共 2.7 万张。

④其他：停止生产并且不再销售的部件和组合件的工程图纸以及其他相关技术文档，总数为 2.2 万份。

第二步，估算图纸的重置完全成本。

根据图纸设计、制作耗费及其现行价格分析确定，这批图纸每张的重置成本为 120 元。由此，前两类是产生收益的图纸。

重置完全成本＝（52000+19000）×120＝8520000（元）。

第五节 商标权价值评估

一、商标的概念

作为产品或者服务的标识，商标是一种由产品生产者或是经营者为使其所提供的产品和服务与其他类似的产品或服务区分开来而在产品或服务中采用的特殊标记。这个特殊标记通常包括了文字、图形、字母、数字、三维标志、颜色组合和声音等，以及这些要素的组合。

虽然商标看似微不足道，其影响力却是无法忽视的。它不仅标明了产品和服务的源头，更能在众多同类的公司中区分出特定的产品和服务；同时，它也可以展示产品和服务的品质；另外，它还可以展现公司的声誉。客户们可以通过商标来了解该公司的形象，而公司也能利用商标推广自身的商品和服务，从而提升企业品牌的曝光率。

商标的形态千变万化，除了常见的文字、图形、字母、三维标志等视觉形式，还有嗅觉、听觉等形式。目前国家不对嗅觉商标给予保护。

我们观察到的一些标志中有一部分已经进行了登记注册，然而还有一部分并未被注册。这些由我国商标局审核通过且获得认证的标记被称为已注册商标，涵盖商品商标、服务商标和集体商标、证明商标等类别。政府没有对是否需要申请商标注册做出硬性的规定，但是唯有那些注册了的商标才能享有法律的保护。

我们平常遇到很多产品商标和服务商标，集体商标及证明则相对少见。集体商标是指以团体、协会或者其他组织名义注册，以表明使用者在该组织中的成员资格并供该组织成员在商事活动中使用；证明商标是指由对某种产品或者服务具有监督能力的组织所控制，用以证明该产品或者服务的原产地、原料、制造方法、质量或者其他特定品质的标志。如绿色食品标志、真皮标志、纯羊毛标志等。这些特殊的商标通常是由商业联盟或者其他的社团申办的。商业联盟或其他社团负责监管它们所属的相关产品与服务是否符合标准要求并对消费者做出承诺保障。

二、商标权的概念

通常，被注册的商标拥有者对这个注册商标所享有的权益被称为商标权或者注册商标权。而商标资产评估就是针对这种注册商标权进行的评价。

一般来说，商标权涵盖了排他专用权（或独占权）、转让权、许可使用权、继承权等方面。其中排他专用权意味着一旦某项商标获得登记注册，拥有者有资格禁止其他人未经许可而对相同的产品和服务或是相似产品与服务的应用该商标。转让权则代表着此种商标的所有人都具有把商标出售给别人的权利；许可使用权指商标所有者依法通过商标使用许可合同转让注册商标的使用权，允许他人使用其注册商标。继承权是指商标所有者在办理一定的法律手续的条件下，其继承人可以继承他的注册商标的权利。

三、商标权价值的影响因素

有多种因素影响商标权的价值，主要包括以下几个方面。

1. 法律属性

不管是否注册，商标都可使用，但只有注册的商标才有经济价值。因为只有获得注册的商标使用者才有专用权，才能禁止他人在同类商品上使用相同或相似的商标，也才有权对侵权行为提起诉讼。

在中国，商标注册的有效期限是 10 年。期满需要继续使用的，商标注册人应在期满前 12 个月办理续展注册。如果未办理续展注册，那么该商标权就会被废除，也意味着其原所有者不再拥有商标专用权。

商标权与专利权一样，也受到地域的限制，只有在注册国家所规定的区域内才能得到法律的保护。

此外，我们需要关注到一点：商标注册申请采用“一类商品、一个商标、一份申请”的原则，这意味着一家公司如果有多种类型的产品，那么每款产品都必须单独提出商标注册要求。当我们评价公司的知识产权的时候，我们要考虑到其产品的品目及其涵盖的内容，同时也要确保这些内容与该项权利是否相符合；而对于那些超越授权范畴的部分所得利益则无法算作为企业的商标预期收入的一部分。

2. 商标的知名度

商标价值与其知名度正相关。许多国家的法律对于驰名商标的维护比普通的商标更为严格且重视程度高得多；同时，驰名商标认定通常需要满足一系列严密的要求并经过烦琐的过程。因此，在一个特定领域内，驰名商标往往具有更高的价值，同时，拥有这种驰名商标身份标签的企业或产品所拥有的市场地位与影响力也相对较高一些。

再者，商标价值与其声誉保护程度息息相关。若公司未能保持商标的良好口碑，其商标价值便会下降。而商标的推广则是提升商标认知度、维护商标的关键要素。借助有效的营销手段让公众了解特定的产品和服务，激发并维系消费者的需求，进而推动产品的销售量增长，为公司创造更多的额外收益。

3. 商标权转移方式

商标权转移的方式可以划分为商标权转让与商标权授权使用两个类别。商标权转让指的是转让人舍弃其对商标的所有权利，而由接受者获得该项商标的所有权益，实质上就是一种商标权销售行为。商标权授权使用则意味着商标持有人并未完全抛弃商标所有权，而是允许其他人依照许可证协议中约定的条件来使用这个商标。

通常情况下，商标权转让的估值一般高于商标权授权使用的估值。

4. 商标依托的产品运营状况

商标所依托的产品的运营状况也会对其价值产生影响，例如，商标所附带的产品的盈利能力、产品发展潜力、战略规划以及生产和管理水平等。同时，企业文化和素质等软环境也会直接决定商标权的价值。

5. 相似商标的市场交易价格

商标的价值永远都与社会环境相连。市场通过对某一特定类别商标的评估，形成了共同的价值判断，而相似商品类型的商标的市场价格则决定了这一类商标的基本价值水平。

四、评估商标权价值的收益法

依据两种商标权转移的实例来演示商标权价值的收益法这一估算方法。

1. 商标权转让价值的估算

‖**示例 5-4**‖ G 注册的商标“儒雅”西装品牌已由 G 服装厂持有并使用了 12 年之久，现在它决定将其转手给他人。据统计，过去 5 年里，他们生产的这款产品售价高于市场平均价 60 元/件，且每年产量达到 20 万件。未来，这个品牌的销售量预计会增加到每年 15 万件，并且单件商品能带来额外收益 50 元。此项商标的未来使用年限被设定为 10 年，其中前 4 年维持当前的盈利状况，而接下来的 6 年则可以实现总计 680 万元的年度超额收益。假设折现率设为 10%，我们需要对这笔商标资产的价值做出估计。

分析过程如下：

第一步：确定超额收益。

根据给出的信息，有两个与额外收入有关的数据集——每年生产 20 万件产品，每个产品的售价增加60元；每年销售量达15万件，每件可以带来额外的盈利50元。然而，我们需要选择哪个数据集用于计算额外收益？我们要考虑商标所有权的交易价钱，而额外收益应理解为商标买家未来的预期收益。这样一来，G工厂过去5年的记录就不再是一个关联数据了。因此，品牌的买卖价值等于未来10年即前4年的额外收益加上后6年的额外收益的折现总值。

前4年中每年的超额收益=15×50=750（万元）

后6年中每年的超额收益=680（万元）

第二步：超额收益折现值。

前4年超额收益的折现值之和为：

=750（*P/A*，10%，4）=2377.4（万元）

后6年超额收益的折现值之和为：

680（*P/A*，10%，6）（*P/F*，10%，4）=680×4.3553×0.6830=2022.8（万元）

商标权转让价值=2377.4+2022.8=4400.2（万元）

2. 商标权授权使用费的估算

‖**示例5-5**‖　“神力”品牌的三轮车是某农业运输车制造商的主要产品之一，它在类似的产品类别里有着良好的口碑，并且它的单台价格超过了行业标准，即每台可以拥有180元的额外收益。现在，一家大型的企业计划进入这个市场并与他们达成协议，未来5年内生产的三轮车可以使用“神力”商标，但是必须注明实际的生产厂商信息，同时需支付年均占总销售额4%的使用费来获取“神力”品牌的授权。预估这批被授权使用的三轮车的平均价位为5000元/辆，而5年的产量预测分别是：1450辆、1500辆、1550辆、1600辆和1600辆。我们应该如何计算这种授权使用费的价值呢？（折现率为10%）

具体估算过程如下：

因而，5年内的销售收入预计分别为：

第一年：1450×5000=7250000（元）

第二年：1500×5000=7500000（元）

第三年：1550×5000=7750000（元）

第四年：1600×5000=8000000（元）

第五年：1600×5000＝8000000（元）

集团以销售收入的4%付给农业运输车制造商，同时，企业获得的利润还要缴纳所得税，所以农业运输车制造商从许可使用权获得的好处，各年收益值折现如表5-3所示。

表5-3　各年收益值折现　单位：万元

年度	超额收益 （销售收入×销售收入分成率）	收益现值 （超额收益×现值系数）
第一年	29	26.3639
第二年	30	24.792
第三年	31	23.2903
第四年	32	21.856
第五年	32	19.8688
合计	154	116.171

所以许可使用权的价值为116.171万元。

第六节 其他无形资产的价值评估

一、著作权的价值评估

1. 著作权概述

著作权即版权，是指文学、艺术作品和科学作品的创作者依照法律规定对这些作品所享有的各项专有权利。它不仅是知识产权的一个关键组成部分，同时也是现代社会发展中必不可少的一项法律制度。

版权保护的对象非常广泛，从人们熟知的传统艺术形式如美术、音乐等，到经济活动中涉及的计算机软件、工程、产品设计图纸和模型，还有那些容易被忽略的口述作品，如演讲等。

著作权涵盖了两类权利：经济权利和精神权利。其中，经济权利主要涉及发行权、出租权、展览权、表演权、放映权、广播权、信息网络传播权、摄制权、改编权、翻译权、汇编权。精神权利则包含发表权（即决定作品是否公之于众的权利）、署名权（表明作者身份，在作品上署名的权利）、修改权（修改或授权他人修改作品的权利）、保护作品完整权（保护作品不受歪曲、篡改的权利）。通常情况下，评估时我们仅考虑知识产权中的经济权利。

2. 著作权保护期

法律对作者的署名权、修改权以及保护作品完整权的维护是无限期的，其所有权始终属于作者。

根据《中华人民共和国著作权法》的规定，对于创作者的发表权，该项权利的保障期限等同于财产权的保障期限，即为创作者的一生加上去世后的 50 年。如果是一部合著作品，那么这些权利的保障时间会持续到最后的创作者去世后的 50 年。而针对公司或组织所创作的作品，其发表权、使用权和获得报酬权的保护期则是自首度公开发表之日起的 50 年。

有关电影、电视、录像和摄影作品的发表权、使用权和获得报酬权的保护期是在电影、电视、录音和摄像作品首次公开后的 50 年。

根据我国《中华人民共和国计算机软件保护条例》第十四条规定，软件著作权自软件开发完成之日起产生，著作权人是自然人的，保护期为终生加 50 年，即自然人去世后的第 50 年 12 月 31 日止；若软件是合作开发的，则保护期为最后一位自然人去世的第 50 年的 12 月 31 日。法人或其他组织的软件著作权保护期为 50 年，即软件首次发表后的第 50 年的 12 月 31 日截止，但软件在开发完成之日起 50 年内未发表的，则不予保护。

对于未知作者的作品及使用化名的作品，《中华人民共和国著作权法》设定了不同的保护期限。当一部作品的作者尚未被确认时，它的著作权保护期是 50 年，从该作品第一次发表后的第 50 个年度的最后一天为止。然而，如果作者身份已经明确，那么这部作品将会按照相应的规定来处理。

根据《中华人民共和国著作权法》的规定，只要创作出新的作品，创作者就立即拥有其著作权，无论是否进行了注册或备案。然而，如果完成了自愿的登记手续，则会为这个过程提供一份初始的法律证明文件，这有助于在出现争议的时候保持主动地位。在评价著作权价值的过程中，作品登记证书可以被视为判断著作权稳定性和可靠性的依据。

著作权所有者可以授权他人对其作品进行使用，这被称为著作权许可使用，其可进一步细分为专有使用与非专有使用。专有使用是指著作权所有人仅向某个个体或者特定的机构提供使用权，而该受让方只能是一个；非专有使用则意味着著作权所有者可以在多个机构或个体的范围内分享其权益。著作权使用通常由合约来保障，且该合约期限一般不超过十年。

3. 影响著作权价值的因素

影响著作权价值的因素一般包括以下几种：

①著作权作品作者和著作权权利人。

②著作权评估对象包含的财产权利种类、形式以及时间、地域方面的限制，还有存在的质押、法律诉讼等权利限制。

③著作权作品的创作形式。

④作品的创作时间和首次发表时间。

⑤如专利权、专有技术和商标权等权利状况。

⑥著作权作品的类别。

⑦著作权剩余的法定保护期限和经济寿命。

⑧著作权作品创作的成本因素。

⑨著作权作品题材、体裁类型等情况。

⑩发表后的作品对社会的影响和发表情况。

⑪著作权人采取的著作权保护措施、措施的效果以及保护可能所需的费用等。

⑫著作权的保护范围。

‖**示例 5-6**‖　假设一本书的价格设定为每本 48 元，预期在合同期限（十年）内总销量达 50 万册，其中前 5 年售出 35 万册，而接下来的 5 年则会卖掉 15 万册。同时，版税率是 10%，就获得的稿酬作者需要缴纳 20% 的个人所得税，并且我们采用的是 10% 的折现率。现在让我们对这本书的著作使用权进行估值。

附加说明：对于稿酬而言，其需缴纳的个人所得税=应纳税收益×税率（20%）×（1-30%）。如果单次收入低于4000元，则需要从总金额中减去800元后，剩余部分作为应纳税收益；若超过4000元，那么就得先扣掉20%的成本，剩下的就是应纳税收益了。

具体评估过程如下：

前5年与后5年的稿酬分别为：

35×48×10%=168（万元）

15×48×10%=72（万元）

在前5年和后5年中，每年的稿酬收入都超过了4000元，因此，这前5年与后5年的税后稿酬收益分别为：

168-168×（1-20%）×20%×（1-30%）=168-18.82=149.18（万元）

72-72×（1-20%）×20%×（1-30%）=72-8.06=63.94（万元）

折现后求得该著作使用权的价值为：

149.18（*P/A*，10%，5）+63.94（*P/A*，10%，5）（*P/F*，10%，5）=716.01（万元）

二、租赁权的价值评估

1. 租赁权的概念

租赁权是指在租赁合同规定的期限内将财产的使用权转让给承租方，承租方按照合同规定所获得的财产使用权。作为回报，承租者需向出租者缴纳一定费用，并且在资产使用结束时归还原物。通常情况下，租赁合约包含了如下要素：财产名称、用途、数量、租赁期限、租金及支付方式和支付期限、租赁期间内的财产维修责任和违约责任等。

一般而言，租赁可被划分为两种类型：经营型租赁与融资型租赁。其中，经营型租赁是指出租者把资产如机器设备、工厂等转移到承租者的手中供其使用，同时收取相应的费用，而在租赁期结束的时候，需要归还这些资产至出租者处；而融资型租赁则是由出租者根据承租者的需求购买所需的资产并将其提供给承租者使用，在此期间，出租者通过收取租金的方式来回收成本及利息，与此同时，承租者也需承担相应的付款责任，直至租赁协议届满之时，可以选择继续租赁、买断或者退还所使用的资产。总的说来，融资租赁实质上就是一种信用贷款。

2. 租赁权的评估

通常来说，资产所有者和承租方都从中受益。一方面，房主以收取租金的方式赚取利润，同时购买财产需付出资金成本，承担着投资的风险，二者的差额构成了他们的实际盈利；另一方面，租户则需要支付租金费用才能享有对该资产的使用权，并且他们也能利用此资产产生经济效益，这两部分相减就形成了他们的净收益。因此，对于同一个资产而言，它的价值因人而异，但按照租赁权的原则，它代表的是承租方所享有的资产使用权益。所以，当我们评价这种使用权的价值时，应该站在承租方的角度来看待这个资产的价值，即把能带来收益的使用权与获取这一权利所需花费的代价之间的差异视为使用权的估价标准。

‖**示例 5-7**‖ B 公司租用一台机器，每年的费用是 30 万元，还剩下 5 年的使用期限。预估这个机器未来每年的产出对应 2300 万元的销售额，而其生产与销售的所有开销是 2000 万元（其中包含了租金支出）。对于这家公司来说，他们预测 5 年的资本成本为 8%，折现率取 10%，评估这台机器的使用权价值。

评估过程分析：

租赁权年净超额收益为：

$(2300-2000)\times(1-25\%)-2000\times8\%=65$（万元）

设备租赁权价值为：

$65(P/A,10\%,5)=246.4$（万元）

三、商誉的价值评估

1. 商誉的概念和特性

商誉，即商业信誉，一般是指公司在特定环境下能够实现超过常规投资回报水平而产生的经济效益。拥有良好商业信誉的公司相较于其同行可以创造更高的收益，这种差异可能源于公司的地域优势或者高效的管理和运营模式、深厚的管理根基、长期的产品经验以及优秀的员工团队等因素。

商誉是不可辨认的无形资产，它具有以下特性。

①商誉必须随着企业存在，不可单独与企业的可辨认资产分离出售。

②商誉是由多个要素共同作用产生的结果，然而，构成商誉的单一因素无法独立计算价值。

③商誉是企业长期积累起来的。

④商誉并非一项能够带来利润的独立无形资产。

知识链接

关于商誉的几种观点

第一种：商誉是对企业好感的价值

这种好感很可能是由于公司具备了优质的地域环境、出色的品牌形象、独特的优势及有效的运营策略等因素。这些想法构成了所谓的“无形资源理论”。这一理论的支持者们相信，公司的良好名声是基于地域优势、完善的市场布局、优秀的企业信誉、广阔的社会联系、杰出的领导团队和一流的工作伙伴等因素，它们都是不可见也无法被计量的，因此，商业信用实质上指的是那些没有被纳入财务报表的无形资产。

第二种：商誉是企业超额盈利的现值

一家公司之所以享有盛誉，主要原因在于其能长期实现超越同行的收益率。这就是所谓的超额盈利理论。根据这一观念主张，商业信誉可以理解为某个特定的公司所创造出的高于其他同等规模公司的盈利能力，也就是那些投入等量资金的企业无法达到的额外收益。

第三种：商誉是一个企业的总计价账户

商誉是企业总价值与单项可辨认有形资产和无形资产价值未来现金净流量贴现值之间的差异。

对于商誉本质的看法繁杂多样，这表明我们对其内涵及外延的认识还存有不足之处。通常来说，理想化的商誉定义应包含以下几个要素：第一，构成商誉的基础元素；

第二，生成商誉的环境要求；第三，商誉可能带来的额外收益。因此，结合这些要点，我们可以这样描述商誉：它是一种由公司持有或者掌控但难以明确界定的无形资源，能给公司带来未来的超出预期的经济效益，并依赖公司的总体状况来维持。企业的运营效率高、管理水平优秀、具备优秀的市场网络和客户联系、制造经验丰富、员工技能精湛等多种因素共同塑造了商誉，具体体现形式可以是企业的名字、标识、品牌形象等，可以通过各种媒体渠道被公众所认知和认可。

2. 商誉的评估

（1）超额收益法。

采用超过预期的回报方式来衡量公司商业信誉的价值。这种方法通过对未来几年的预期超额收益进行折现处理，并将该值作为公司的商业信誉价值的评估方法。使用此种方法可以按照通用公式的步骤得到结果。如果一家公司的运营情况持续良好且商业信誉永久存续，那么评估人员可以将这家公司的超越预期的收入转化为它的商誉价值。具体来说，可以用以下两个公式中的任意一个来计算商誉的价值：

$$商誉价值=\frac{被评估企业单项资产评估之和\times（被评估企业预期收益率-行业平均收益率）}{适用本金化率} \quad (5-15)$$

或

$$商誉价值=\frac{被评估企业预期年收益-行业平均利润率\times被评估企业单项资产评估之和}{适用本金化率} \quad (5-16)$$

‖**示例 5-8**‖　M 公司的预计年收益为 600 万元，其各个单项资产的估值总和达到了 1600 万元。该企业所处行业的平均利润率是 20%，我们将这作为适用的资产收益率，评价该公司商誉的价值。

商誉的价值=（600-1600×20%）/20%=1400（万元）

在此需要注意，这实际上是对商誉持久性的设想。如果有足够的理由相信商誉只会维持一定年限，那么就应该采用折现的方式来计算。

（2）割差法。

割差法是通过对企业整体估值与各明确可识别单项资产估值之和进行比较，从而确定商誉价值的方法。割差法的计算方式如下：

商誉的价值=企业整体资产评估值-企业可辨认各单项资产评估值之和　　(5-17)

通过预测公司未来的收益并进行折现或资本化，可以对企业总价值进行评估。

当排除所有与资产的个人操作技能有关的影响因素后，对于同一种特定的资产，人们的估价往往倾向于保持一致。这种估计数值反映了根据社会平均效益来衡量该种可辨认资产的结论。然而，由于个人或组织运用相同资源所获得的经济利益可能有所不同，因此同样的资产组合在不同公司中的总价值也会存在差别。造成这些差距的主要原因是商誉的作用。这是分割方法形成的基础理念。

企业的商誉评价结果可以是正值或者负值。如果企业的商誉评级为负，那么它可能会出现经营损失或者其利润率低于行业的标准或是社会的均值。在这种情况下，对企业的商誉做出估价是没有实际意义的。换句话说，只有那些能够实现盈利或者是经济效益超过了所在行业或整个社会平均标准的公司才适合对其商誉做出评估。

‖**示例 5-9**‖　预计某公司未来一年的净利润为 19 万元，假设这种情况可以持续下去。我们设定折现率为 10%。通过单项资产评估方式，我们确认该公司各项资产的评估价值总和为 170 万元。接下来，我们将对该公司的商誉进行估算。

该企业的商誉价值=19/10%-170=20（万元）

3. 商誉评估中应该注意的几个问题

并非所有的公司都拥有商誉，只有那些能持续获得超过平均回报率的公司才具备商誉。一家公司的超额收益越多，其商誉估价就越高。因此，在评价商誉时，若未能深入理解并把握该公司所处行业的盈利状况，那么也难以准确计算出其实际的商誉价值。

对商誉的估值需要采用预期的理念。企业的盈利能力超过市场平均水平被视为衡量公司是否有商誉及商誉水平的标准。我们这里提到的超额收益是指公司的潜在未来收益，而非过去的或者现有的超额收益。即使是一家现在处于亏损状态的公司，若经过深入研究发现其具有巨大的未来超额收益潜能，那么这家公司也同样具备商誉价值。

企业的预期的额外收益构成了商誉价值的基础，这并不意味着商誉估价的高低会受到公司为了创造商誉所花费的成本或劳动力的影响。相反地，即使公司的支出有所增加，商誉的评价并不会因此上升。虽然这些开支确实会对商誉评定产生影响，但是它们是通过未来的期望收益提升表现出来的。所以，使用累加费用法对商誉进行评估是不合适的。

商誉不同于企业商标。虽然公司拥有某一知名商标，其评估值可能较高，但这并不代表该公司必定具备商誉。为了准确地计算商誉的评估值，我们需要理解商誉和商标之间的差异性。

商标是商品标识，商誉反映的是公司总体声誉的表现。当商标和产品相互结合时，如果该产品品质更高、市场需求更大，那么这个商标就会有更高的信誉，从而带来更大的额外收益，因此它的估价也会相应提高。商誉则是由公司的运营状况决定的，良好的管理模式和高效的工作流程能提升公司的经济表现，进而增强企业知名度，这会使企业商誉价值增加。由此可知，品牌的价值来自产品本身的超额获利能力，而商誉的价值来源于公司自身的超额获利能力。

商誉作为一种不可辨认的无形资产，是与企业和其超额获利能力紧密相连的，不能独立于企业而存在。商标则是可辨认的无形资产，可以从一个组织转移到另一个组织。

商标持有者可以转让商标所有权和使用权，但商誉不能区分所有权和使用权，只能随企业行为的发生而实现整体的转移或转让。

值得一提的是，由于商誉的确定和量化较为烦琐，因此通常情况下，公司不会在其财务报表中记录由自身创造出的商誉，而是仅在外部购买或合并过程中承认收购所得的商誉（也就是我们所说的“合并商誉”）。换句话说，只有当公司的产权发生变化时，才会触发商誉价值的估算与认定过程。

一、单项选择题

1. 以下不应当确认为无形资产的是（　　）。

A. 商标权

B. 商誉

C. 专营权

D. 土地使用权

2. 下列选项中，（　　）不属于无形资产。

A. 非注册商标

B. 非专利技术

C. 计算机软件

D. 专利权

3. 对于外部购入的无形资产，我们可以依据其（　　）和该资产的盈利能力来进行重新估算。

A. 生产成本

B. 预计价格

C. 形成时所需的实际成本

D. 折余价值

4. 已经使用了 4 年的某项发明专利权，还可以继续使用 2 年，现在这个无形资产的贬值率是（　　）。

A. 25%

B. 33. 3%

C. 66. 7%

D. 50%

5. 贬值会对无形资产的（　　）产生影响。

A. 已使用价值

B. 已使用年限

C. 实体

D. 剩余使用价值

6. 当一项无形资产被应用于生产过程中时，其使产品的市场份额得以提升，销售量由原本的年均 100 万件增至 120 万件。我们知道这个商品的价格是 50 元，而它的制造成本则是 40 元，并且需要缴纳 25%的企业所得税。那么根据直接估算法计算出这项无形资产为公司每年带来的经济效益大约是（　　）万元。

A. 200

B. 900

C. 165

D. 150

7. 某公司在 2016 年购买了一项无形资产，成本为 50 万元，到了 2021 年，通货膨胀率为 160%，无形资产已经使用了 5 年，还可以继续使用 5 年。2016 年物价指数为 110%，到 2021 年，物价指数为 160%。按照成本法估算，该无形资产的评估值为（　　）万元。

A. 72. 73

B. 50

C. 36. 36

D. 65. 65

二、多项选择题

1. 非专利技术的特点包括（　　）。

A. 新颖性

B. 实用性

C. 获利性

D. 保密性

E. 共享性

2. 下列选项中，属于无形资产的是（　　）。

A. 商誉

B. 非专利技术

C. 商标

D. 专营权

E. 土地使用权

3. 公司内部进行研究开发项目时的花费，如何被认定为无形资产，其判断准则是（　　）。

A. 技术上可行

B. 有使用和出售的意图

C. 在内部使用时能够证明其有用性

D. 有足够的技术、财务资源和其他资源支持其开发完成

E. 归属于该项无形资产开发阶段的支出能被可靠地计量

4. 决定无形资产转让的最低费用的因素有（　　）。

A. 重置成本

B. 历史成本

C. 机会成本

D. 生产产品的成本

E. 资金成本

5. 适用于无形资产评估的方法有（　　）。

A. 市场法

B. 成本法

C. 收益法

D. 路线价格法

E. 假设开发法

6. 当采用收益法来评估无形资产时，折现率是一个关键的观念，通常涵盖（　　）。

A. 无风险收益率

B. 风险收益率

C. 收益率

D. 收益额

E. 收益期限

7. 一家公司购买了一项无形资产，预期可用的年限是 5 年。预期的年度营收额为 100 万元，而每年的销售利润率和无形资产销售利润分成率均为 30%，与此同时，同期银行国债利率和风险收益率均为 5%。因此，根据收益法来对其进行估值的话，以下（　　）正确。

A. 销售收入分成率为 30%，等于销售利润率

B. 销售收入分成率为 9%

C. 同期银行国债利率即折现率，数值为 5%

D. 折现率为 10%

E. 销售利润为每年 30 万元

8. 可确指的无形资产包括（　　）

A. 商誉

B. 专有技术

C. 关系类无形资产

D. 权利类无形资产

E. 知识型无形资产

三、判断题

1. 单独的无形资产不能带来利润，只有与实体资产相结合才可以获得收益。（　　）

2. 一般来说，无形资产的评估只能采取收益法，这是由其特征所决定的。（　　）

3. 尽管商标可能没有价值，但注册商标绝对具备价值，必须进行评估。（　　）

4. 对于无形资产的成本法评估，无须减去其功能性贬值和经济性贬值。（　　）

5. 评估无形资产的剩余经济寿命应以其带来超额收益的时间为主要依据。（　　）

6. 无形资产的价值可能会受到无形贬值的影响，但其不一定会影响其使用价值。（　　）

7. 如果无形资产的收益期短于其法定保护期，那么在进行评估时应将这个法定保护期作为该无形资产的剩余使用年限。（　　）

8. 商标评估值必须超过为宣传商标的广告支出费用。（　　）

9. 企业的商誉不能独立存在，也无法与其可确认的资产分离销售。（　　）

10. 商誉评估值等同于公司内所有商标的评估值总和。（　　）

11. 无形资产的自然寿命决定了无形资产的价值。（　　）

12. 无形资产只存在无形贬值，不存在有形贬值。（　　）

13. 商标的经济价值主要由其设计是否新颖和独特决定。（　　）

14. 专利的研制开发费用与专利的效用及获利能力的联系并不确定。（　　）

15. 市场法不适用于无形资产价值评估。（　　）

四、计算题

1. 利用某项技术无形资产后，公司的年度总利润及增加的利润如表 5-4 所示，假设其折现率为 10%。尝试计算这项无形资产的利润分成率。

表 5-4　　企业每年的总利润及增加的利润

年份	第一年	第二年	第三年
总利润（万元）	100	150	160
增加的利润（万元）	30	28	22

2. 一家公司正在实施股权改革计划，基于过去的运营状况及其对未来的商业环境分析得出预期的 5 年盈利分别为 13 万元、14 万元、11 万元、12 万元和 15 万元，假设自第 6 年起所有年度均保持相同水平，每年盈利达到 14 万元。所设定的贴现率和资本化率均为 10%。使用单一项目估价法来测算该公司各单项资产价值总和（包含有形资产和可确指的无形资产）为 90 万元，现在需要确认这家企业的商誉价值。

3. 一家制造公司计划将其注册商标转售给同一行业的另外一家企业，这个商标已经被用了 20 年，并且在商业领域有着良好的声誉。经过对市场的研究，发现其品牌产品的售价高于其他类似的产品 100 元，而接受方每年的产量是 1 万件。由于市场竞争愈发激烈，买卖双方商定了获得超过预期回报的期限——5 年，预计在前 3 年维持现有的收益水平，而在接下来的 2 年里，每个年度的额外收入会减少到 80 万元。如果我们以 10%作为贴现利率，并考虑 25%的企业所得税，估算出这个商标现在的价格。

4. 乙公司被允许利用甲公司的可视对讲电话专利技术，我们需要考虑以下情况：甲、乙两家公司共享这项专利，并且各自的预计产能分别是每年 150 万台和 50 万台。这个专利是甲公司从外部购买的，账面价值为 200 万元，已经使用了 4 年，可以再使用 6 年。在前 4 年里，技术的总价持续上升了 25%。由于失去了独家优势，市场的竞争会增强。根据预测，未来 6 年内，会因为丧失主导权而导致收入下降，其折现价值是 60 万元。为了维持市场占有率并提升技术水平，他们需要额外投入 15 万元的研发支出。请确定这个专利授权的最低费用金额。

5. 甲公司计划将其知识产权出售给乙公司，并选择以收益分成的方式来完成交易。这项知识产权是在 3 年前购买的，其账面价值是 80 万元，并且在此期间价格上涨了 25%。这个专利在法律上有 10 年的保护期限，现已经过了 4 年，还剩下 6 年的保护期。经过专家的研究，他们发现这个专利的成本利润率达到了 500%。乙公司的总资产规模达到了 4000 万元，其成本净利率高达 35%。基于此项技术的研发前景和市场需求预测，研究团队预计这部分知识产权的使用年限可以持续 5 年。此外，我们了解到该公司目前每年能制造出 20 万台该产品，每台产品的成本大约为 400 元，而且未来的 5 年内这种情况不会发生变化。由于应用了这一创新技术，产品的性能得到了显著提升，因此在前2年，其销售单价为550元/台，而在接下来的3年里，随着市场的激烈竞争，产品定价可能会逐渐降低至500元、500元和450元。考虑以上信息，折现率确定为10%，请估算这款知识产权的市场价值（不考虑税收影响）。

五、简述题

1. 解释无形资产的概念、特点及分类。
2. 无形资产价值的影响因素有哪些?
3. 无形资产收益额的确定可采用哪些方法?
4. 运用成本法时，如何估算无形资产的重置成本?
5. 无形资产的市场法评估应注意哪些事项?

第六章

长期投资的价值评估

第一节

长期投资评估概述

一、长期投资的概念

从严格意义上讲，只有对外部项目的投资被视为投资，然而，从广义层面上，内部投资也应包含其中，比如企业购买不动产。投资根据不同标准可以划分为多种类型。

第一，根据资产特性，可以把投资划分为三种类别：第一种是股东权益型投资，例如对于其他公司的股份持有（包含购入上市公司的股票）或为了获得这些公司股份而参与的企业合作投资；第二种是债权型投资，比如买进公司发行的债券、国家公债或者金融机构的债券等等；第三种则是混合型投资，指的是同时具备了股权与债权两种属性的投资行为。

第二，根据投资资金的使用时间和流动性，可以把投资划分为短期投资和长期投资两种类型。其中，短期投资指的是那些可以在任何时候被转换成现金且一般持有时限不会超出一年的投资项目；而对于长期投资来说，它并不需要立即出售或兑换为现金，其持有期往往会超过一年，并可进一步细分为长期债权投资与长期股权投资两种形式。

本章的主要研究焦点是对外长期投资，也就是狭义的长期投资。

二、长期投资评估的特点

长期投资评估的主要特点如下。

1. 长期投资评估是对目标公司资本的评估过程

长期投资中的股权投资，对于投资方来说，其持有的股份代表了他们在目标公司中拥有的利益份额。无论投资方投入的资产是有形还是无形，只要这些资产已经转入目标公司并成为公司的资本，那么就应该对其进行价值估算。因此，从本质上讲，这实际上就是对目标公司资本进行评价的过程。

2. 长期投资评估是对被投资单位盈利能力的评估

投资者长期持有股权投资不打算随时变现，其主要目的是获得投资回报和增值。因此，被投资企业的盈利能力是长期投资评估的关键因素。

3. 需要评估被投资单位的偿债能力

在长期投资中，债权投资到期后应收回本息，因此，被投资企业偿债能力的强弱直接决定了投资企业能否在债权投资到期时收回本息。因此，被投资企业的偿债能力是评估长期债权投资的关键因素。

三、长期投资评估的程序

长期投资评估的程序有如下几个步骤。

（1）对长期投资项目的详细内容进行确定。

进行长期投资评估时，需要搞清楚投资种类、原先投资金额、评估基准日余额、投资收益计算方式、历史收益、长期持股比例、所投企业实收资本占比及相关会计核算方法等。

（2）对于长期投资的账面金额进行专业评估。

我们需要根据投资性质和会计核算方法，分析并判断长期投资的投入与收益的准确性以及合理性，同时也要评估长期投资项目在资产负债表上的显示是否正确。

（3）依据长期投资的特点挑选适当的估值方式。

对于已在股市挂牌并流通的股票与债券，通常会使用市场法进行估值，以评估基准日的收盘价作为价值参考点；对于未公开买卖且无法应用市场法评估的股票或债券，常选用收益法进行估值，由评估员基于各种复杂情况选取适合的折现率，从而计算出其价值。

（4）对长期投资的价值进行计算，从而得出评估的结果。

第二节
评估长期债权投资

投资于债权的方式有两种，一种是购买债券，另一种则是投资其他类型的债权。债券是由政府、企业和银行等负责筹集资金的机构根据法律规定发布并承诺在特定日期偿付本息的有价证券。

一、债权投资的特点

债权投资与股权投资相比具有如下特点。

1. 债券投资的风险相对较低且较为稳定

当政府发行国库券时，会得到国家的保障；商业银行发行的债券需要依赖其信用度及其拥有的财产；公司发行的债券也需要满足一系列严格的要求，包括拥有强大的经济基础、发展的潜力和相应的保值措施。然而，尽管如此，债券投资并不意味着绝对无风险。如果债务发行方遇到财务危机，那么债券持有人可能会面临无法按时回收本金或利息等潜在损失；但即使公司倒闭了，在清算过程中，债券所有者仍享有优先索赔权利。因此，从这个角度来看，相比于股票投资，债券投资更具稳健性。

2. 收益是相对稳定的

债券的面值和票面利率都是预先设定好的，通常情况下，债券的利率会超过同期存款的利率。只要债券发行者不遭受任何变动，债券就能够获得清晰且稳定的预期收益。

3. 具备良好的流动性

通常情况下，如果购买的债券可以在证券市场上市交易，投资者可以随时进行变现操作，因此债券具有较强的变现能力。

4. 获利能力较弱

按照高风险高回报的原则，股权投资的社会平均收益必定高于债券，所以债券的获利水平总体而言比股票收益略低，这也意味着它的获利相对稳定。

二、债权投资的评估

对于可以在市场上自由交易和转让的债券，其当前价格即为债券的评估值。而那些无法在证券市场进行自由交易的债券，则需要采用特定的方式来确认其价值。

1. 评估上市债券

对上市出售的债券而言，通常会使用市场法来估算其价值，通过参考资产评估基准日的该债券收盘价来决定评估结果。然而，若某一已公开发行的债务工具的市场定价出现了严重偏离其实际价值的情况，那么这种市场定价就无法准确反映出它的真实价值了，此时应选择非上市债券的评估方式来做评估。

当使用市场法来评估债券的价值时，应在评估报告中明确所采取的评估方式和结论，并强调该评估结果需要根据市场价格的变动进行适度调整。

‖**示例 6-1**‖　一家公司购入面值均为 50 元的债券 2400 张，并已经开始上市流通。这些债券的年化收益率为 10%，且其有效期长达 3 年。资产评估基准日该债券在证券交易所以 60 元的价格收盘。现在我们需要对此长期债务投资进行估值。

根据评估专家的研究，这个价格相当理性，因此其评估值为：

$2400 \times 60 = 144000$（元）

2. 评估非上市债券

根据不同的债券付息方法，评估时有不同的计算方式：对于距离资产评估基准日 1 年内到期的债券，采用本金加上持有期间的利息确定评估值；对于距离资产评估基准日超过 1 年到期的债券，可以通过计算本利和的现值确定评估值，建议采用收益法进行评估。

（1）一次性偿还本金和利息的债券。

评估价值可以通过如下公式来计算：

$$V = F(1+i)^{-n} \tag{6-1}$$

式中，V 为债券的评估值；F 为债券到期时的本利和；i 为折现率；n 为资产评估基准日到债券到期日的间隔（以年为单位）。

分单利和复利两种计算方式计算本利和 F：

单利计算时：

$$F = A \times (1 + m \times s) \tag{6-2}$$

复利计算时：

$$F = A \times (1+s)^{m} \tag{6-3}$$

式中，A 为债券面值；m 为计息期限；s 为债券利息率。

通常债券会明确记载着债券的本金、利息率和计息期限，而折现率则是评估员依据当前环境下的实际状况推断出来的，它包含了无风险收益率与风险收益率两部分。一般来说，无风险收益率会参照银行存款利率、政府债券或者国家公债的利率；至于风险收益率的高低，主要取决于发行公司的具体情况。例如，国库券、金融债券等具有优质的保证条款，因此他们的风险收益率往往偏低。再如，若是一家公司的财务表现良好，具备充足的能力偿还借款并支付利息，那么他们所面临的风险收益率也会相对较低；相反地，那些可能无法履行还款义务的公司应该被赋予更高的风险收益率。

‖示例 6-2‖　甲企业持有的票面金额为 20 万元（未计提减值准备）的债券是乙企业发行的 3 年期一次还本付息债券，年利率 5%，单利计息，评估时距离到期日还有 2 年，经评估发现其还本付息的能力较好，投资风险较低。以国库券利率 4% 为无风险收益率，风险收益率为 2%，评估其债券的价值。

分析过程：根据题意，折现率取 6%。按照公式（6-2），这个债券在到期时的收益和本金总和是：

$F = 200000 \times (1+3\times5\%) = 230000$（元）

根据公式（6-1），债券的评估值为：

$V = 230000 \times (1+6)^{-2} = 20470$（元）

（2）分阶段支付利息，到期时归还本金的债券。

评估其价值应使用收益法，其计算公式为：

$$V = \sum_{t=1}^{n} R_t (1+i)^{-t} + A(1+i)^{-n} \qquad (6-4)$$

式中，V 为债券的评估值；R_t 为第 t 年的预期利息收益；i 为折现率；A 为债券面值；t 为资产评估基准日距收取利息日的期限；n 为资产评估基准日到偿还日的时间段。

‖**示例 6-3**‖ 如例 6-2，假定该债券的偿还规则是每年付息，到期一次还本，现评估其价值。

$$V = 200000 \times 5\% \times (1+6\%)^{-1} + 200000 \times 5\% \times (1+6\%)^{-2} + 200000 \times (1+6\%)^{-3}$$

$$= 186258(元)$$

针对无法按时支付本金和利息的债券，评估员应通过研究分析预测，合理地确定其评估值。

第三节 股权投资评估

股权投资是一种通过提供资金（如现金、物质资源或者知识产权）来获得目标公司的股权并从中获利的投资方式。虽然股票交易本质上也属于这种类型的投资，但是由于其特殊的回报模式，因此后面对其估值方法单独进行讨论。

对于股权投资的评估，我们必须首先了解具体的投资方式、收益获取途径以及在被投资公司实际资本中的占比或者所有者权益的占比，然后根据各种情况，采用不同的评估手段。

知识链接

长期股权投资的概念与内容

长期股权投资是指投资方对被投资单位实施控制、有重大影响的权益性投资，以及对其合营企业的权益性投资，内容包括：

第一，当投资企业有能力控制投资单位时，即为对子公司的投资。

第二，对于那些能对其所投资公司产生重要影响的情况来说，虽然投资者可以参与到公司的财务及运营策略中去，但是他们并没有能力单独或与其他人一同制定这些策略。为了判断是否存在这种影响力，我们需要考虑到投资者及其他相关者手中持有该公司的当期可转股债券、当期可执行认股权证等可能影响投票结果的因素。如果投资者确实能在其投资的企业中发挥关键作用的话，那么该公司就应该被视为他们的合营企业了。

第三，当判断某一被投资公司是否属于合营企业时，需要符合合营关系的定义和分类标准。所谓合营关系是指一种由至少两家以上的企业共同掌控的情况。这种合作关系具备如下特点：所有相关者都受其制约；有至少两家及以上的相关者对其施加了共管权限。

一、股权投资的收益分配

在股权投资的过程中，投资者与被投资者会事先签署投资协议，明确规定投资方式、利润分配、投资期限以及到期时的资金处理方法和风险责任等关键条款。

常见的股权投资收益分配方式包括：①根据投资者出资金额的一定比例支付资金使用报酬；②按照被投资公司销售收入或盈利的一定比率提成；③根据投资总额占被投资公司实收资本的比重，参与对被投资公司净利润的分配。

在投资期结束后，对于投入的资本的处理方法通常包括：①根据实际投资产的变现价格进行现金回收；②以实物资产作为回收手段；③按照投资时的成本金额进行现金回收。

二、评估非控股型股权投资

对非控股型股权投资估价通常使用的是收益法：首先依据过去的盈利状况、目标公司的未来运营表现及其潜在的风险来预判可能产生的收益；然后利用合适的折现比率将其转换成当前价格以确定评价数额。有时也可能会运用到成本法。

非控股型股权是少数股权，投资者在经营管理方面并无主导地位，这应被认定为投资风险。因此，无论使用何种评估手段对待非控股型股权投资，都需要考虑到少数股权元素对其评估值的影响。

根据不同情况，具体评估方法如下。

①对于那些并非直接获取资金收益，而是获得特定权益或其他间接经济利益的投资，我们通过理解和分析，计算出相应的经济效益，并将其进行折现。

②对于期满回收资产的实际投资，我们可以根据协议将预估的收益转化为现金，再加上已经回收的资产的现金价值，来确定评估价值。

③在一些合同或协议中明确规定了长期投资的情况下，如果被投资企业运营良好且前景好，可以将应得的收益转化为现值进行评估。

④如果这个投资的时间周期较短且价值波动不大，被投资企业的财务状况与实际情况相符，那么可以依据核查后的被投资企业的资产负债表上的净资产数量，并参照投资者所占比例来确定评估价格。

⑤当未来收益不确定时，可以使用重置价值法来进行评估。具体做法是对被投资企业进行评估，确认净资产金额，然后根据投资方持有的比例确定评估值。

⑥对于那些明显没有产生经济收益，也无法获得任何经济权利的投资，应当按照零价值进行计算。

三、评估控股型股权投资

对于控股型股权投资，应当在对被投资企业进行整体评估之后再评估股权投资的价值，整体评估以收益法为主，特殊情况下可采用市场法，被投资企业整体评估的基准日应与投资方评估的基准日一致。

考虑因控股权和少数股权等因素产生的溢价或折价，评估人员在评估股东部分权益价值时，应在考虑适当及切实可行的情况下进行。且评估报告中必须披露是否考虑了控股权和少数股权等因素产生的溢价或折价的情况。

‖示例6-4‖　甲公司曾在2年之前同乙公司进行了联合运营，双方达成的协约中规定了10年的合作期限，并按照各自出资的比例来分享盈利。具体来说，甲公司的总投资额达到了300万元，包括100万元的现金及价值200万元的厂房，这占据了整个联合实体资金份额的30%。根据合同条款，当合作结束时，该厂房将归还甲公司。厂房年度折旧率是5%，净残值率为5%。经过评估员的深入研究，我们发现他们在合作的前2个年度里所获得的盈余分配状况如下：第一个年度实现了15万元的净利润，甲公司分得了4.5万元；第二个年度创造了20万元的净利润，甲公司得到了6万元。现在，联合体已然进入稳定的运作阶段，预计未来每年的收益率将会达到20%。考虑到小股东权益和其他潜在的风险问题，我们将折现率确定为15%。现对甲公司持有的乙公司股权投资进行估算。

分析过程：甲公司拥有的乙公司股权投资属于非控股型股权投资。厂房的年度折旧率为5%，10年后的折旧率是50%，而净残值率也是5%。因此，在使用期结束后，厂房的剩余价值达到了10.5万元。

本例可按投资协议规定，将未来应获得的收益和合营期满返还投资折为现值作为评估值。评估值计算如下：

厂房折余价值＝2000000－2000000×（1－5%）×50%＝1050000（元）

后8年收益现值之和＝3000000×20%×（P/A，15%，8）

＝600000×4.4873＝2692380（元）

投资回收现值＝1050000×（1+15%）$^{-8}$

＝1050000×0.3269＝343245（元）

评估值＝2692380+343245＝3035625（元）

第四节

股票投资评估

一、股票投资概述

股票是一种由股份有限公司发行的有价证券，用于证明股票持有者是公司股东，享有相应的权益，同时可以获得股息和红利。投资者通过购买公司股票来实现投资，并承担高风险、获取高收益。

1. 股票的种类

股票按不同的分类标准可分为不同的种类。

（1）按票面是否记名，把股票分成记名股票和不记名股票。

（2）按有无票面金额，把股票分成有面值股票和无面值股票。

（3）按股利发放和剩余财产分配的顺序来区分，把股票分成普通股和优先股。

（4）根据股票是否公开发行，可以将其划分为已经公开上市交易的股票和非上市交易的股票。

对于股票的价值评估，一般分为上市股票和非上市股票两种进行。

2. 股票的价格

股票的价格可分为票面价格、发行价格、账面价格、清算价格、内在价格和市场价格。一般来说，对股票价值的评估更倾向于参考清算价格、内在价格和市场价格，而与票面价格、发行价格和账面价值的关联不大。

第一，股票的清算价格，是指在发行股票的公司清算时，其净资产与总股票数量之间的比。

第二，股票的内在价格，作为一种虚拟的市场价或者理论值，是由分析师基于他们对于公司未来的盈利预估和折现率计算得出的股票价值。其高低取决于企业的财务表现、经营能力、成长潜力、市场环境及可能遇到的风险等多种因素。

第三，股票的市场价格即股价，指的是股票交易中所产生的价位。在股票市场相对发达和健全的环境下，公司的股票市值通常反映了市场对于该股实际价值的主观判断，因此部分情况下可以把市场价格视为股票的估值标准。然而，如果股票市场尚处于发展阶段且存在大量炒作行为，那么股票的市场价格可能无法准确地体现其实际价值。

二、评估上市股票的价值

公开发售并可在股市上流通的股票被称为上市股票。通常而言，对于这类股票的价格估算可以使用现行市价法，也就是根据评估日当天的收盘价来计算其价值。只有在股票市场健康发展且无任何违规操作的前提下，股票的市场价格才能准确反映出评估时的股票实际价值。如果股票市场波动较大或存在大量违规操作，那么我们需要采取其他方法去评估未上市的股票，例如，基于公司的运营表现和盈利水平等关键指标来衡量其内在价值，从而得出更精确的结果。

通常而言，对于那些期望短线交易的投资者来说，他们应该依据市价来估值；然而，若目标是长期的投资，那么内在价值应该是他们的主要考虑因素，并应把评估日市场的股价视为参照标准。此外，当有人持股上市公司以实现控制权的时候，常用的估值方法就是收益法。

‖**示例6-5**‖　一家被评估的公司持有750股上市公司股票，在资产评估基准日该股票的收盘价是60元。经过深入研究和分析，该股票的市场交易状况良好，那么在资产评估基准日，该股票的价值应为多少呢？

分析：该公司持有的上市公司股票评估值为资产评估基准日该股票收盘价与股数的乘积。

股票评估值＝750×60＝45000（元）

三、评估非上市股票

对于未公开交易的证券，通常会使用盈利估价方式来评价其价值，这包括全面考虑公司的运营状态与潜在风险、过去的获利能力及其分配记录、所属行业的收益等方面，以此科学地预判未来的投资回报，然后选取合适的贴现率以计算出相应的评估结果。针对普通股和优先股，分别应用差异化的评估方法。

1. 普通股的评估

对于未公开发行的普通股而言，其股利并不确定，而是由公司运营情况及获利表现决定。在估计普通股未来的收入及其折现过程中，需要深入理解和解析该公司的情况，重点关注如下几个方面：①公司的过往盈余记录和发展趋势；②所在行业的市场潜力、盈利性和稳健度；③高级管理团队的能力和创新精神；④公司的分红策略等其他相关因素。

股份公司的股利分配方式通常有固定红利型、红利增长型和分段型 3 种。针对这些不同类别的股息政策，采用各自独特的股票价值评估技术。

（1）固定红利型股利分配方式。

假设公司运营稳定，分配的红利是固定的，并且未来也能基本维持在一个稳定的水平。在这样的前提下，普通股的评估值可以用以下公式计算：

$$V = A/i \tag{6-5}$$

式中，V 为股票评估值；A 为股票未来年收益额；i 为折现率。

‖**示例 6-6**‖　一家正在接受评估的企业持有 M 公司的未公开发行的普通股总计 3.2 万股，每一股的票面价格为 1 元。经过对相关信息的深入研究和解析，我们发现这些股份每年产生的回报大约维持在 10%。同时，我们也了解到 M 公司运营状况良好且管理团队优秀，具备较强的管理技能。基于此，我们可以预见未来几年内，即使是保守地预计，他们的盈利能力也能持续达到 8%。考虑到这家企业的业务性质及其所在行业的整体发展趋势，我们将无风险收益率设定为 4%，而风险收益率也同样设为 4%，计算出这批股权的价值。

分析：折现率 $i=4\%+4\%=8\%$

评估值 $=32000\times10\%/8\%=40000$（元）

（2）红利增长型股利分配方式。

这种方式主要应用于发展中的公司股票的估值，其基本假定条件是公司没有把所有的利润都分配给股东，而是将一部分资金投入扩张和增产中去，因此，分红呈现出持续上升的状态。在这个背景下，普通股价值的基本公式如下：

$$V=\frac{R}{i-g} \tag{6-6}$$

式中，V 为股票评估值；R 为股票下一年收益额；i 为折现率；g 为股利增长率。

有两种方式可以用来计算股利增长率 g：第一种是通过对过往数年的实际分红数据进行统计分析来推算出平均增速，以此为基础得出的就是“股利增长率”；第二种则是基于公司的分红策略，将公司未分配盈利中的再投资比例和其净资产收益率相乘得到的值定义为“股利增长率”。

‖**示例 6-7**‖　一家企业持有非上市公司 D10 万股普通股，每股的票面价值为 1 元。经过评估团队的研究和分析，这些股票的年度股息达到了 24%，据调查，D 公司将净收益中的 20%用作向投资者支付股息，剩下的 80%则会被投入扩张与再生产的环节中。评估团队认为这个行业的未来前景看好，并且 D 公司具备强大的增长动力，预计其净资产收益率能维持在 8%左右。同时，他们也确定了无风险收益率为 4%，而风险收益率同样是 4%。确定该企业拥有的 D 公司的股票价值。

分析：

股票下一年收益额 $R=100000\times24\%=24000$（元）

无风险收益率 = 风险收益率 = 4%，则折现率 $i=8\%$

股利增长率 $g=80\%\times8\%=6.4\%$

股票评估值 $V=24000/(8\%-6.4\%)=1500000$（元）

（3）分段型股利分配方式。

该方法的基本理念在于：公司支付给股东的股利并不是一成不变的，而是随时间推移呈现出多样化的分配方式。通常情况下，我们可以把公司的盈利状况划分成两大阶段：首先，初始阶段，即新发行的股份及与之相关的预期收益可以较为准确地预估；其次，后期阶段，由于难以精确估计未来收益，我们设定从这一时刻开始计算，直至永远。此种分析框架对于股权价格的评估更为真实可靠。

在实际的计算过程中，初始阶段是直接将预期收益折现；后期阶段则可以选择固定红利或者红利增长模式，先将收益额资本化然后再进行折现。两个阶段的收益现值相加即可得出评估值。

‖**示例 6-8**‖　某公司持有 E 公司未公开出售的 20 万股普通股，每股的票面价格为 1 元。在持有期内，预计的年度股息回报率为 15%。经过深入的研究和分析，评价团队得出结论：在前 3 年里，这个股票将会维持 15%的收益水平；然而，自第 4 年开始，由于 E 公司新式装备的使用，收益率有望提升 5%，并一直延续增长下去。当前，国内债券的利率设定在了 4%，而考虑到 E 公司属于公用设施类别的企业，因此我们决定采用 2%的风险收益率来计算。现在，对这些股票的价值做出估算。

分析如下：

折现率＝4%+2%＝6%

前 3 年收益折现值＝200000×15%×（P/A，6%，3）

＝30000×2.673＝80190（元）

从第 4 年开始，我们将采用固定红利型的收益模式，根据公式（6-5），可以得到以下结果：

收益折现值＝200000×（15%+5%）/（6%-5%）×（P/F，6%，3）

＝40000/1%×0.8396＝3358400（元）

股票的评估值＝80190+3358400＝3438590（元）

2. 优先股的评估

在企业存续期间和结束阶段，优先股具有利润分享或者资产清算等方面的优势。当新股上市时，其固定的股息率就已经被设定好，这使得优先股的收益稳定，但优先股持有者在股东大会上没有表决权。因此，如果我们能确认一家公司正在稳健运营，那么我们可以通过预设的股息率来估算优先股的年度回报，并将其折现以获得评估值。

在优先股的评估过程中，我们需要关注的是公司是否具备充足的税后收益来满足优先股的分红需求。为了达到这一目标，我们需要深入研究并剖析公司的运营状态、盈利能力、优先股在总股本中的占比、股息水平高低以及企业的债务状况等。若发现公司可能面临无法偿付优先股股息的风险，那么我们就需依据实际情况对优先股的估值做出相应的调整。

‖**示例 6-9**‖　一家公司持有 G 染料工厂每股面值 100 元的优先股 1000 份，并且每年固定利息率为 12%。经过投资专家的研究，发现 G 染料工厂的财务结构并不完善，其债务比率偏高，这可能导致优先股股东分红受到负面冲击。因此，他们决定把持有的 G 染料工厂的优先股股息率设定为 5%，同时将其无风险收益率设定为 4%。现在需要对该公司持有的优先股进行估值。

根据上述数据，折现率 = 4%+5% = 9%

优先股评估值 $V=A/i=1000\times100\times12\%/9\%=133333$（元）

第五节
其他资产的评估

一、其他资产的定义

前面讲到资产按流动性质分类，一般分为流动资产、长期投资、固定资产、无形资产、递延资产和其他资产。其中的其他资产主要包括长期待摊费用和其他长期资产。如国家批准的特种储备物资、银行冻结存款、冻结物资以及涉及诉讼的财产等。

作为一种持续性的成本投入，长期待摊费用指的是公司已支付且其摊销期限超过一年的各类花费。这些可能包含了如股票发行的相关费用、初始建设阶段的花费（即开办费）、大型设备维修所需的费用、租入固定资产的改良支出等。

二、其他资产评估的范畴

待摊费用一旦发生便已消耗，但是可以为公司创造未来的收益，并且这些收益可以在之后的财务年度中弥补各种开支。待摊费用无法独立出售或者转移给他人，除非公司的所有权发生了变化，才会考虑对它的估价。从资产评价的角度来看，其他资产并非基于之前的付费金额来确定其价值，而是基于其能在资产评估基准日后为新业主带来的效益大小。因此，决定其他资产是否被纳入评估范围的关键在于看它们是否有能力在资产评估基准日后为新业主提供经济回报。

对于其他资产的评估，我们需要对其合法性、合理性、真实性及精确度有所了解。对其他资产的估价应基于它们被使用后仍能保持或获得的权利价值来决定，同时需注意避免将其和其他评估目标中的对象价值相混淆。例如，已经进行了重大维修或者改建的固定资产，其花费在大修和改建上的成本已包含在了该项固定资产的总价值内，因此，这部分待摊费用就不应该再次被评估。

三、其他资产评估的考虑因素

第一，对于其他资产的评估而言，我们需要深入研究其产生时的预付费用的数额、获取特定服务的期限及权限，并考虑资产评估基准日之后仍存在的有效期等问题。这些问题直接影响到未来的收益或者节省的开支，进而影响着其他资产的估值。

第二，对于初创企业的开办费的估算。这类费用是指公司在创建阶段产生的无法纳入固定资产或者无形资产价值的开销。涵盖了以下几类：建设初期雇员薪资、员工培训费、差旅费、办公费、注册登记费和那些不可归属于固定资产或无形资产购建成本的货币兑换损失、贷款利息等。根据当前会计制度，新成立的企业筹建期间发生的一切费用，应一次性计入当期损益。因此，假如一家公司不在筹建期间对这部分费用进行评估，那么就不需要对其进行评估。然而，若该公司选择在新设时期开展此项工作，可以依据账面价值来确定它的评估值。

第三，对于其他长期待摊费用的评估。例如，股票发行的相关支出，它们的效果可能会持续数年之久。因此，针对这些项目，我们需要根据公司的盈利情况、预期收入时间和货币的时间价值，以及当前的会计制度的规定等各方面因素来决定评估值。

第四，对于其他资产的估值而言，货币的时间价值的影响会依据受益期限的长度来决定。通常情况下，一年以内的影响不会被纳入考量范围，但若超出一年，则需视具体的情境及市场的变化情况去判断货币的时间价值要素。

第五，对于特殊储备物资、冻结存款、物资和涉及诉讼的资产的价值评估，需要根据实际情况进行分析并确定后再做出估算。

一、单项选择题

1. 对于上市交易的债券，最适合的评估方法是（　　）。

A. 价格指数法

B. 市场法

C. 收益法

D. 成本法

2. 在股票市场发展不完善、交易模式混乱的状况下，应以股票的（　　）作为评估标准。

A. 票面价格

B. 市场价格

C. 内在价值

D. 发行价格

3. 股票的清算价格是指（　　）。

A. 公司的净资产总额与其股票数量的比值

B. 公司的净资产总额与股票数量的比例再乘以一个折现系数

C. 公司的资产总额与其股票数量的比例

D. 将企业的资产总额与企业股票总数的比值乘以一个折现系数

4. 固定红利型股利分配方式是评估员对被评价的股票的（　　）。

A. 预期收益的一种假设

B. 预期收益的客观认定

C. 历史收益的一种客观认定

D. 预期收益的一种估计

5. 对于一次性偿还本金和利息的债券进行评估时，评估的标的是（　　）。

A. 债券本金

B. 债券本金加利息

C. 债券利息

D. 债券本金减利息

6. 将融资工具按照风险级别从小到大的顺序排列，下列哪种方式是正确的。（　　）

A. 股票、国债、金融债、公司债

B. 国债、金融债、公司债券、股票

C. 公司债券、股票、国债、金融债券

D. 股票、公司债券、金融债券、国债

7. （　　）是用来确定长期待摊费用作为评估对象的确认标准。

A. 摊销方式

B. 是否已摊销

C. 能否带来预期收益

D. 能否变现

8. 非上市债券风险收益率主要由（　　）决定。

A. 债券购买方的具体情况

B. 债券市场的状况

C. 发行主体的具体情况

D. 股票市场的状况

9. 通常，对于长期待摊费用等其他长期资产的评估会发生在（　　）。

A. 资产转让时

B. 企业纳税时

C. 企业财务检查时

D. 企业整体产权变动时

10. 理论上，无风险收益率是受（　　）的影响。

A. 资金的使用成本

B. 资金的投资成本

C. 资金的时间成本

D. 资金的机会成本

11. 通常可以使用（　　）对非上市交易的债券和股票进行评估。

A. 成本法

B. 市场法

C. 收益法

D. 清算价格法

12. 对于到期日距离资产评估基准日不足一年的非上市债券，采用（　　）方法来进行评估比较适合。

A. 本利和折现

B. 市场询价

C. 账面值

D. 本金加持有期利息

二、多项选择题

1. 在确定风险收益率时，需考虑被评估企业的（　　）。

A. 经营风险

B. 财务风险

C. 倒闭风险

D. 行业风险

E. 突发事件

2. 金融资产评估的特点包括（　　）。

A. 金融资产评估是对资本的评估

B. 对被投资公司的偿债能力进行评估是金融资产评估

C. 金融资产评估是对重置成本的评估

D. 金融资产评估是对被投资企业获利能力的评估

E. 变现能力的评估

3. 债券评估的折现率包含的内容是（　　）。

A. 无风险收益率

B. 企业收益率

C. 风险收益率

D. 债券利息

E. 债券获利年限

4. 尚未上市的普通股的股利分配方式主要可以分为（　　）。

A. 到期一次还本型

B. 红利增长型

C. 固定红利型

D. 分段型

E. 逐期分红，到期还本型

5. 作为一种投资手段，非上市债券与股票投资相比具有（　　）的特点。

A. 投资报酬率高

B. 投资风险较小

C. 收益相对稳定

D. 流动性强

E. 流动性较差

三、判断题

1. 对投资公司偿债能力的评估可以通过债券评估评定。（　　）

2. 根据市场法可以通过基准日证券市场中间价对上市交易的证券进行评估确定其价值。（　　）

3. 对于非上市股票和债券的评估，主要采用的是收益法。（　　）

4. 债券的价值评估完全基于其面额、预期收益和持有时间。（　　）

5. 确定无风险收益率主要依赖于证券发行者的实际状况。（　　）

6. 对比债权投资，长期股权投资具有更高的风险和收益。（　　）

7. 通常情况下，股票的价值评估与其内在价值并无直接关联。（　　）

8. 对于控股型长期股权投资的价值评估，首要任务是全面审查被投资公司。（　　）

9. 公司为了保护债券投资人的利益，在可转换债券中设定了赎回条款，这样更有利于投资者。（　　）

10. 国家债券是以政府信用为担保，因此不涉及任何风险。（　　）

11. 当市场利率高于票面利率时，债券的发行价高于其面值。（　　）

12. 由于优先股享有优先分配公司盈利和剩余财产权的权益，因此通常情况下，其获利水平会高于普通股。(　　)

13. 投资长期债券会比投资短期债券承担更大的风险。(　　)

四、计算题

1. 债券初始投资额是 15 万元，每年的收益率是 12%，3 年期限，并按年度支付利息直至到期日归还全部本金。此时的债券购买已经超过 1 年，并且相应的利息也已经被记录下来。同时，与之同期发行的国家公债的收益率是 8%，而经过计算的风险收益率则达到了 2%，因此 10%作为我们在估值过程中的折现率。试对这笔债券的价值做出评估。

2. 评估持有 20000 股 G 公司发行的每股面值为 10 元、年股息率为 15%的优先股的价值，评估人员确定了风险收益率为 5%，国库券利率为 7%，评估该优先股的价值。

3. 一家企业持有 M 公司非上市股份，其面额总市值达到了 120 万元人民币。根据持有股权时间分析，该公司的年度股息支付比例等同于股票面额的 10%。经过对该公司经营状况的研究，我们得知它仅用净收益的 70%来发放股息，剩余的 30%则用于公司的扩张和持续发展。这家公司有着强大的成长潜力，并且能够维持稳定的年化股本回报率（15%）。将折现率设为 12%，股利分配方式使用红利增长型，请估算出这部分投资所对应的 M 公司股票价值。

4. 经过审查，被评估企业是一家已经持续运营了 3 年的公司，拥有 140 万元的长期待摊费用。具体包括以下几个部分：对大型设备进行维护所需的大修费 105 万元、办公区域装饰花费 15 万元以及产品销售部门租赁的房屋费用 20 万元。值得注意的是，这笔 20 万元的租房支出是 5 年期的全部租金，目前只使用了 1 年时间，但并未开始分摊；另外两项费用（即大修费与装饰费）则按照 10 年期限来分摊。对此长期待摊费用进行估值。

5. 对面值 2 万元、期限 4 年且一次性还本付息债券进行评估，它的年利率为 5%，不计复利；同时我们注意到这笔投资已存在 3 年，并且当年政府发行的国库券利率为 4%。对该债券的价值进行评估。

6. 一家公司购入了总计 1200 份的债权凭证，每份的票面金额是 100 元，并且已经将其作为长期投资进行了记录，账面余额为 12 万元。这些债权的年利息率为 10%，期限为 3 年。此外，它们已经在股票市场中公开出售了。根据评估日期，这些债权在股市中的收盘成交价格是每张 110 元。试对这家公司的这笔长期债权投资进行估算。

7. 2023 年 1 月，甲评估机构对 A 公司进行评估，发现 A 公司持有 B 公司发行的 400 万股非上市普通股，每股面值 1 元。评估人员预测，从资产评估基准日起，前 3 年该股票的年收益率将分别为 5%、8%和 10%，第 4 年开始每股收益率将达到 12%。从第 6 年开始，B 公司每年将把税后利润的 80%作为股利分配，其余 20%用于再投资，同时净资产收益率将保持在 15%。若无风险收益率为 4%，风险收益率为 6%，求资产评估基准日 A 公司所持有的 B 公司股票的评估值（结果数值的单位为万元，保留两位小数）。

五、简述题

1. 解释长期投资评估的概念、特点。
2. 长期债权、股权投资的评估特点和方法是什么？
3. 在用市场法评估债券和股票价值时，应遵循哪些基本前提条件？
4. 什么是直接投资？如何评估一项直接投资的价值？
5. 如何理解股票的内在价值与市场价格，评估时如何选择？

▶▶ 第七章

流动资产评估

第一节
流动资产评估概述

一、流动资产及其特点

流动资产是指企业在生产经营活动中，能够在1年内或超过1年的一个经营周期内变现或者耗用的资产。它构成了企业总资产的一部分，并在企业的资产估值过程中被视为独立的评价目标。流动资产包含以下几类：货币资金、交易性金融资产、应收账款、存货及其他流动资产等。

知识链接

M企业库存材料评估

用以下材料价值评估过程说明流动资产价值评估过程。M企业的库存5种A类材料，其账面价格为53万元人民币，A类材料共分三批次购买：第一批次花费了4万元，当时的价格指数是100%；第二个批次则消费了5万元，价格指数提升至140%；最后一批采购量达到45万元，而此时价格指数已达200%。资产评估时的物价指数为180%。不计损耗，对A类材料进行价值评定。

分析过程如下：由于A类材料是不同批次购买的，并且其价格受到市场的强烈影响，因此我们需要按照当前的市场价格对其账面的成本进行重新计算。在这个例子中，我们的目标是使用物价指数方法为每个批次确定估值，最终汇总得到整体估值：

第一批A类材料评估值：40000×180/100=72000（元）

第二批A类材料评估值：50000×180/140=64286（元）

第三批A类材料评估值：450000×180/200=405000（元）

A材料总评估值=541286（元）

1. 流动资产的类型

在资产评估实务中，流动资产通常被划分为以下三种类型：

（1）实物类流动资产。

流动资产的实物化，指公司在生产和运营中储存的具备实体特征的资产，主要包括各类原材料、在制品、半成品、低值易耗品、包装物等。

（2）货币类流动资产。

能迅速变现的现金和存款等资产，包括现金、银行存款以及准备变现的短期投资。

（3）债权类流动资产。

没有固定实体形态的具备债权属性的流动资产，主要由各种应收和预付款项、待摊费用等构成。

2. 流动资产的特点

与固定资产相比，流动资产的特点如下。

（1）快速周转性。

周转速度快是流动资产的主要属性，流动资产仅在一个生产运营周期内便完成实物形态的转变，所有价值被完全转换至产品之中，成为成本开支的一部分，接着从销售收入中获得补偿。判定某项资产是否属于流动资产的关键在于观察它的周转状况。

（2）流动资产的数量是不稳定的。

因为流动资产需要持续地进行购买和售卖，受市场供求和季节变化的影响非常大，同时也受到外部经济环境、经济秩序等因素的限制。

（3）强大的变现力是流动资产的一大特征。

各类形式的流动资产都有可能在相对短暂的时间里被售出或者转手，展现了极强的变现力，这为公司向外付款及清偿负债提供了实质性的支持。然而，不同的流动资产类型在变现效率上存在差异，按照变现力的优劣顺序，首先是货币类资产，其次是短期投资，再次是容易变现的应收账款，最后才是存货。

（4）形态多样性。

各类企业和机构中的流动资产形态各异，即使是在同一家公司内部，各部门之间的流动资产形态也存在差异。然而总体来看，无论何种情况，流动资产通常以储备状态、生产状态、产品状态、现金状态或支付状态出现。根据其具体形态，可以将其划分为货币型流动资产、债务型流动资产、实物类流动资产及其他流动资产等几个类别。

二、流动资产评估的特点

由于流动资产的特性，它与其他资产评估方式相比，具备以下特征。

1. 流动资产评估是单项评估

流动资产的评估是基于其特性进行的单一资产的评估，而不需要依赖其全面盈利能力来进行综合价值的评定。

2. 在确定流动资产评估时，必须合理选择评估日期

对于资产估值而言，它旨在识别特定时间点的资产价格。然而，由于流动资产具有易变性和波动性，它们无法静止不动并停滞于某个特定的时刻。因此，我们需要选择一个相对精确的评估日期来确保流动资产的价格能准确反映该时的市场状况。通常情况下，我们会选择财务年度末这一天作为评估日，或者至少要保证这个日期能够匹配到我们的资产评估结果使用的时间。同时，我们也必须按照相关要求定期检查、核对流动资产的实际数量及账面价值，以避免出现重复或遗漏的情况。

3. 评估要掌握重点，分清主次

在对流动资产进行估值前，我们需严谨地执行资产清理流程，此举对于评价的质量有着决定性的作用。然而，由于流动资产通常规模庞大且类别繁多，因此清理任务十分艰巨，这就需要我们权衡评估时间与费用开支。针对各类企业及其流动资产的具体情况，应区分主要部分、关键环节及一般部分，并采取相应的策略来完成清理和评定过程。可以使用的清理方式包括抽查、重点清查和全面盘点。如果通过抽检核实无法确认初始数据或者清理盘点的准确度不高，则有必要扩展检查范畴直至所有流动资产被核查。

4. 账面价值基本上能够反映流动资产的现值

其快速周转性和强大的变现特性，使流动资产不需要考虑功能性贬值的影响（对于低值易耗品、包装物和长期闲置或堆积的物品需要考虑实体性贬值），并且在价格波动相对稳定时，资产的账面价值可以大致体现出流动资产当前的市场价值。因此，在某些特定的环境下，更倾向于选择历史成本法来评估流动资产。这也就意味着，流动资产的评估对公司财务记录有高度依赖性。

流动资产不具备单独获利的能力，属于单项资产，因而一般不用收益法评估。

三、流动资产评估的程序

1. 明确评估的目标和覆盖范围

被评估的目标和覆盖范围应根据经济活动所涉及的资产范围来设定。需要特别注意以下两个方面。

（1）明确流动资产的范围。

我们需要清晰地区分流动资产和非流动资产，避免把不属于流动资产的设备等视为流动资产，或把低价值易耗品等视为非流动资产，以防止重复评估和遗漏评估。

（2）确认即将评估的流动资产的所有权。

公司在估算前，必须先确定流动资产所有权的情况，例如那些由其他机构寄放在公司的物品或材料，虽然它们确实位于该公司内，但是由于它们的所有权并不属于这家公司，因此不能把这些东西纳入流动资产的评估范围内。同样，已经用作抵押担保品的流动资产也不应该包含在这个评估范围内。

2. 合理确定评估时点

在确定评估时点的过程中，应根据流动资产的特性，尽量同时考虑以下三个因素。

第一，为了方便使用会计信息，我们应尽量让评估的时间点与会计报表的时间相近。

第二，评估时点最好在评估期间或尽可能靠近。

第三，尽可能接近资产业务的实际发生时间，以避免或减少再次进行价格调整，这样有助于确保评估结果的可用性。

3. 查验核实被评估流动资产

通常会对三类流动资产进行审核：实物类流动资产、货币类流动资产以及债权类流动资产。

（1）对实物类流动资产进行检查。

这类资产主要包含以下几项：原材料、辅材、燃料、维修用的备用零部件、低值易耗品、包装物、外购半成品等储备性的资产等，包括正在生产的产品与自行制造的半成品（如在制品）、已经验收并存入仓库的完工产品。针对不同类型的实物，通常会采取实际计数或者估计的方式来确认其数量。

在检查过程中需要关注的是物品有没有出现腐烂、损坏或者贬值的情况，如果确实存在这些问题的话，可能需要执行品质测试及专业技术评价来理解该项资产的实际状态，从而判断它是否还有实用性和价值，并且确认它的技术特性及其级别是否与其所列出的资产目录保持一致。这个步骤对于准确估算实体类的流动资产价值至关重要。针对一些期限较短的库存如需冷藏保存的食物、有限期的药物或是化学溶液等，实施技术检验是非常必要的。通过企业内部的技术专家、管理者和评估员共同参与的方式，可以有效地开展各种商品的技术质量调研和检测工作。

（2）对货币类流动资产进行审查。

货币类流动资产包括现金、银行存款和其他货币资产。现金需进行实地盘点核查，银行存款则需通过银行对账来确认，其他票据则需通过银行对账或向相关单位核实。

（3）对债权类流动资产进行审查。

应收货款、其他应收款和预付款等都属于此类。

对于所有的债权，我们需要逐一核实或者实地检查，然后再依据实际情况对财务数据做出相应的修正。我们要特别关注公司的债务状况，通过研究其与其他公司之间的信用关系，并结合每一笔债务资产的具体经济属性、形成时间的长短以及尚未处理的原因等方面进行深入审查，从而全面判断各类债权收回的可能性和日期，同时也要考虑可能会产生的费用等问题。

4. 合理选择评估方法、出具评估结论

选择评估方法时，需要考虑到流动资产的种类以及其特性。

针对实体类流动资产，可以采取市场方法或者成本法。若产品的价格波动明显，那么应基于当前的市场价值来评估购买时价格偏低的库存，并对其按照最新的市场售价进行修正；而对于购买价格高的库存，除了参考当下的市场价格，还需研究产品的终极销售价格是否有提升的空间，或是该库存能否符合当下市场的售卖条件。

针对货币类流动资产，清查核实后的账面价值即为现值，无须使用额外手段进行评估。但针对外币存款，需根据资产评估基准日的汇率进行兑换。

对于债权类流动资产，应使用可变现净值进行评估。

第二节 实物类流动资产的评估

在流动资产评估中，实物类流动资产是主要的考量类型。这些实物类流动资产主要包含各种在产品、产成品、低值易耗品以及包装物等。

一、材料的价值评估

公司内的物资可以按照储存位置被划分为两类：已入库的物资与正在使用的物资。已经在制造过程中转化为产成品的或者半成品的物品不会再以独立的物资形式出现，因此，我们更关注的是对于剩余库存物资的估价。这些库存物资包含了各类主材、辅材、能源、维修备用零部件、包装物及低值易耗品等。

在评估库存物资时，可以根据购买的具体情况选择适当的评估方式。

1. 近期购进库存物资的评估

最近购进的存货材料存放时间不长，在市场价格变动较小的情况下，其账面价值接近市场价，可以选择市场法或成本法进行评估，这两种方法的评估结果相似。

‖示例 7-1‖　某企业的 Y 材料存货估值情况如下：这些材料是在两个多月之前由外部采购而来，其详细信息已登记于材料清单上，总量为 6000 千克，每千克的价格为 2000 元，并附带了 2400 元的运杂费。经核查，现阶段仍有 1000 千克未使用。根据以上资料，确定材料的评估值。

1000×（2000+2400/6000）= 2000400（元）

2. 对于批次间隔时间较长且价格波动较大的库存物资的评估

对于这类库存物资的评估，有两种可行的策略：一是直接以资产评估基准日市场价格为评定标准；二是选择最贴近市场价格的那批物料作为评定的计算依据。

值得注意的是，不同公司对于存货余额的计算方式有所区别，如先进先出法、后进先出法或加权平均法等。这些因素导致了财务报表上的存货余额存在差异。然而，这种计量手段的变化并不影响资产评价的结果，因为我们需要关注的是精确地核实现有的存货总数，并以此为基础来确认其估值。

‖示例 7-2‖　对某企业库存 b 材料的评估：其资产评估基准日为 2023 年 12 月 31 日。此种商品是分两个阶段购买的：第一阶段是在 2022 年的 1 月，共采购了 1500 吨，每吨的价格是 450 元；第二阶段发生在 2023 年的 11 月，总计采购量达到了 2000 吨，价格为每吨 500 元。到资产评估基准日，2022 年所购置的部分尚剩余 100 吨未消耗，2023 年所购部分还未被实际使用。当前市场价格为 600 元/吨，计算该材料评估值。

分析：我们仍需要评估的材料总量为 2100 吨，并且应根据当前市场价格 600 元/吨进行评估。

材料评估值 = 600×（100+2000）= 1260000（元）

3. 购买的时间较早，市场上已经不再销售，无法获得现行市场价格的库存物资评估

这种库存物资的现行价格无法直接在市场上获取，只能通过其他手段来确定其价值。

第一，利用查询替代品的价格变动信息来调整该物资的价格。

第二，通过观察该物资在市场上的供应和需求变动，来调整其价格。

第三，通过对比市场上同类商品的平均价格指数来调整该商品的售价。

4. 呆滞材料价值的评估

呆滞材料指的是公司从库存材料中清理出来需要进行处理的材料。由于长时间积压或者保存不当等问题导致了它们的实用价值降低。对于这种产品的估价首先对其数量与品质进行核实及确认，接着根据各种状况做出不同的评价。针对那些已损坏、腐坏、破碎、过期或无使用价值的物品，我们应该经过详细的数据分析，减去适当的贬值金额之后，得出它们真正的评估价格。

5. 盘亏、盘盈材料的评估

盘亏材料，由于没有实物，因此应该直接从待评估材料中剔除。

盘盈材料，由于未记录历史成本信息，可使用现行市价法或成本法来进行评估。

二、评估在产品的价值

企业的在产品是在原材料投入生产后，还未最终完成制造的产品，包括正在各个生产环节进行加工或装配的在产品，以及已经完成一个或几个生产步骤但尚未完全完成的半成品，或正在等待进行加工或装配的产品。对于外购的半成品，我们将其视为材料进行评估；而自行生产并可直接出售的半成品则被视作产成品进行评估。

在评估在产品时，除了需要核实数量，还应估算其完工情况。通常，我们会使用成本法或市场法对在产品进行价值评估。

1. 成本法

采用成本法时，我们需要基于对资产实物状况的详细检查与分析，利用相关的技术手段对其品质进行评定，然后按照当前的市场价位及其所需的相关费用重新计算出同等条件下产出的在产品应有的合理材料、人工和制造费用，以此为基础估算在产品的价值。此种方式适合于那些仍在持续生产且预期能带来收益的在产品，尤其适用长周期的在产品评估。而针对短周期内就能完成的产品，则更倾向于使用实际发生的成本，如果变现的风险极低，也可以考虑用账面价值进行适当修正。具体有以下三种方法。

（1）价格变动系数调整法。

价格变动系数调整法是一种基于产品实际成本，通过资产评估基准日市场价格变化进行修正，以计算出在产品重置成本。这个策略主要适用于生产运营良好且会计核算能力较强的公司。其计算公式如下：

在产品评估值 = 原合理材料成本 ×（1 + 价格变动系数）+ 原合理工资、费用 ×（1 + 合理工资、费用变动系数）　（7-1）

评估的具体方法和步骤为：

①对评估的产品进行技术审查，将不符合标准的产品的费用从总成本中剔除。

②对原有成本的组成进行分析，将不合理的开销从总费用中剔除。

③对在产品原始成本中的材料费用在生产准备期间到评估基准日的价格波动进行分析，计算出价格调整因子。

④对原始成本中的薪酬、燃料、动力以及制造费用等从初次生产到资产评估基准日的变化情况进行研究，计算出调整因子。

⑤依据技术评估、原始成本的分析以及各部分价值变动因子的计算，调整费用并确定评估标准。如有必要，从变现的视角对评估值进行修正。

产品的成本由三部分组成，即直接材料、直接人工和制造费用。制造费用是一种间接费用，而直接人工虽然是一种直接费用，在实际计算中比较难确定，因此在评估时通常将其与制造费用等合并为一项费用进行测算。

‖**示例7-3**‖　假设某家公司正处在某个制造过程中的半成品有300个，我们知道每个半成品需要使用100千克的铝材料，其市面价格为每千克10元人民币。根据对市场的研究，截至资产评估基准日，铝的价格上涨了10%。此外，这个半成品的累计单位工时定额40个小时，而每定额小时对应的燃料和动力成本是0.9元，员工薪资及其相关费用是20元，工厂运营开支是4元，企业的管理费用是8元。该在产品不存在变现风险。估算这种半成品的价值。

原材料成本 = 300×100×10 = 300000（元）

燃料和动力成本 = 300×40×0.9 = 10800（元）

工资成本 = 300×40×20 = 240000（元）

费用成本 = 300×40×（4+8）= 144000（元）

该在产品评估值 = 300000×（1+10%）+（240000+144000+10800）= 724800（元）

（2）现行市价法。

公式为：

在产品评估值 = 在产品实有数量×（该工序单位材料工艺定额×单位材料现行市场价格+该工序单件工时定额×正常小时工资、费用）（7-2）

使用此方法要注意以下几点：

①被评估在产品的完工程度。

②对产品相关工序的工艺定额进行评估时，首要考虑的是行业统一标准。如果没有行业统一标准，则根据企业现有的标准来确定。

③被用于评估在产品的材料的近期市场价格。

④被评估在产品的合理工时收费标准。

‖**示例 7-4**‖ 对某家公司的一种在产品进行估价，经过详细调查与核算，数量是 100 个，每个在产品的钢铁耗用量设定为 150 千克，而这种钢铁的市场当前售价是 2000 元/吨（即 2 元/千克），同时，每个在产品需要花费 100 个工时来完成，每小时工资及附加费定额为 0.50 元，制造费用定额为 0.60 元，企业管理费定额为 0.80 元，燃料和动力定额为 0.30 元。评估在产品价值。

分析：

在产品评估值 = 100×［150×2+100×0.50+100×（0.60+0.80）+100×0.30］

= 100×［300+50+140+30］

= 52000（元）

（3）约当数量法。

约当数量法的基本思想是，根据产品完成程度，将其数量转化为与已完工产品相等的数量（也就是约当数量）。接着，通过计算产成品的重置成本和约当数量来确定产品评估值。具体的计算公式如下：

在产品评估值=产成品重置成本×在产品约当数量 （7-3）

在产品约当数量=在产品数量×在产品完工程度 （7-4）

产品完工程度的确定方式有很多种，可以依据已经完成的工序步骤（或时间）与全部工序步骤（或时间）的比例来决定，也可以根据生产完成时间与生产周期的比率来设定。

‖**示例 7-5**‖　假设某个制造厂正在对一批在产的零部件进行估价，这些零部件共有 80 个，并且其原料是逐步被加入生产流程中的。这个批次在产品的原材料投入量为 75%，完成程度达到 60%。此外，每个零部件的标准成本如下：原材料定额为 1900 元，人工费定额为 200 元，其他相关开支的定额为 310 元。估算出这一批次待产零部件的价值。

在产品材料约当数量=80×75%=60（件）

在产品工资、费用约当数量=80×60%=48（件）

在产品评估值=60×1900+48×（200+310）=138480（元）

2. 市场法

对于常规生产的在产品，可以根据同类产品的市场售价减去销售过程中预计的花费来计算其评估值。

对已停产的在产品，以其能在市场上变现的价格进行评估。

①在产品具有高度的通用性，能够被用于替换配件时，其评估价值也相对较高。可通过以下公式来计算：

在产品评估值=在产品数量×市场可接受的不含税价格-预计销售过程中发生的费用 （7-5）

②如果产品不再生产，且难以在市场上销售的专用配件，只能根据废料回收价格进行评估。

‖**示例 7-6**‖　由于某产品的技术滞后，P 公司已经全面停产。现在，P 公司计划与 M 公司合并，并需要对其在产品进行价值评估。该产品原本的账面成本是 150 万元。经调研该批在产品按其状态及通用性可分为三类：

第一类：已从库存中取出，但尚未进行加工的原材料，可以根据实际数量、技术鉴定结果和当前市场价格来计算评估值，详见表7–1。

表7–1　　车间已领用尚未进行加工的原材料

材料名称	编号	计量单位	实有数量	现行单位市价（元/单位）	按市价计算的资产价格（元）
黑色金属	A001	吨	150	1.6	240
有色金属	A002	吨	3000	180	540000
有色金属	A003	吨	7000	12	84000
合计					624240

第二类：已制作成零部件，并可在市场上销售，具有良好的流通性。根据市场接受的现行价格、调剂过程中的花费以及调整的风险来确定评估值，如表7–2所示。

表7–2　　已经制作成零部件并能直接出售的在产品

部件名称	编号	计量单位	实有数量	现行单位市价（元/单位）	按市价计算的资产价格（元）
A	B001	件	1800	54	97200
B	B002	件	600	100	60000
C	B003	台	100	250	25000
D	B004	台	130	165	21450
合计					203650

第三类：对于那些无法销售的部件，也无法继续生产的在产品，只能按照废物回收价格来计算其评估值，具体情况请参见表7–3。

表7–3　　报废的在产品

在制品名称	计量单位	实有数量	单位在产品可回收废料	可回收废料数量	单件回收价格（元/单位）	按市价计算的资产价格（元）
D001	件	5000	35	175000	0.4	70000
D002	件	6000	10	60000	0.4	24000
D003	件	4500	2	9000	6	54000
D004	件	3000	11	33000	5	165000
合计						313000

在产品合计评估值为 1140890 元。

三、产成品及库存商品的价值评估

产成品与库存商品，涵盖了制造商已完成且已进入仓库的产品，也包含那些虽已完工并通过质检而未正式办理入库手续的产成品、商品流通企业的库存商品。这些产品可以直接用于出售，根据它们可能实现的现金流和市场上认可的价格，一般可以使用成本法或市场法来估值。

1. 成本法

采用成本法来评估产成品和库存商品，主要依据生产和制造这个最终产品的全过程中产生的费用来决定评估值。具体可根据以下两种情况进行：

①当资产评估基准日期接近于产成品完工日期，并且物价波动不大时，可以直接根据产成品的账面成本来确定。公式如下：

$$\text{产成品评估值}=\text{产成品数量}\times\text{产成品账面单位成本} \tag{7-6}$$

②在资产评估基准日和产品完工时间有较大差距且成本费用波动较大的情况下，我们采用两种计算方式：

$$\begin{matrix}\text{产成品}\\\text{评估值}\end{matrix}=\begin{matrix}\text{产成品}\\\text{实有数量}\end{matrix}\times\left(\begin{matrix}\text{合理材料}\\\text{工艺定额}\end{matrix}\times\begin{matrix}\text{材料单位}\\\text{现行价格}\end{matrix}+\begin{matrix}\text{合理工}\\\text{时定额}\end{matrix}\times\begin{matrix}\text{单位工时合理}\\\text{工资及费用开支}\end{matrix}\right) \tag{7-7}$$

或

$$\begin{matrix}\text{产成品}\\\text{评估值}\end{matrix}=\begin{matrix}\text{产成品}\\\text{实际成本}\end{matrix}\times\left(\begin{matrix}\text{材料成本}\\\text{比率}\end{matrix}\times\begin{matrix}\text{材料综合}\\\text{调整系数}\end{matrix}+\begin{matrix}\text{工资费用}\\\text{成本比率}\end{matrix}\times\begin{matrix}\text{工资费用综合}\\\text{调整系数}\end{matrix}\right) \tag{7-8}$$

‖示例 7-7‖　假设一家公司正在对他的产成品进行估价，当前的库存量是 100 个单位的产品，每单位产品的真实成本是 2000 元。据财务报告显示，该产品的制造过程中的主要开销材料和人工、其他杂费的比例分配为 3∶2。同时，考虑到近期的价格波动及相关的信息，我们决定采用 1.2 作为材料的修正因子，而对于人工及其他杂费则使用 1.1 作为修正因子。估算出这款产成品的价值。

产成品评估值 = 100×2000×（60%×1.2+40%×1.1）= 232000（元）

2. 市场法

此处的市场法是根据不含税的市场可接受价格，减去相关费用后确定产成品的价值。公式为：

产成品评估值 = 产成品实有数量×可变现比率× 产成品现行售价 − 相关费用（7−9）

‖**示例 7−8**‖ 一家公司拥有存货产品总计为 2000 个，所有都是一级品质且每批产品的生产成本都设定为 40 元，其未含增值税的单价定在了 100 元。评估时，经过质量检查人员的确认与评级后发现，其中有 200 个产品被认定为三级，这意味着它们的售卖价值仅相当于一级品质产品的 80%。预估销售这些产品需要支付的营销开支约为 4000 元。此款产品有着良好的市场需求。计算这批产品的价值。

产成品评估值 = 1800×100+200×100×80% − 4000 = 192000（元）

市场法评估产成品及库存商品需注意的要点包括以下几个方面。

①产品的价值主要由其使用价值决定。评估员需要对产品自身体现的技术和内在品质进行评估，确认产品的实际使用价值和技术级别，以此来设定合理的市场价格。

②对产品的市场需求和前景进行分析，有助于确定其合理的市场价格。

③应以公开市场上产品的最新交易价格为参考来决定市场价格，非正常交易的价格不能被用作评估标准。

④根据产品的损坏程度，如表面的缺陷等，我们可以通过调整系数来调整其实体性贬值金额。

采用市场法进行评估，市场价格包括了成本、税收和盈利的元素。对这些因素的处理应根据产品成果评估的各种目的和性质来决定，具体的评估值可以参考不同的销售状况。公式如下：

①非常畅销的产品：

产成品评估值 = 出厂售价 − 销售费用 − 全部税金（7−10）

②正常销售的产品：

产成品评估值=出厂售价-销售费用-全部税金-适当的税后净利润　(7-11)

③勉强能销售出去的产品：

产成品评估值=出厂售价-销售费用-全部税金-全部税后净利润　(7-12)

④产品在滞销和积压情况下，我们可根据回收产品可以获得的净收益进行估算。

‖示例 7-9‖　对一家工厂生产的某产品进行估值。依据其财务报告和评估团队的研究结果，我们了解到，资产评估基准日该产品账面价值为 595000.54 元，存货量是 20 万件，每件包含了增值税的出厂价为 15 元。同时，我们也了解到该产品的销售费用率为 3%，销售税金及附加占销售收入的 2%，利润率为 15%。尽管市场竞争非常激烈，但是这家公司经过努力有能力将其产品推向市场。此外，他们公司的增值税比例设定为 17%。

分析：该产品属于勉强能销售出去的产品，那么：

产品的评估值=200000×（15/1.17）×（1-3%-2%-15%）=200000×12.82×0.8

=2051200（元）

四、低值易耗品的评估

尽管不是固定资产的一部分，但是可以反复利用并且能够维持实物形态的劳动资料被定义为低值易耗品。这种资产既具有重复使用的特点，也具备一定程度上的实体保存能力，因此在使用期间可能需要修理或更换零件，而且在淘汰的时候也会有一定的剩余价值，这些都与固定资产相似。然而，由于它们的价格相对较小，通常会被视为材料而非固定资产进行处理。由此可知，低值易耗品实际上是一类特定的劳动资料。各行各业对于固定资产及低值易耗品的分类准则并非一致，所以在评价的过程中应该根据它们在公司内的角色去决定是否属于低值易耗品。

1. 低值易耗品的种类

低值易耗品从评估的角度主要按以下标准进行分类。

①根据低值易耗品的用途进行分类，可被划分为一般工具、专用工具、替换设备、

管理用具、劳动防护用品和其他低值易耗品等。

②根据低值易耗品的使用状况进行分类，可将其划分为在库低值易耗品和在用低值易耗品。

2. 低值易耗品的评估方法

（1）在库低值易耗品的评估。

对于在库低值易耗品的评估，可采用与库存材料评估相同的方法，视具体情况而定。

（2）在用低值易耗品的评估。

对于评估在用低值易耗品的价值，可以采用成本法。具体公式为：

在用低值易耗品评估值 = 全新低值易耗品的成本价值 × 成新率　　（7-13）

成新率=（1-实际已使用月份/可使用月份）×100%　　（7-14）

全新低值易耗品的成本价值可通过以下方式确定：在物价波动不大的情况下，可以直接使用这些易耗品的账面价值；如果物价波动较大，可以直接使用评估基准日的市场价格，也可以通过账面价值乘以物价变动指数来计算。

由于低值易耗品的使用寿命相对较短，通常不会考虑其功能性和经济性的贬值。在确定成新率时，应根据其实际损耗情况来决定，而不能完全依照它们的摊销方式（一次性摊销或分批摊销）来决定。

‖**示例7-10**‖　一家公司的一种低值易耗品，原价为2500元，预计使用1年，到评估基准日已经使用了9个月，当前市场价为2000元，计算该易耗品的评估价值。

根据公式可得：

低值易耗品的成新率=（1-9/12）×100%=25%

评估值=2000×25%=500（元）

第三节

货币类资产及债权类流动资产的评估

现金和各种银行存款被划分为货币类资产。应收账款、预付账款、应收票据、短期投资和其他费用等被归为债权类流动资产。

一、货币类资产的评估

货币类资产是指包括现金、银行存款和短期内准备变现的短期投资在内的、以货币形态存在的资产。

1. 现金、银行存款的评估

针对货币类资产的评估，特别是对现金及银行存款的评估，主要集中于金额的确切核查。需对现金进行盘点，同时对比现金日记账和现金总账，确保账实一致。关于银行存款，需要通过信函验证其实际余额。在评估过程中，必须依据经过确认的真实数量来确定评估值，若存在外币存款，则应当根据资产评估基准日的国家外汇价格将其转换为人民币后计算。

2. 短期投资的评估

公司通常会使用临时闲置的多余资金来购买可以快速出售的金融资产，这被称为短期投资。针对那些可以在证券市场公开交易的有价证券，我们可按照它们的市值（即截至评估日当天的收盘价格）作为估算依据；而对非上市有价证券，可以通过本金加上持有期间收益来评估其价值。

二、应收账款和预付账款的评估

在企业运营中，应收账款和预付账款是由于赊销等原因而尚未收回的款项以及根据合同规定提前支付给供货单位的货款。这两者在评估时具有相似的性质。

鉴于应收账款存在回收的风险，因此在评估过程中需要判断并预测坏账损失之后确定应收账款的评估值，基本的计算方法：

应收账款评估值=评估时应收账款额-已确定的坏账损失-预计坏账损失　(7-15)

1. 应收账款额的确定

对于应收账款的估值过程，我们需要对其进行彻底检查和确认其具体数额。评价员需执行账目与实物对照、财务报表对比等工作，同时尽量按照客户清单发送询问信件，以便了解每一笔应收账款的具体日期、金额、债权人的基本状况等信息，从而作为预测坏账损失的基础数据。此外，还应对机构内部独立核算部门之间的交易账户进行双边核查，防止重复或遗漏记录的情况发生。

2. 已发生坏账损失的确认

已发生的坏账损失是指在评估时就已经能够确认不能收回的应收账款。通常把两类预期的收入视为坏账：第一种是债务人死亡，以其破产或者遗产清偿后，仍然不能收回的应收账款；第二种是因债务人逾期未履行偿债义务超过三年仍然不能收回的应收账款。在评估确定应收账款价值时，必须在计算应收账款价值时进行减除。

3. 预计坏账损失的确认

确认预期的坏账损失，也就是对预期应收账款能否回笼做出判定。其关键因素包括：交易关系的紧密与否和依赖度；借款方的还款能力和信誉状况；追讨的能力和因互相拖欠导致的“三角债”因素等。

估计预计坏账损失的主要方法有：

（1）坏账比例法。

可根据被评估企业前数年（通常为3~5年）的实际坏账损失额与应收账款发生

额，确定坏账发生的比例，再根据该比例和全部应收账款的数额来估算其预计坏账损失。计算方法为：

$$坏账比例 = \frac{评估前若干年发生的坏账数额}{评估前若干年应收账款余额} \quad (7-16)$$

如果企业的应收账款多年未核销，账面上未涉及坏账的处理金额，就不符合坏账比例法的应用。

‖**示例 7-11**‖　在评估某公司的应收账款时，依据其过去的财务状况来预测其坏账损失。

据账目显示，截至评估基准日，应收账款账面余额为 2000 万元，前 4 年的应收账款发生情况及坏账损失情况如下：

表 7-4　　应收账款发生情况及坏账损失

在产品名称	应收账款余额（万元）	处理坏账金额（万元）
第一年	280	32
第二年	315	15.2
第三年	360	20
第四年	445	22.8
合计	1400	90

按式（7-16）计算前 4 年坏账比例为：

坏账比例 =（90/1400）×100% = 6.43%

预计坏账损失额 = 2000×6.43% = 128.6（万元）

（2）账龄分析法。

通过比较应收账款逾期天数来预测可能的收回额和潜在的坏账风险。应收账款能否成功收回，主要取决于它们的逾期时长。通常来说，逾期越久的应收账款发生坏账的风险更高，因此预期的收回额度也相对较小。所以，此种策略的主要目的是把应收账款按照逾期日期划分类别，并针对每个类别的应收账款计算出它们出现坏账的可能性和相应的预期坏账损失，以此估算总体上的坏账损失金额。

‖**示例 7-12**‖　请参考表 7-5 查看某公司应收账款的具体情况，表 7-6 是评估人员对预计坏账的分析。请对其应收账款的价值进行评估。

表 7-5　　应收账款的账龄情况

欠款单位	总金额（元）	其中：未到期（元）	其中：已过期			
			半年	1年	2年	3年以上
A	1300000	560000	210000	150000	190000	190000
B	730000	360000	170000	70000	60000	70000
C	590000	160000	160000	132000	64000	74000
D	380000	106000	84000	40000	64000	86000
合计	3000000	1186000	624000	392000	378000	420000

表 7-6　　预计坏账损失分析

账龄	应收金额（元）	预计坏账损失率	坏账金额（元）
未到期	1186000	2%	23720
已过期：半年	624000	12%	74880
1年	392000	18%	70560
2年	378000	26%	98280
3年以上	420000	52%	218400
合计	3000000	—	485840

应收账款评估值＝3000000－485840＝2514160（元）。

评估应收账款以后，“坏账准备”这一科目应被设定为0，这是由于它作为应收账款的备抵账户，它的数额是由会计规定的比例来计提的。然而，对应收账款进行估算的时候，依据是真实回收的可能性，已包含了潜在的坏账风险。

对预付账款的评估可以参考应收账款的评估方式。

三、应收票据的评估

应收票据是由付款人或收款人签发的，由付款人承兑、到期时无条件付款的一种书面凭证，在我国主要指商业汇票。商业汇票可依法转让背书，也可向银行申请贴现，可分为带息和不带息商业汇票；根据承兑人不同也可分为商业承兑汇票和银行承兑汇票。对应收票据的评估可采用两种方法。

1. 按票据的本利和计算

商业汇票存在带息和不带息的区别，因此，对于带息的汇票，其评估值是本金与利息的总和；而对于不含息的汇票，其票面金额就等同于评估值。计算公式为：

无息票据评估值=票面金额

有息票据评估值=票面金额×（1+利息率×时间）　　(7-17)

‖示例7-13‖　一家公司持有一张期限为1年、票面金额为30万元的汇票，每月的利率是2%。到资产评估基准日，还剩下3个月到期。根据公式（7-17），计算该汇票的评估价值。

30×（1+2%×9）= 35.4（万元）

2. 按票据的贴现值计算

计算应收票据的评估值时，可根据票据的贴现值与资产评估基准日到银行贴现所获得的贴现额进行计算。计算公式如下：

应收票据评估值=票据到期价值-贴现利息　　(7-18)

不带息的票据在到期时价值等于票面金额，而带利息的票据在到期时价值等于本金加利息的总和。公式为：

贴现利息=票据到期价值×贴现率×贴现期　　(7-19)

‖示例7-14‖　如上例，假设银行的贴现率为每月1.2%，评估应收票据的价值。根据式（7-19），

贴现利息=30×（1+2%×12）×1.2%×3=1.34（万元）

根据式（7-18），应收票据评估值=30×（1+2%×12）-1.34=35.86（万元）

四、预付费用的评估

企业在资产评估基准日之前已经支出的，在评估日之后才能产生效益的特殊资产，例如提前缴纳的租赁和保费等，我们称之为预付费用。这实际上是代表着将来可以获

得服务的一种权益，因此，对预付费用的估值就是对其未来的潜在利益进行评价，主要依赖于预期产生利润的时间。然而，假如预付费用的所有效益都已经在评估日前全部体现，只是因为金额巨大而采用分阶段摊销的方式处理，那么这类预付费用在评估过程中应被视为零值。只有那些在评估后仍然能继续起作用的预付费用，才有必要在评估时显示出它的实际价值。

‖**示例 7-15**‖　M 公司确认 2023 年 6 月 30 日为资产评估基准日。确认了以下事实：年初支付了一整年的保费共计 480 万元；尚未分摊完毕的低值易耗品金额按照当前的市场价计算，其估值达到了 36 万元；另外还有一笔已提前支付的总计 120 万元的房子租金，租赁期限为 5 年，目前还剩 3 年可供使用。

预付费用评估过程如下：

(1) 评估预付保费。

每期分摊数额 = 480/12 = 40（万元）

保费评估值 = 6×40 = 240（万元）

(2) 评估低值易耗品。

低值易耗品评估值 = 36（万元）

(3) 评估房屋租金。

每年的租金 = 120/5 = 24（万元）

房租评估值 = 24×3 = 72（万元）

资产评估基准日的预付费用评估值 = 240+36+72 = 348（万元）

本章习题

一、单项选择题

1. 在使用成本法评估低值易耗品时，应以（　　）作为确定其成新率的评估标准。

A. 已摊销数额

B. 尚未摊销数额

C. 实际损耗程度

D. 已使用月数

2. 在评估上市有价证券时，通常根据评估基准日该证券的（　　）来计算评估值。

A. 最高价

B. 最低价

C. 收盘价

D. 中间价

3. 某公司在4月初预先支付了6个月的房租，总额为240万元。当年6月1日对其进行评估时，这笔预付费用的评估价值是（　　）万元。

A. 200

B. 160

C. 120

D. 40

4. 计算应收账款评估值的基本公式：应收账款评估值=（　　）。

A. 应收账款账面余额-已确定坏账损失-坏账损失

B. 应收账款账面余额-坏账准备-预计坏账损失

C. 应收账款账面余额-已确定坏账损失-预计坏账损失

D. 应收账款账面余额-坏账损失-坏账准备

5. 通常情况下，“坏账准备”科目的总金额等于（　　）才是对“应收账款”进行评估之后的结果。

A. 应收账款的0.3%~0.5%

B. 评估确定的坏账数额

C. 0

D. 按账龄分析确定

6. 流动资产评估主要是（　　）。

A. 整体资产评估

B. 获利能力评估

C. 单项资产评估

D. 综合价值评估

二、多项选择题

1. 评估产成品及库存商品的主要方法（　　）。

A. 成本法

B. 市场法

C. 年金法

D. 分段法

E. 假设开发法

2. 对库存材料的变现价值进行评估，需要关注以下（　　）因素。

A. 被评估材料的变现风险

B. 被评估材料的变现费用

C. 被评估材料的成本

D. 市场价格的选择

E. 竞争者库存总量

3. 有关流动资产评估的说法正确的是（　　）。

A. 在一般情况下，最理想的评估方式是将货币类流动资产以其账面原值作为基准

B. 根据可变现净值对债权类流动资产进行评估

C. 一般情况下，在评估流动资产时，通常无须考虑资产功能性贬值因素

D. 通常情况下，实物类流动资产的评估方式包括成本法和市场法

E. 流动资产与固定资产评估方法一致

4. 企业流动资产评估的内容包括（　　）。

A. 外埠存款

B. 库存的外单位委托加工的材料

C. 处在生产过程中的在产品

D. 代为其他企业保管的材料物资

E. 设备

5. 在评估应收账款和预付账款时，确定坏账的方法包括（　　）。

A. 坏账比例法

B. 账龄分析法

C. 财务制度规定的3‰~5‰

D. 账面分析法

E. 余额法

三、判断题

1. 对于流动资产的评估要考虑其综合获利能力。(　　)

2. 可以直接根据企业账面记录的数据来填写流动资产的评估清单。(　　)

3. 对于那些购买的时间较早，在市场上已经销售完毕，且没有明确的市场价格的库存物资，可以依据其账面价值进行评估。(　　)

4. 将外币存款转化为人民币时，通常应根据资产评估基准日的当天外汇牌价进行转换。(　　)

5. 评估值可以直接使用低值易耗品的账面余额。(　　)

6. 在评估长期待摊费用时，通常应根据其产生的具体资产价值来进行。(　　)

7. 截至资产评估基准日前，已经确认未来无效益的预付费用，其评估价值为零。(　　)

8. 只有按市场价格才能评估债权类流动资产（如应收账款、预付账款和应收票据等）。(　　)

9. 无论产品是否能够销售，都应以其正常的出厂价格来确定评估值。(　　)

10. 对于热销的商品，可以通过将其出厂销售价格扣除销售费用和所有税款得出权益评估值。(　　)

11. 一般在评估产品时会使用成本法或市场法。(　　)

12. 对于存货价值的评估，企业使用不同会计计价方式会产生不同的结果。(　　)

13. 因为流动性资产的流动性强、变现能力强和形态多样化等特点，通常不会考虑它的功能性贬值。(　　)

14. 商业公司的库存商品通过可变现净值进行评估。(　　)

15. 对于低值易耗品和滞销、积压的流动资产，其实体性贬值的计算是适用的，而在其他流动资产中则不计算。(　　)

四、计算题

1. 当前正在对一家公司的在产品进行估值，相关数据包括：该在产品的账面总价是 600 万元，经过质检员与技术专家的审核确认，发现在这些在产品中有 300 个属于 A 类的次品，每件的账面价格是 50 元，预估可以回收利用的残余物料价值达到 1800 元。

这个批次的产品成本里，原料费用占据了 70%的比例，而用于生产的原材料从开始制作至评估截止日的期间内，价格上升幅度达到了 12%。请确定这批在产品的市场价值。

2. 一家保健品厂生产的口服液十分畅销，营销网络十分强大，因此引起了某集团的兴趣，希望收购该保健品厂。在评估过程中，对该厂库存口服液进行了评估，发现账面价值为 208950 元，2000 瓶，账面记录的成本单价是 105 元/瓶，出厂价格为 140.44 元/瓶（含增值税）。根据调查结果，销售费用约占销售收入的 3%，税金及附加约占销售收入的 2%，销售利润率为 20%，所得税税率为 25%，确定该产品的评估价值。

3. 对甲公司的在产品进行评估，这类在产品总共有 90 件，生产用材料已经投入了 80%，完工程度是 50%。该产品制作出来的产成品单位材料定额为 2000 元，工资定额为 200 元，其他费用定额为 200 元。评估这些在产品的价值。

4. 评估 A 公司的产成品。A 公司实际拥有产成品的数量是 200 件，每件成本是 50 元。依据公司财务报告数据，制造此种商品所需的原料花费和员工、其他开销比例为 7∶3。考虑到当前市场的变化趋势及相关的信息，我们决定把原料综合调整因子设定为 1.05，而人工费、其他杂项的综合调整因子则设定为 1.12。评估其价值。

5. A 公司出售给 B 公司的商品使用了商业汇票作为支付方式，总金额达到了 4000 万元，有效期是 6 个月。该公司在 1 月 20 号发出汇票，经过对方的确认后被接受。汇票将于 7 月 20 号到期。评估团队在 4 月 20 号进行评估，因此得出了 90 天的贴现期，并且按照每月 1.8%的贴现率贴现。评估商业汇票的价值。

6. 甲公司卖给乙公司一批货物，总金额是 1000 万元，双方约定 10 个月之后付款，采用的是商业承兑汇票支付方式。乙方在 2 月 10 发出汇票并且已经完成承兑。这个汇票的有效性截至 12 月 10 号。现在需要对甲公司的资产进行估值，以 6 月 10 号作为资产评估基准日，贴现率为 6%，评估这笔汇票的价值。

五、简述题

1. 简述流动资产的概念和特点。

2. 流动资产评估的基本程序是什么？

3. 采用哪些办法评估企业的库存材料、在产品、产成品、低值易耗品？

4. 为确定可能发生的坏账损失，应收账款应如何分类？

5. 评估应收票据的价值可采用哪两种方法？

▶▶ 第八章

企业价值评估

第一节
企业价值评估概述

一、企业和企业价值的特点

随着市场经济的逐渐发展与日益活跃，公司间的产权变更交易变得越发普遍且重要，这使我们必须对企业价值做出适当估值以确保其公平性和合法性，以使其作为买卖双方决策的依据，这个过程就是所谓的“企业价值评估”。企业价值评估在欧美等地区的商业领域里已经有超过一百年的历史，然而在我国它出现的时间相对来说晚一些，目前还在不断的改进、更新中。中评协于2004年发布的《企业价值评估指导意见（试行）》，为我国的企业价值评估提供了规范性的指导意见，对提升国民在该领域的知识水平有着重要的意义。企业价值评估的方法对其他事业单位或实体机构的整体价值评估也起着重要的参考作用。

企业是以盈利为目标，依照法律规定设立的，通过各种要素资源构建一个具备生产和营运能力以及获取收益能力的经济实体。

1. 企业的特点

企业作为一类特殊的资产，其特点主要表现在以下几点。

（1）营利性。

企业的运营宗旨就是实现盈利。其功能是根据公司的生产和经营领域，主导其生产流程或服务流程，将各种资源有效地整合，创造出自己的商品或服务供给消费者，并从中获取收益。

（2）持续经营性。

企业的生存与发展依赖于其运营活动，并且需要通过优化资源配置来实现利润最大化。为了达到这一目标，公司需确保各项业务元素得到最优运用。然而，许多因素会影响到这些元素的最优运用，其中之一就是公司的连续运营能力。由于固定费用无法因为停工而减少，因此，一旦公司停止或中断营业，就会增加总体费用支出，从而削弱了盈利的可能性。因此，持续营运被视为公司的一项关键特性。

（3）整体性。

尽管每个组成公司的元素资源都有其独特的特性，但在满足特定的系统目的的前提下，这些元素被整合到公司这个统一实体中。单个元素的功能或许并不完美，但是当他们结合起来时，可以形成一个具备优秀总体效能的资源集合。然而，即使是单一元素表现良好的功能，若它们的相互配合出现问题，那么由这部分组装出的公司的整体效果也可能会受到影响。

2. 企业价值的特点

企业价值的主要特点是整体性，企业价值不是公司内各种单一的有形与无形资产的总和，而是受这些资产之间的协同效应的影响。投资者认为公司的价值主要基于其收益状况，公司的所有资产都是为获取利润服务的，因此，如何合理分配和有效使用各类型资产对于提升公司的盈利能力，进而提高公司价值至关重要。

知识链接

开展企业价值评估的作用

1. 企业价值最大化管理的需要

我国现阶段会计信息失真，会计信息质量不高，在实质上影响了企业财务状况和经营成果的真实体现。企业通过账面价值的核算，常常无法对其自身经过长期开发研究、日积月累的宝贵财富——无形资产的价值进行确认。

企业价值评估帮助企业对这些会计失真信息予以关注，充分了解会计失真信息因素，并进行正确的处理，以克服因会计失真信息导致的其他资产评估结果不实的情况。避免企业价值被异化从而影响了企业价值评估的准确性。

重视以企业价值最大化管理为核心的财务管理，企业理财人员通过对企业价值的评估，了解企业的真实价值，做出科学的投资与融资决策，不断提高企业价值，增加所有者财富。

2. 企业并购的需要

企业并购过程中，投资者已不满足于从重置成本角度了解在某一时点上目标企业的价值，更希望从企业现有经营能力角度或同类市场比较的角度了解目标企业的价值，这就要求评估师进一步提供有关股权价值的信息，甚至要求评估师分析目标企业与本企业整合能够带来的额外价值。同时资本市场需要更多以评估整体获利能力为目标的企业价值评估。

3. 量化企业价值、核清家底、动态管理

对每一位公司管理者来说，知道自己企业的具体价值，并清楚计算价值的来龙去脉至关重要。市场经济体制下，无形资产已逐渐受到重视，而且越来越被认为是企业的重要财富。在国外，一些高新技术产业的无形资产价值远高于有形资产，我国高新技术产业的无形资产价值亦相当可观。希望清楚了解自己家底以便加强管理的企业家，有必要通过评估机构对企业价值进行公正的评估。

4. 企业价值评估是投资决策的重要前提

企业在市场经济中作为投资主体的地位已经明确，但要保证投资行为的合理性，必须对企业资产的现时价值有一个正确的评估。我国市场经济发展到今天，在企业各种经济活动中以有形资产和专利技术、专有技术、商标权等无形资产形成优化的资产组合作价入股已很普遍。合资、合作者在决策中，必须对这些无形资产进行量化，通过评估机构对无形资产进行客观、公正的评估，评估的结果既是投资者与被投资单位投资谈判的重要依据，又是被投资单位确定其无形资本入账价值的客观标准。

5. 企业价值评估是扩大、提高企业影响力，展示企业发展实力的手段

企业形象问题逐渐受到企业界的重视，名牌商标的宣传已经成为企业走向国际化的重要途径。企业拥有大量的无形资产，给企业创造了超出一般生产资料、生产条件所能创造的超额利润，但其在账面上反映的价值是很低的。所以企业价值评估及宣传是强化企业形象、展示发展实力的重要手段。

6. 增加企业凝聚力

企业价值评估结果不但可以向公司外的人传达企业的健康状态和发展趋势，还可以向公司内所有员工传达企业信息，培养员工对本公司的忠诚度，以达到凝聚人心的目的。

二、企业价值评估的目的、前提和范围

1. 企业价值评估的目的

（1）以企业并购为目的。

实践证明，并购是一个高效且低成本的企业发展路径。对被收购公司进行价值评估，可以为被收购公司和执行并购的公司在谈判价格和相关决策时提供有用的参考，同时也能减少并购活动的风险。

（2）实现企业价值管理。

作为一种新的趋势，现代公司管理的核心是追求公司的潜能提升，并以此实现其商业目标，即把重点放在挖掘、发展与利用组织的内在潜力上；而对于经理人来说，他们的业绩越来越依赖于他们如何能够有效推动企业价值增值的能力。这种企业价值管理关注的是整个机构盈利能力，并且会根据需要来设计或执行合适的策略方案，以确保所有运营决策都有益于提高投资者的资产收益。

（3）为风险投资提供决策依据。

对于初创科技公司来说，如果没有风险投资人提供的支持，要实现快速的扩张是非常困难的。为了吸引到这些投资者，初创期的科技公司需要展示出他们的投资潜力并被风险投资人所认同。这种情况下，他们可以借助专业的第三方机构对潜在投资对象进行估值分析，从而为其投资决策提供有力的依据。这样做的目的是确保风险投资人能够做出正确的选择，也可以更好地促进高科技产业的发展。

2. 企业价值评估的前提

企业估值往往是为了满足企业产权转让或交易的需要，因此它指的是企业的市场价值。由于企业是一种独特的商品，能够在市场上流通并被购买，这得益于它的盈利潜力。这是企业估值的核心要素，同时也是我们在做企业估值时应该重点关注的前提。另外，我们还需要在企业估值过程中明确定义另一个重要标准，那就是是否继续运营，因为对于那些面临倒闭清算的企业来说，他们的估值同样属于企业估值，本章节讨论的企业估值主要适用于持续运营的企业。

3. 企业价值评估的范围

确定评估范围是在每个资产估值过程中的第一步。从企业的角度来看，实现全部产能所需的所有资源构成了一个统一且无法拆分的实体。企业价值评估可以被看作对权益的评估，因此它不仅依赖于权益的规模，即权益数量的大小，还与权益类型、产权所属有重要关系。就有形可确认的单一资产来说，它的评估范围界定可能会比较简单，但如果涉及企业的价值评估的话，事情可能会变得复杂些。这是由于总体资产的权益根据其属性及所属，可以划分为控制权益、投资权益和所有者权益。所以，企业评定的范畴至少包含了两层含义：一个是界定有效的企业资产；另一个则是界定企业资产范围。

通常情况下，企业价值评估的范围指的是企业的资产范围，包括企业所有权主体自己拥有和经营的部分，以及企业所有权主体可以控制的部分，比如全资子公司、控股子公司以及非控股公司的投资部分。

确定企业价值评估的具体范围时，应该注意以下几个要点。

第一，当某项资产无法立即确定其所有权或者因为存在争议而导致判断困难的时候，应该将其标记为“待定产权”，并暂时排除在企业估值的资产列表之外。

第二，对企业内的有效资产和无效资产进行分类。因为企业的价值和规模取决于企业的盈利能力，而企业的盈利能力是企业内有效资产共同作用的结果。合理地将企业内的有效资产和无效资产分类是进行企业价值评估的关键前提。

第三，在确定产权范围时，应根据效益原则，企业内部存在生产能力的闲置或浪费，以及某些资产功能与整体资产功能不一致的情况，此时应提示相关方重新规划资产，重新定义企业评估的范围，以避免损害相关方的权益。

三、企业价值评估的主要特点

第一，企业价值评估是以完整的运营能力为基础来评价企业。各个要素被置于特定的构造与环境下，从而形成了具备独特运行功能的一致整体。这意味着尽管企业的全部资产是由独立的部分构成，但是对于其总体价值的评定并不能等同于各部分单项资产价格之和。这种差异实际上就是一种独特的无形资产——商誉所带来的价值。

第二，通常，企业的价值评估是为了产权交易，这是在持续经营的基础上进行的。

第三，企业价值评估的核心特点在于把被评估的资产整体看作一个完整的资产进行评估，最终评估值中包含了有形资产价值和无形资产价值。

四、企业价值评估的基本要求

企业价值评估既体现了所有资产评估的共同点，也存在其独特之处。因此，对于企业价值评估的要求，除了基本的资产评估要求，还必须清楚地阐明企业价值评估的核心内容和标准。

第一，注册资产评估师在进行企业价值评估工作时，需接受过专门的教育和培训，具备相应的专业知识和实践经验，有能力胜任所承接的企业价值评估任务。

第二，在执行企业价值评估任务时，注册资产评估师需要收集和解析被评估企业的相关信息以及其他与该企业有关的信息，通常涵盖以下内容：

①被评估企业的类型、相关权益情况和相关法律文件。

②对被评估企业的过往发展、现阶段情况和未来前景进行评估。

③被评估企业内部管理体系、关键技术、研发状况、销售网络特许经营权，以及管理层结构等运营管理情况。

④对企业的历史财务数据和预测财务信息进行评估。

⑤对企业的资产、负债、权益、盈利、利润分配和现金流等进行评估。

⑥被评估企业以往的评估及交易情况。

⑦注意可能会对被评估企业的生产运营状况产生影响的宏观和区域经济因素。

⑧考察被评估企业所处行业的发展状况以及未来前景。

⑨参考企业的财务状况、股票价值或股权交易价格等市场资讯，以及过去的评估结果等。

⑩资本市场、产权交易市场的有关信息。

⑪注册资产评估师认为有必要收集和分析其他相关的信息。

第三，注册资产评估师需要尽可能地收集被评估企业和参照企业的财务报告。无论这些财务报告是否经过审计，他们都应该进行分析，并遵守专业判断流程。

第四，作为一名注册资产评估师，必须依据评估对象、选定的价值类型来确定合适的评估方式；同时需要通过与其客户和其他利益关系人沟通获取必要的信息后才能开始工作。在此过程中，注册资产评估师应运用恰当的技术手段去处理那些可能对其评定结果产生重大作用的事项，并对这些事物的数据做出合理的修正或优化，以便更好地体现企业的经营情况及其收益水平。注册资产评估师可根据评估项目的具体情况，在适当的情况下对以下分析调整事项进行考虑：

①对被评估企业和参照公司的财务报告的编制基础进行调整。

②对不具有代表性的收入和支出，例如异常或偶发性的收入和支出进行调整。

③对非经营性资产、债务和盈余资产以及相关的收入与支出进行调整。

④注册资产评估师认为有必要进行的其他相关事宜。

第五，作为注册资产评估师，需要同客户保持沟通，获取有关企业资产配置和使用的详细信息，包含对于非经营性资产、债务和盈余资产的情况描述；同时，还应该尽可能地针对企业的非经营性资产、债务和盈余资产进行独立分析和估价。

第六，作为注册资产评估师，必须理解并接受这样的观点：企业的市场价值并非一定高于其破产时的价值。当企业的所有者或其他利益相关方拥有启动企业破产流程的权利时，应按照客户的需求来判断，是否有可能存在一种情况，即该企业在破产状态下的价值超过了它在正常运营状况下的价值。

第七，当注册资产评估师对涉及多元化经营领域的企业进行价值评估时，他们应根据各种不同的业务类型分别进行分析。

第八，注册资产评估师在编写评估报告时，需要根据不同的评估对象，准确区分企业整体价值、股东全部权益价值和股东部分权益价值，并在报告中清晰说明。

第九，作为注册资产评估师需要理解：企业的股东部分权益价值并不能直接通过股东全部权益价值与其股权比率相乘得出。当我们在估算企业股东部分权益价值的时候，应考虑到由于控股权和少数股权等原因所带来的超额收益或者损失。同时，评估师也应该在评估报告里明确指出关于这些情况下的额外收益或损失是否被纳入分析之中。

第十，注册资产评估师在进行企业价值的评估时，应当根据实际情况和适宜性来考虑流动性对被评估企业价值的影响，并需要在评估报告中明确指出是否已经考虑了这种影响。

五、企业价值评估报告的主要内容和披露事项

除了遵循资产评估报告的基本准则和通用步骤，企业价值评估报告还应该重点阐述并公开以下主要信息。

第一，在评估报告中，应根据评估项目的具体状况，详细解释被评估企业的基本信息，一般包括：

①企业名称、类型与组织形式；②企业发展状况；③企业主营的产品或者服务；④市场的需求及客户的情况；⑤企业的管理水平；⑥季节或周期的变化对于其业务运行产生的影响；⑦企业的日常运作模式；⑧企业的有形资产、无形资产以及负债等主要资产状况；⑨企业股权等市场交易情况；⑩同业间的竞争状况；⑪影响和制约企业生产经营的主要宏观经济要素；⑫企业未来发展前景；⑬推动企业生产经营的行业发展前景；⑭其他需要说明的企业状况。

第二，在评估报告里清晰地阐述被评估企业的存在情况、权益状况以及所受到的限制。

第三，在评估报告中公开所有对评估分析、判断和结论产生影响的评估假设和限定条件，并对它们对评估结论的影响进行必要阐述。

第四，在评估报告的执行流程和情况说明部分，主要披露被评估企业的财务分析、调整以及评估方法的应用实施过程。

第五，一般情况下，当我们在评估报告里公布财务分析与修正信息的时候，应该包含以下几个部分的内容：首先是关于企业的历史财务数据的解析概述，并展示出那些能完全符合评估目的并且可以展现企业独特性质的一些数据统计表格（如资产负债表和收益表）；其次是对财务报表及企业的自我申报文件中的重要或者实质性的调整做出说明；再次就是有关关键评估假设及其限制条件的描述；最后则是对于该企业同其所属行业的平均经济效果情况做出的对比。

第六，一般而言，在评估报告里公布使用评估策略的具体步骤及状况的时候，需要包含以下几个方面：首先是选定评估方式的方法论及其依据；其次是对评估方法的使用与逻辑运算流程的描述；再次就是对于关键指标如资本化率、折现率、价格比例等数据的获得途径及生成机制的说明；最后则是关于初次估值结果的整合研究，并得

出最终评估结论的过程。

第二节
企业价值评估的主要方法

企业价值评估的方法主要有收益法、市场法和成本法。根据评估对象、价值类型、资料收集情况等相关条件，注册资产评估师来考量这三种基本评估方法的适用性，并适当挑选出一到两种基本评估方法。若对于同一个评估目标运用多样的评估技术，则需要对比各个初始评估结论，并在全面权衡各评估技术及其初始评估结论的可信度，同时考虑到使用的数据的品质和数量后，得出合乎逻辑的评估结论。

一、收益法

在企业价值评估中，收益法是一种较常用的评估方法，即通过将被评估企业的未来收益资本化或折现来确定评估对象的价值。

收益法被广泛应用于全球范围内的企业估价过程，同时这也是我们国家目前可实施的一种企业价值评估方式，适合对持续运营状态下企业价值进行评定。对于企业总体资产盈利能力的评估，收益法是以其全部盈利能力为目标进行评估。此种策略实际上类似于现金流折现分析法，但与会计数据的关系更加紧密。通过使用账面价值总额和收益预测值的折现值来体现企业的权益价值。在企业持续运营假设的背景下，收益法的基础计算可采用以下两种方法：

1. 年金法

假设企业年收益永续且保持不变，则企业价值的表达式为：

$$V = A/i \tag{8-1}$$

式中，V 为企业评估价值；A 为企业的年金收益；i 为资本化率。

尽管大多数情况下企业的年度盈利无法持续固定，但当企业运营较为平稳且每年的利润波动不大时，可以使用收益法的基础方程来计算近似的年金 A。通常来说，我们需要预估这个企业未来数年（通常是超过五年）的收益额。

$$V=\sum_{t=1}^{n}R_t(1+i)^{-t}=A\sum_{t=1}^{n}(1+i)^{-t}$$

$$A=\sum_{t=1}^{n}R_t(1+i)^{-t}/\sum_{t=1}^{n}(1+i)^{-t}$$

于是公式（8-1）可写成

$$V=\frac{\sum_{t=1}^{n}R_t(1+i)^{-t}}{i\cdot\sum_{t=1}^{n}(1+i)^{-t}} \tag{8-2}$$

式中，R_t 为第 t 年的预期收益；i 为资本化率；$\sum_{t=1}^{n}R_t(1+i)^{-t}$ 为企业前 n 年预期收益折现值之和；$\sum_{t=1}^{n}(1+i)^{-t}$ 为年金现值系数。

‖**示例**‖ 估算一家企业未来 5 年的预期收益分别为 200 万元、240 万元、220 万元、260 万元和 240 万元，计算出本金回报率为 10%，利用年金法来估算企业的价值。

未来 5 年的复利现值系数分别是 0.9091、0.826、0.751、0.6830 和 0.6209，年金现值系数是 3.7908，由公式（8-2）可知：

$V=$（$200\times0.9091+240\times0.826+220\times0.751+260\times0.6830+240\times0.6209$）/ 3.7908/10%

$=872/3.7908/10\%=2300$（万元）（此处取整数）

2. 分段法

这种方法把企业的收益预估划分为两个阶段：前期与后期。通常情况下，企业的前期发展往往伴随波动性和不可预测的收入状况，因此对这个时期的企业未来收益采取逐年累计的方式来计算。然而，当企业后期逐渐步入平稳状态时，它的收益会变得更加稳定或者按照一定的模式变动，所以在这个阶段之后的企业未来的收益，我们需要根据实际情况设定出一种特定的模式，然后用此种方式将其还原并进行折现处理。最后，我们将这两个时段的收益的现行价格水平的价值相加就形成了整个公司的收益现值。

假设前期阶段是从第 1 年至第 n 年，其最后一年即第 n 年的收益 R_n 作为后期阶段各年的年金收益一直持续下去；i 为折现率，分段法评估企业价值公式可写成：

$$V = \sum_{t=1}^{n} R_t (1+i)^{-t} + \frac{R_n}{i} \times (1+i)^{-n} \tag{8-3}$$

假设后期阶段从 $n+1$ 年开始，企业的预期年收益的固定增长比率为 g，则分段法评估企业价值公式为：

$$V = \sum_{t=1}^{n} R_t (1+i)^{-t} + \frac{R_n(1+g)}{i-g} \times (1+i)^{-n} \tag{8-4}$$

如果企业存在非持续运营的假定，那么评估中应该采取最有利于收回投资的方法，即在无须额外增加固定资产投入的前提下，尽可能多地使用现有资源来获得最大的投资收益，直至企业的生产和经营停止。这种情况下，也适合运用分段法对企业价值进行估值。以 P_n 表示第 n 年企业净资产的变现值，其他参数含义同上，企业价值评估公式如下：

$$V = \sum_{t=1}^{n} R_t (1+i)^{-t} + P_n \times (1+i)^{-n} \tag{8-5}$$

应用收益法时应注意以下问题：

第一，资产评估师应依据被评估企业的历史运营状况、经营稳定性以及未来收益期与收益额的预测，恰当地考虑使用收益法，并选择具体的模型方法进行评估。

第二，在使用收益法过程中，预期的收益可以通过现金流量、各种利润或者现金分红来表达。因此，资产评估师需要依据项目特定的环境加以选择。在对目标企业的收益预测做分析、推断和修正的过程中，应全面考虑到企业的资本结构、运营状态、历史业绩、增长潜力以及公司所属行业的经济因素和未来的发展前景。同时要搜集关于目标企业涉及的交易、营收、开支、投资等方面合规性和未来预测可靠性的凭据，还要深入思考未来所有的可能性，不能利用不合理的假定。如果发现预测结果与实际情况有显著差距，则需披露说明此事，并对其造成差别的原因及其合理性做出解释。

第三，根据被评估企业的运营状况和未来发展趋势，以及其所处行业的现状与前景，我们需要合理设定收益预测期限。同时，也应当适度考虑到预测期后的收益情况以及相关终值的计算。

第四，应全面分析评估日时的利率状况、市场投资报酬率、加权平均资金成本等资本市场的相关数据及被评估企业及其所处行业的风险特性等元素来适当设定资本化率或者折现率。

本章将主要讨论如何通过收益法来评估企业价值，本章第三节详细阐述确定企业收益额、折现率（资本化率）等参数的方法。

二、市场法

市场法是指将被评估企业与相似企业的交易进行分析比对，做出必要的差异调整来修正市场交易价格，进而确定被评估企业整体价值的一种评估方法。

1. 市场法的基本思路

以 V 表示被评估企业价值，P 表示参照企业价值，X_1 表示被评估企业与企业价值相关的可比指标，X_2 表示参照企业与企业价值相关的可比指标，则市场法评估企业价值的基本公式表示为：

$$V/X_1 = P/X_2$$

或

$$V = X_1 \cdot P/X_2 \tag{8-6}$$

通常来讲，参数 X 可以选用三个财务变量：一是扣除利息、折旧后的税前利润；二是无负债的净现金流量；三是销售收入。

2. 市场法中常用的两种具体方法

（1）并购案例比较法。

此种方式需要对同属于或者类似于被评估企业所在行业的企业购买、收购和合并事件进行研究，从而提取相关数据信息并进行分析。接着，我们根据所获得的信息来计算合适的价值比例或是经济指标，然后将其与被评估企业做进一步的比较分析，以此推断其价值。为了实现这一目的，我们需从股权转移市场中收集到与目标企业相同或相似的被转让企业的市场价格，再去探究其与被评估企业之间的差别，最后通过修正这个差异，就能得到被评估企业的整体价值。

（2）参考企业比较法。

参考企业比较法是指通过分析与被评估企业同行业或相似行业的上市企业的经营和财务数据，计算适当的价值比率或经济指标，然后基于与被评估企业的比较分析，得出被评估企业的价值。

此种方法往往以相同或者相近的企业和其股票的市场价位为参照基准，通过对目标企业与其参照企业间的对比，做出适当的修正以确定目标企业的总价值。该方式并不依赖于详尽的多年度预测数据，而主要借助其他类似的企业价格乘数把当前绩效转换成价格。由于评估上市企业的关键因素之一就是市盈率，因此这个方法也被称为市盈率对照法或市盈率乘数法。

$$市盈率=市价/净收益 \tag{8-7}$$

市盈率乘数法的基本思路：第一步，需要收集并分析那些和目标企业具有类似特征或者相近业务模式的上市企业数据，然后根据这些上市企业的股价来确定相应的市盈率指标。这包括了多种类型的收益额口径，如税前净现金流、无负债净现金流以及净利润等等。第二步，我们要对每个口径下的市盈率对应到相应口径的企业收益额进行计算。第三步，用各个口径下上市企业的市盈率乘以目标企业的同类口径收益额，从而得到目标企业的初步估计值。第四步，为每一种口径下的市盈率计算的结果赋予一定的权重，再通过加权平均的方式算出该企业的最终价值。

大部分情况下，股价能准确地体现出投资者对于该企业的看法和态度，因此选择与被评估企业相似的企业来作比较是一个可行的方法。同时，我们也可以利用参照企业的股价作为衡量被评估企业自身价值的基础。为了使评估结论更具说服力，需要对参照企业进行一定的修正，以便消除两家企业之间的差距。尤其是关于它们的变现能力，这是非常关键的一个因素。通常来说，上市企业的变现能力要优于非上市企业，所以这种差异应该被纳入评估过程中。此外，其他的差异也需要得到合理的调整，从而确保评估的结果更加符合实际。

使用市盈率倍数法对企业进行估值时，必须具备一个健全和发达的证券交易环境。若股市发展水平不够高，市盈率无法准确地揭示出企业的盈利与其市场价值之间的比例联系，那么这种方法的使用就会面临较大的局限性。

3. 应用市场法应注意的问题

第一，应当精选出能与被评估企业进行比较分析的参照企业，这些参照企业必须具备可比性。通常情况下，参照企业和被评估企业应属于同一个领域，或者受到相似经济因素的影响。

第二，注册资产评估师有责任对参照企业的财务报告进行审查和调整，以确保其与被评估企业的财务报告具备可比性；需要对被评估企业和参照企业之间的相似性和差别性进行比较分析。

第三，在挑选、估算及运用价值比率的过程中，我们需要考虑到以下几点：①所选取的价值比率应能有效地确定评估目标的实际价值；②作为参照企业的数据或者买卖实例的数据应该准确且可靠；③价值比率计算的相关数据标准和运算方法必须保持统一；④待评定企业与参照企业或买卖实例的相关数据的计算模式也需保持一致；⑤合理利用参照企业或买卖实例的价值比率来衡量待评估企业；⑥依据待评估企业的特性，对通过各种价值比率得到的结果进行深入研究并作出合适的评估结果。

三、成本法

在企业价值评估中，成本法指的是在对企业各项资产和负债价值进行合理评估的基础上，确定企业价值的各种具体评估方法的总称。又被称为资产基础法或者成本加和法。

成本法以企业重新构建为基本思路，其主要目的是通过计算所有组成企业的各种要素资产的评估数额来确定企业的总体价值。然而，该种方法并非仅是对目标企业的简单克隆，而是更注重于企业的制造生产能力和盈利能力的重建。

企业的价值大小取决于未来的盈利潜力而非各单项资产评估值总额的高低。然而，这两者间存在关联，且各类资产的估价构成了总体资产估价的一部分。成本法正是在考虑了这些因素的基础上设计出来的。不过，使用此种方法对企业总价值进行评估存在不合理性，原因有如下三点。

第一，成本法混淆了单项资产与整体资产之间的差异。组成整体资产的各个单项资产并非单纯地简单相加，而是通过企业的有效配置和管理使之成为一种独特的盈利实体。如果用成本法去评价企业价值，无法衡量整体资产实际的收益潜力。

第二，那些拥有相似盈利能力的企业，无论他们的个别劳动投入或名义资产数量如何，市场上只会认可它们有相等的价值，并按照统一的价格进行交易。因此，对整体资产的估值应基于它们的盈利能力。

第三，使用成本法无法充分显示资产估价的作用。成本法评估仅关注了资本构建，并未考虑到实质性的功效与企业的运作效率。因此，无论效益高低，若两个相似企业初始投资相等，那么它们的评估价格将会接近。此外，效益较弱企业的设备或许未达到最大产能或处于空闲状态，这使评估师很难对其经济性贬值做出公正的判断，可能会导致最后的评估结果超过效益优秀的企业的评估数值，进而影响到对资产营运成效的评估。

因此，在进行评估之前，需要先确定评估的前提条件，即是否考虑持续经营。如果按照持续经营的前提条件评估各单项资产，应该采用贡献原则来评估其价值；而对于按照非持续经营的前提条件进行评估的资产，则应该采用变现原则。所以如果存在持续经营前提，一般来说，我们不能仅依靠成本法对企业进行全面评估。通常情况下，我们应该同时使用收益法进行全面评估以验证其结果。就是说，如果只使用成本法来评估一个持续经营的企业，就需要特别提前说明。

综上所述，用成本法评估企业价值时，需要注意一些问题。

第一，在对持续运营的企业进行评估时，通常不应将成本法作为唯一的评估手段。

第二，在使用成本法进行企业价值评估时，必须考虑到被评估企业所拥有的全部有形资产、无形资产以及应承担的债务。

第三，使用成本法对企业价值进行评估时，各项资产的价值应根据实际情况选择合适的评估方式来确定。

第四，采用成本法对企业价值进行评估时，要分析长期股权投资项目，并根据项目的具体资产、盈利状况等因素，来合理判断是否需要对其进行单独评估。

第三节
收益法评估企业价值的主要参数确定

在企业价值评估中，使用收益法的关键在于确定主要参数，如收益额、折现率和收益期限。

一、选择和确定收益额

1. 确定预期收益的原则

（1）现实和未来相结合的原则。

企业对于未来盈利能力的预估需要从企业的现有资产与运营状况开始着手，评估过去的业务表现并且考虑到正常的商业活动中的优化措施、资产整合以及创新元素，以此来预计企业在未来的市场发展趋势及其各种影响要素对总收益产生的作用。例如，融资扩张、增加产能或提升科技设备等可能对未来的收益造成影响；而公司改革、政府提供的特殊福利也可能会对此有所影响。这些都是基于企业的实际条件，对企业未来的营收预期所做出的判断，然而这样的估计应该建立于企业的实际情况之上，只有经过严谨地分析过去的运营表现之后才能得出结论。因此，确定整个企业的资产收益金额时需遵循既注重当前又关注未来的原则。这是决定收益金额的基本准则。

（2）客观性和预测性相结合的原则。

企业总资产盈利能力的确认，首要依赖于企业的现有资源、科技实力及市场环境，这些因素都是影响企业盈利能力大小的重要实质性要素。此外，企业总体资产盈利能力的确认也包含了对未来的预期，这要求我们模拟出企业在不同时间段内的运营状态及其表现。这样的模拟具有较高的预见性和主观成分。所以，如果此种预测不能符合企业的实际情况，或是出现了某些失误，则可能造成评价结果与其真实价值或售价产生很大的差异。事实上，完全准确地模拟并预计未来的情况几乎是不可能实现的。评估机构的目标在于尽可能让二者更加贴近，减少误差，并在合理范围内控制这个误差。把握好客观性和预测性的结合原则，是确立企业收益的关键基础。

（3）在保持资产现有规模的同时，要充分关注新发生因素对资产收益的影响。

一般而言，发行股票、增资扩股、中外合资或经过大量的资产重组等手段带来的收益无法完全视为被评估企业价值的一部分。这是因为这些方式导致了资产所有权的变化，因此产生的利益并不只属于原始的所有者，也包含了新的所有者应当分得的一部分。因此，为了确定企业的总体收益，我们往往会基于现有的资产规模来计算，但若难以衡量当前规模，根据产权转移之后的新收益情况进行估计的，同时需要注意从这部分金额中减去新的所有者应享有的部分收益。例如，对于预计上市企业收益的评估情况，如果使用的是企业上市筹集资金之后的产能规模来预估其总体效益，就必须把上市后新的所有者应得到的回报从中剔除。

新发生的因素可能影响企业的资产收益，如政府向上市或合资企业提供的特惠措施等，这些都可能会影响我们对该企业未来收益的预测。因此，我们在计算整个企业的价值时，应该以原始政策还是最新政策作为基准，这个问题需要考虑资产估值的目的和基本条件。如果遵循利益均等原则去评价的话，就必须考虑到政府特惠政策如何影响其预期的收益，但是也不能把因该政策产生的收益完全视为原所有者的，而是要根据“一视同仁”的原则，从中减除其他股东应当享受的部分。至于那些由于新的所有者实施了新的商业策略或者开拓市场的举措所导致的企业收益变化，就不应该被纳入预计收益。

2. 收益额的确定

确定企业整体收益的方式通常包括利润总额法、净利润法和净现金流量法三种，接下来我们将分别对这三种方法进行分析。

（1）利润总额法。

企业的利润总额是企业财务指标体系中的一项重要指标，利润总额法是评估企业整体资产收益的一种方法，指的是企业在未来经营期内所得税前（未扣除所得税）的利润。

在评估中，企业的收益可以通过企业发布的利润表（也称作损益表）来测算，这个数值就是指企业在一个特定的时间段里（通常一年）获得的净收益金额，这是评判企业经营效益（即投入产出率）的一个关键标准。根据企业的会计制度规则，计算如下：

利润总额 = 主营业务收入 - 主营业务成本 - 税金及附加 - 其他业务利润 - 营业费用 - 管理费用 - 财务费用 - 投资收益 - 补贴收入 - 营业外收入 - 营业外支出（8-8）

利润总额法的核心优势在于可以最大化地使用企业的财务会计信息，方便获取评估所需的数据。

此种计算方式的主要优势是其能较为真实地展示企业的运营成果。然而，使用该方法得出的不是资产所有者拥有并能控制的净收益，也不能反映企业的净资产值。因此，一般而言，我们不会用这个办法去评估整个企业的盈利能力。

（2）净利润法。

净利润是指企业在未来的运营周期内获得的，归资产所有者拥有并支配的净收益。净利润也就是利润总额扣除企业所得税后的余额：

$$净利润=利润总额-企业所得税 \tag{8-9}$$

对于企业而言，其运营所得中的可供分配部分即为净利润。因此，这一指标受到了所有权交易各方的密切关注。此种估值方式的主要优势在于它能真实且公正地衡量企业的实际运营表现。然而，由于不同的企业可能采取了不同的折旧和会计计提方法，这使得该方法无法提供可比性。当使用此方法对企业整体资产收益进行估计时，需要满足一定的条件：一是该企业必须长期持续经营；二是如果采用了直线折旧法，则可以应用于无期限的情况。在一般情况下，若企业选择的是加速折旧方法，那么就不适合通过净利润法确定其整体资产的估值。

（3）净现金流量法。

净现金流量法是一种通过计算企业未来经营活动中的现金流入和流出差额来确定企业整体收益的方式。

企业在特定时期内现金流入和现金流出的资金活动结果通过净现金流得以体现。这个指标是根据经营活动中现金流入量和现金流出量的差额，严格按照收付实现制原则计算而来。其基本计算公式如下：

$$净现金流量=现金流入量-现金流出量 \tag{8-10}$$

在企业的整体资产评估中，净现金流通常是指运营型的净现金流，它描述了当前企业在正常经营状况下的现金流入和流出活动。其计算方法如下：

$$净现金流量=调整后的净利润+折旧及推销-追加投资 \tag{8-11}$$

该方法是一种被国际、国内广泛应用且广受认可的方法。此种计算方式的主要优势在于其能够准确反映出企业在运营过程中持续增加投入并收回资金的动态过程，从而较为精确地再现了企业未来的盈利模式及流程。然而，它的不足之处也显而易见：由于该方法过于注重长期规划，因此可能无法完全体现企业的短期稳定性和灵活度。

企业的盈利能力和盈利水平可通过利润总额、净利润和净现金流量等财务指标来反映，这些指标可用于资产评估中的收益法，这是它们的共同之处。但是这三个指标在同一企业中不仅在数值上有所不同，而且在财务含义、计算口径和计算方法上也有显著差异。利润总额和净利润是静态指标，而净现金流量是动态指标。净现金流量描述了数量，同时也与时间相关联。利润总额中包含所得税，是税前指标；而净利润和净现金流量是税后指标。尽管这三个指标之间存在重大差异，但它们之间又有确定性的内在联系，它们相互关联如下：

$$\text{净现金流量}=\text{利润总额}-\text{所得税}+\text{折旧及摊销}-\text{追加投资} \tag{8-12}$$

国内外评估领域普遍赞同使用净现金流量来预测收益额。这是由于其遵循的是收付实现制原则，避免了对固定资产折旧费用的主观判断的影响；此外，该方法还兼顾了现金流量的规模、时间因素及货币的时间价值；并且，它是基于税后的计算结果。因此，相较于利润总额和净利润，净现金流量更为真实且客观地显示出企业的净收益状况。

3. 影响企业收益现状及未来收益的因素

影响企业收益现状和未来收益的因素主要体现在以下几个方面。

（1）需求因素。

对于企业而言，满足客户的需求是一个至关重要的生存要素，它对企业当前状态与盈利潜力有着深远的影响，其直接影响企业的开工率、设备利用率和产销率。我们可以通过以下几点来评估这些指标：产品的市场竞争力及其在市场的份额占比；产品所在的生命周期以及潜在的替代品竞争情况；商品品质、售价和成本是否有市场优势；商品的社会保有数量、消费周期以及市场范围。

从需求因素的角度来看，关键要对商品市场形势进行分析。对于市场的预期主要集中于待评估的目标企业未来短期需求量和今后一段时间内的销量变动情况及走势。为了推测某一特定的产品未来的市场需求数量，我们需对其生命周期的阶段有所认知：一般而言，自引入初期起始，由于客户尚未充分掌握该项产品的功能、特性等信息，其初期销量可能并不理想；接着产品步入成长期，客户更深入了解到此种新型产品的优点及其使用方法等方面的知识，他们的购买意愿会不断提升并推动企业的盈利能力增强，甚至实现收支平衡的状态（如果在此之前一直处于损失状态的话）；然而一旦达到稳定期，尽管仍有增幅出现但是已经趋向平缓了——这是成本降低、收益提高的时间段；到了后期，销量则会出现明显的下滑，并且伴随激烈的市场角逐、压力加大而导致产能受阻等问题，使得整体出货数量持续走低直至最终陷入无利可图的情况，这时就需要重新审视一下产品策略来应对这一挑战。这就是企业的产品生命周期。

对产品需求预测一般有三种方法。第一种方法是主观预测法，这种方式依赖于商业领域专家的经验和知识。例如，通过专家意见或者结合销售人员意见得出的结果。另一种常用的方法为回归分析法，这是一种基于因果分析的预测方法。在实际的市场环境下，产品需求往往受到许多变量的影响，比如价格、消费者购买支出和个人收入等，然而这些影响因素之间并不一定呈现明确的函数关系。回归分析法旨在探究导致未来需求波动的主要因素及其作用力，并寻找它们与未来的需求的关系模式。最后，就是时间序列法，它利用不同时段内的销量组成的时间数列的变化趋势和程度进行延伸和类推，从而预计下一阶段或是未来一段时间的产品销售数量。

基于企业产品的需求及供给预估，确定企业的潜在销售额，并考虑到商品价格对企业收益的影响。我们要深入理解价格变化与需求之间的关联，从而推断出企业未来的售价走势，进而计算预期销售收入，为后续评估企业的未来收益提供参考。

（2）供给因素。

供给因素主要包括原材料、能源、动力和资金等，同时生产、生活服务和运输环境等也是对企业收益有重大影响的因素。在研究供给条件时，我们还需要进行商品市场状况的分析。

（3）开发因素。

这是指企业的产品研发、技术创新以及市场推广能力不只对企业当前的盈利状况有影响，同时也会对企业未来的收益能力造成深远的影响。

（4）经营管理因素。

在当前的市场环境下，企业的运营管理质量对于其盈利状况及盈利潜力具有关键性的作用。企业领导层的能力与素养，企业的营运管理系统、销售战略、员工团结度以及公共关系的塑造等都是决定企业利润现状的关键要素。

（5）政策因素。

政府在某些特定的阶段或地区实施了某种经济与科技政策，会对各企业未来的盈利能力和发展趋势产生不同的影响。例如，产业政策、行业规划、价格政策、税费制度等都会对企业的成长及其收益潜力造成短期或长期的影响，因此，评估员需要对其有清晰的判定。

（6）其他因素。

其他要素包括企业现有资产的组成和匹配情况。对影响收益的因素进行研究，目的在于找出关键要素，并通过对这些关键要素的解析，寻找预测未来收益的可能性。

4. 企业未来收益的预测方法

对企业未来的盈利能力进行评估，首先对其当前盈利状况进行解析与判定；然后深入探讨企业的短期盈利特性及其发展趋势，在这个过程中需要重点关注那些影响其盈利的关键要素；最后依据企业的特质、商品属性、盈利特性及成长走势，选取适当的预估方法完成预测。在预测企业未来收益时，通常会采用直观预测方法和增长曲线法。

（1）直观预测方法。

该方法也称为定性预测方法，依赖于评估员已经掌握的实际状况和实务经历来推测评估客体或对象未来的特性、趋势。这种方式基于环境条件系统分析并提供数量估计，所需数据较少且可以涵盖不可量化的因素，因此相对来说较为简便易行。

（2）增长曲线法。

经济增长与人的年龄增长带来的身高和体重增长呈现出相似的趋势，即刚开始增长迅速，后来速度渐渐减缓，最终趋于一个限度，呈现出一个曲线。增长曲线法的基础是这种趋势曲线，包括指数曲线模型和修正指数曲线模型等。

二、确定折现率

折现率是一种转换工具，它是把未来的预估收益转化为当前价值的比率，主要应用于对短期预测收益的还原。而资本化率，又称之为本金化率或者还原利率，同样也是一种转化比率，但它是用来把长期持续性的预计收益转变为现值，适用于处理永续年金的问题。这两种方法从根本上来说并没有什么差异，只不过它们所适用的环境有所差别罢了。

1. 折现率和资本化率的确定原则

（1）不低于无风险报酬率的原则。

企业预期的收益受到企业运营管理、经济状态与市场竞争力等多个层面的影响，这使得它的不可预测性和危险程度大大超过了政府债券或者银行业的存款理财产品。当有正常且完善的资本市场和产权交易环境下，政府债券利率和银行定期存款利率被视为投资者在决定是否参与其他项目时的基本参考值。若折现率低于无风险报酬率水平，则可能引发投资者把钱存入银行或是购置没有风险的国家债券，而非承担高风险的项目。

（2）折现率和资本化率要与收益额相匹配。

需要确保折现率和资本化率的确定与选取要和企业的预期收益相一致，一般来说，折现率应考虑预期收益中的通货膨胀以及其他因素的影响。

（3）不能以行业基准收益率为依据确定收益率或资本化率。

基础建设投资管理的机构会根据行业统一制定的最低基准收益率判断新建项目的预期回报率是否符合要求。如果新建项目的预期回报率未能达到这个门槛值，那么它就无法被接受和启动，只有那些预计回报率超过该标准的项目才能获得实施许可。政府可以通过制定产业政策对行业的基准收益率进行调节，例如，对于被鼓励的领域，可以有意降低其基准收益率以促进更多项目启动。因此，基准收益率还受到管理因素的影响，因此不适合用作整个企业估价过程中的折现率或资本化率。

（4）根据实际情况确定的原则。

对于整体资产评估，折现率或资本化率并非固定不变的，应根据被评估企业的具体情况来确定适用的折现率或资本化率。

2. 折现率和资本化率的确定方法

本质上来说，折现率和资本化率是投资回报率，由无风险报酬率和风险报酬率组成。

$$折现率=无风险报酬率+风险报酬率 \tag{8-13}$$

（1）无风险报酬率的确定。

无风险报酬率主要由资金的机会成本决定，通常以政府发行的国库券利率和银行的定期存款利率作为参考。

（2）确定风险报酬率的方法。

投资风险的大小主导了风险报酬率的高低，对于风险较高的项目，投资人要求的风险报酬率也相应提升。确定折现率和资本化率的关键在于估算风险报酬率。

在企业整体资产评估过程中，需要关注的风险包括：

①行业风险，是指企业所在领域的市场特性、产业属性和国家产业政策调整等引起的行业发展的不稳定性，对企业预期收益造成的影响。

②经营风险，是指市场波动、企业之间的竞争等因素对企业未来预期收益产生的不确定性影响。

③财务风险，是指由于资金调配和资金流动可能带来的不确定性因素对企业预期收益产生的影响。

④其他风险，企业预期收益可能会受到国民经济状况、通货膨胀等其他因素的影响。

所以，风险报酬率的公式可表示为：

$$\text{风险报酬率} = \text{行业风险报酬率} + \text{经营风险报酬率} + \text{财务风险报酬率} + \text{其他风险报酬率} \quad (8-14)$$

在目前的大部分情况下，各类风险报酬率是通过经验判断方法进行简单估算后进行量化和累积的，也就是逐一计算投资风险并将其汇总成总风险。

（3）β 风险系数法估算风险报酬率。

①估算企业所在行业的风险报酬率。

我们把社会平均收益率与无风险报酬率之差视为社会的平均风险报酬率，并根据该企业所属行业的风险报酬率与社会平均收益率的比值确定行业风险系数。这样一来，我们计算该企业所处行业的风险报酬率就等于计算社会平均风险回报和行业风险系数的乘积。如果我们用 R 表示被评估企业所在行业的风险报酬率；R_S 表示社会平均收益率；R_f 表示无风险报酬率；β 表示被评估企业所在行业的风险系数，则公式表达如下：

$$\text{行业的风险报酬率 } R = (R_S - R_f) \times \beta \quad (8-15)$$

②确定企业在行业中的地位系数 α。

根据被评估企业的规模、运营和财务等各方面因素，确定其在行业中的地位系数 α。实际上，这个系数综合考虑了企业的经营风险报酬率、财务风险报酬率以及其他风险报酬率。

③估算企业的风险报酬率 R_r 的公式如下：

$$R_r = R \times \alpha = (R_S - R_f) \times \beta \times \alpha \quad (8-16)$$

（4）采用加权平均资本成本模型估算折现率。

利用加权平均资本成本模型确定折现率，是基于对企业投资成本构成以及债权投资和自有资本投资所要求的投资回报（或者说资本成本）。将全部投资作为整体资产进行评估时，应了解如下等式：

全部投资=长期负债+所有者权益　　（8-17）

全部投资收益=利息（扣税）+息后净收益　　（8-18）

由于评估对象包含了长期债务，其利息与自有资本的收益有显著的不同。只要评估人员能够精确地了解企业长期借入资本和自有资本各自的资本成本，就可以根据加权平均资本成本来计算折现率。

加权平均资本成本模型公式表示为：

折现率=长期负债占全部投资的比重×长期负债成本（利息率）×（1-所得税税率）+所有者权益占全部投资的比重×所有者要求的回报率　　（8-19）

其中，所有者要求的回报率=无风险报酬率+风险报酬率

三、确定收益期限

确定收益期限通常需要考虑企业的固定资产使用寿命、产品生命周期、经营者素质、外部环境因素（如竞争对手变化、国家投资政策变化）等，有以下三种确定方法。

第一，在企业整体产权发生变动后，比如中外合资企业，我们应该根据双方签订的合同来确定其收益期限。

第二，企业整体资产经营寿命法。对于企业所有权发生变动后未规定经营期限的情况，可以根据其正常经济寿命来计算，一般可将企业土地使用权的有效使用年限作为其预期经济寿命。

第三，永续法。若企业运营良好，且没有对足以影响其持续发展的某项资产的使用期限做出明确规定，或者这种规定是可以被解除并能够通过延续的方式永久适用，那么在计算公司资产收益时，可以选择永续法。

四、确定收益法主要参数时应注意的其他事项

第一，企业未来的生产能力不能无限上升，因为预测是基于现有规模，若企业生产能力屡创新高，意味着现有资产未能充分发挥正常生产水平，存在经济性贬值。

第二，市场的承受能力是有限的，我们应该将企业的情况和所在的市场环境进行综合分析。

第三，收入和成本费用的增长并不是等比进行的，因为企业的成本包括变动成本与固定成本两个部分。随着生产量的提升，固定成本呈现出急剧上升的趋势，而非均匀扩大。

第四，假如企业有大量的在建项目或其他无关资产（这些资产与现行主营业务收入没有直接联系，未来利润预测时无法考虑它们带来的收益），那么应该在评估过程中进行扣除，并单独进行评估和计算。

一、单项选择题

1. 作为企业价值评估的依据，企业收益的选择口径首先应服从于（　　）。

A. 企业价值评估的方法

B. 企业价值评估的目标

C. 企业价值评估的假设条件

D. 企业价值评估的价值标准

2. 在假设企业持续经营的前提下，评估企业价值时，应该根据（　　）原则确定各单项资产的价值。

A. 变现

B. 预期

C. 替代

D. 贡献

3. 在根本上，（　　）是企业价值评估的真实对象。

A. 企业的生产能力

B. 企业的全部资产

C. 企业的整体资产

D. 企业的获利能力

4. 按照投资回报的要求，在评估企业价值时可以选择（　　）作为无风险报酬率。

A. 行业销售利润率

B. 行业债券利率

C. 行业平均成本利润率

D. 国库券利率

5. 运用市场法评估企业价值应遵循（　　）。

A. 替代原则

B. 贡献原则

C. 企业价值最大化原则

D. 配比原则

6. 加权平均资金成本模型是由（　　）组成的投资成本。

A. 所有者权益和全部负债

B. 所有者权益和长期负债

C. 所有者权益和流动负债

D. 长期负债和流动负债

7. 对企业价值进行预期收益评估的基础应该是（　　）。

A. 企业正常收益

B. 企业历史收益

C. 企业未来收益

D. 企业现实收益

8. 在数量上，企业的价值评估与其单一资产的评估总和之间的差异主要体现在（　　）。

A. 管理人员才干

B. 商誉

C. 企业获利能力

D. 无形资产

9. 使用收益法来评估企业价值的前提条件是（　　）。

A. 企业具有生产能力

B. 企业各项资产完好

C. 企业能够持续经营

D. 企业具有商誉

10. 决定企业价值高低的因素是企业的（　　）。

A. 生产能力

B. 整体获利能力

C. 生产成本

D. 整体资产

二、多项选择题

1. 在评估企业价值时，能否根据企业的持续经营状况进行评估，需要考虑（　　）等因素。

A. 评估的价值类型

B. 评估目的

C. 企业要素资产的功能和状态

D. 企业所提供的商品或服务是否满足市场的需求

E. 企业获利年限

2. 在企业评估过程中，通常选择的折现率不会低于（　　）。

A. 行业基准收益率

B. 政府发行的国库券利率

C. 贴现率

D. 银行储蓄利率

E. 资本化率

3. 以下各项不适合直接用于企业产权转变时的价值评估折现率的有（　　）。

A. 投资报酬率

B. 行业基准收益率

C. 机会成本

D. 贴现率

E. 国库券利率

4. 用于企业价值评估的收益额通常包括（　　）。

A. 息前净现金流量

B. 无负债净利润

C. 净利润

D. 利润总额

E. 各个单项资产收益之和

5. 作为一种独特的资产类型，企业具备以下（　　）特性。

A. 营利性

B. 持续经营性

C. 分散性

D. 整体性

E. 收益无限期

三、判断题

1. 企业的价值主要由其资产组合的盈利能力决定，如果一个企业没有实际或者可能存在的盈利能力，那么它的整体价值就不会存在。（　　）

2. 在使用收益法来衡量企业价值时，可以直接通过计算评估时间点企业的实际收益来确定其价值。（　　）

3. 在评估企业价值时，我们需要同时考虑新产权主体的行为和对企业现有资产运作的合理判断。（　　）

4. 整体企业资产是指企业所有可确指的资产的汇集，但其价值并非等于这些可确指资产的总和。（　　）

5. 公开上市的企业的内在价值等同于该企业所有股票的总市值。（　　）

6. 当企业的财产权属不明晰的时候，我们应该将其归类到“待定产权资产”中去，并避免将其列入企业估值的资产范畴。

7. 目前，由于我国企业产权交易市场的局限性，只能依赖非市场价值基础来进行企业价值评估。（　　）

8. 虽然折现率、资本化率和还原利率等名称各异，但它们的基本含义是一样的。这些都属于投资回报率。（　　）

9. 企业的净资产收益率和净资产利润率之间存在差异，前者是指企业的利润总额与其净资产的比例，而后者则是指企业的净利润与其净资产的比例。(　　)

10. 在年金法对企业价值进行评估的过程中，所有的折现率都与资本化率相等。(　　)

四、计算题

1. 一家企业根据它的企业章程规定，营业年限只有 5 年，届时它将会停止运营并关闭业务。预期未来 5 年收益分别为：15 万元、13 万元、12 万元、12 万元和 13 万元；而在第 5 个年度结束时，企业的财产可以被出售并获得大约 120 万元的现金流入。折现率与资本化率取 10%。试对该企业价值进行估算。

2. 假设资本化率为 10%，未来 3 年的预期收益分别为 100 万元、120 万元和 140 万元，根据年金法计算年金并求出企业的评估值。

3. 对于一家企业进行企业价值评价，预估它未来的 5 年盈利情况为：第 1 年是 12 万元，第 2 年是 15 万元，第 3 年是 13 万元，第 4 年是 11 万元，第 5 年是 14 万元。假设自第 6 年后，每年的收入都保持在 14 万元，选定的折现率与资本化率都是 10%。试计算这家企业永续运营状态下的评估价值。

4. 假设一家企业预计未来三年的收益分别为 110 万元、120 万元及 130 万元，基于企业的实际状况判断，第 4 年起，该企业每年的预估收入都在第 3 年基础上每年增加 2%，折现率为 8%。对这家企业的价值进行评估。

五、简述题

1. 简述企业价值评估的含义和特点。

2. 简述对于企业价值的评估和单项可确指资产评估值总和有何不同？

3. 当使用收益法评估企业价值时，我们应该考虑哪些因素预测企业未来的收益，以及可以使用哪些方式进行预测？

4. 如何运用市场法评估企业价值？

▶▶ 第九章

资产评估报告

第一节 资产评估报告的概念及制度

一、资产评估报告的概念、作用和种类

1. 资产评估报告的概念

资产评估报告是指注册资产评估师遵照相关法律法规和资产评估准则，在实施了必要的评估程序对特定评估对象价值进行估算后，编制并由其所在评估机构向委托方提交的反映其专业意见的书面文件。该报告是以一定的格式通过一定内容体现评估的目的、假设、程序、标准、依据、方法、结果及其适用的环境等主要信息的报告册子。从狭义的角度上讲，资产评估报告就是资产评估机构与注册资产评估师关于被评估资产在特定情况下价值的专业判断，同时也是作为资产评估机构或注册资产评估师对于评估项目承担的法律责任的证明文件。而从广义的角度来看，资产评估报告也代表着一项工作制度，要求资产评估机构在结束评估任务时需要依照规定的流程，用书面方式向委托方或客户和其他相关部门主管汇报评估的过程和结果。

2. 资产评估报告的作用

资产评估报告有以下几个方面的作用。

第一，在资产评估报告中，专家提出了对委托评估的资产价值的评估意见。这种意见并不代表任何一方的利益，而是专业独立评估的结论，具有较高的公正性和客观性，因此成为被委托评估资产定价的关键参考。

第二，资产评估报告作为一种记录了资产评估过程的信息载体，同时也是确定委托方、受托方和其他相关方责任的关键依据。该报告不仅展示了受托的资产评估机构及其员工的责任和权利，同时也为确认客户、受托方和其他相关方的法律责任提供了

基础。此外，这也是资产评估机构执行其合同任务并且对客户或者其他相关部门收取评估费的重要凭证。

第三，审查资产估价报告构成了管理部门完善资产评估管理的重要途径。该报告不仅体现了资产评估机构及评估人员的职业操守与技能水平，也反映了评估质量高低和机构内部管理机制完善程度。因此，相关部门可以通过审阅这些报告来全面监督和管理资产评估机构的业务开展情况。

第四，资产评估报告是建立评估档案、收集评估档案资料的关键信息来源。评估报告书的初稿以及用于评估报告过程的各种数据和证据、工作草稿和资产评估报告制度中产生的相关文字记录等都是资产评估档案的重要信息来源。

3. 资产评估报告的种类

对资产评估报告的分类，国际上有不同划分依据和种类。依据美国的《专业评估执业统一准则》，评估报告可划分为完整型评估报告、简明型评估报告、限制型评估报告和评估复核。

通常，国内会把资产评估报告划分为以下几种不同的类型。

根据资产评估范畴分类，可以把资产评估报告划分为整体资产评估报告和单项资产评估报告。对全部资产进行价值评价而产生的资产评估报告被称为总体资产评估报告，只针对某个部分或某一项特定资产的价值评价而产生的资产评估报告则被称作单项资产评估报告。

根据评估对象的不同分类，资产评估报告可分为资产评估报告、房地产估价报告、土地估价报告等。由于评估标的物之间的不同，再加上资产评估、房地产估价和土地估价的管理尚未统一，这三类报告不仅在具体格式上有所不同，而且在内容方面也存在较大的差异。

根据资产评估报告中信息资料的详尽程度，资产评估报告可被划分为完整评估报告和简明评估报告。注册资产评估师需要在评估报告中清楚地阐明其类型。

二、资产评估报告的基本要素

构成一份完整的资产评估报告的基本要素如下：①报告的类型；②委托方、资产占有方及其他评估报告使用者；③评估范围和评估对象的基本情况；④评估目的；⑤价值类型；⑥评估基准日；⑦评估假设和限制条件；⑧评估依据；⑨评估方法；⑩评估程序的实施过程和实施情况；⑪评估结论；⑫声明；⑬评估报告日；⑭评估机构和注册资产评估师签章；⑮附件。

三、资产评估报告的内容

1. 资产评估报告的内容

根据财政部《资产评估报告基本内容与格式的暂行规定》要求，资产评估报告包括正文及相关附件、资产评估说明及资产评估明细表等内容。

2. 资产评估报告正文及相关附件的基本内容

（1）资产评估报告封面。

在资产评估报告的封面上，必须清楚标注以下内容：资产评估项目的名称、资产评估机构出具的评估报告编号、资产评估机构的全称和评估报告提交日期等信息。若有服务商标，资产评估机构可在报告封面上显示其图形标志。

（2）资产评估报告摘要。

摘要部分是每份资产评估报告的正文之前都应该有的内容，包含了对整个报告的关键信息的总结，以便相关方能够了解报告的主要信息。摘要同报告的正文拥有同样的法律效力，需要有注册资产评估师、评估机构法人代表以及资产评估机构的签字、盖章以及标注提交时间。此外，摘要也需保证内容与报告中所列示的结果一致，并且需要用醒目的字体提示读者详细阅读整篇报告。

（3）资产评估报告正文。

①首部。资产评估报告首部内容应包括标题和报告书序号，其中标题以“×××（评估）项目资产评估报告”字样书写。

②序言。资产评估报告正文的序言部分，应详细阐述资产评估报告的委托方全称、受托评估的具体事项以及整个评估过程的概况。

③委托方与资产占有方简介。对资产评估报告正文的委托方与资产占有方的描述

应该详尽且分开进行。在撰写资产评估报告的过程中，需要清晰阐述委托方与资产占有方各自的信息。如果两者是同一人，可以将其视为资产占有方；若存在从属或者经济联系，也需明确指出。如果没有这种关联，则要解释为何会产生此项评估活动。

④评估目的。对于资产评估正文中的评估目的，应该明确指出这次对资产价值的评定是为满足哪一类委托方的需求服务，并且与之对应的经济行为的类型也需阐述清楚。同时，还应当简洁且精确描述这个经济行为是否获得批准，如果已经获得了批准，那么就必须把批准文件的名字、批准单位、批准日期以及文号都列出来。

⑤评估范围和对象。在评估的范围和对象方面，应详细列出被纳入评估范围的资产以及种类，并记录下评估前的账面价值。如果被评估的资产是多个公司所拥有的，需要明确各自的份额和相关的资产类别。

⑥评估基准日。此处需要详细列出评估基准日的确切日期，阐述设定该基准日的依据和形成条件，解释清楚其对评估结果的影响。同时，也需对使用非基准日的价格标准做出解释。评估基准日应该由委托方按照交易的经济行为性质来决定，并且尽量靠近评估目的达成时间。

⑦评估原则。评估原则应包括评估工作过程中所遵循的各种原则，以及本次评估遵循的国家和行业规定的公认原则，对于采用的特殊原则也要做适当的说明。

⑧评估依据。这部分所列出的评估依据包括行为依据、法律法规依据、产权依据和取价依据等，对于在评估过程中使用的特殊依据也应予以相应的披露说明。

⑨评估方法。在此部分需要阐述我们如何执行评价流程，包括选取及使用何种评估方法，并且解释选择该种方法的原因和依据。如果一项资产的估值采用了多种评估方法，则需进一步解释理由，同时明确该资产价值的确定方法。对于选用独特评估技术方法的案例，也需要详细描述其基本原理及其适用领域。

⑩评估过程。评估过程应该涵盖从接收任务开始到完成并递交评估报告的所有阶段，具体包含以下几个方面：明确评估目标、被评估对象、评估范围、评估日期及制定评估方法的过程；对资产占有方提供关于如何清理资产、收集相关文件、核实信息的方法与过程；选取适合的评估方式以进行实地测试、鉴别、市场调查与分析的过程；总结评估数据、分析评估结果、编写报告与说明、执行内部审核的工作流程；最后一步是提交评估报告。

⑪评估结论。这是资产评估报告中主体内容的关键环节，需要用描述性的语言详

细阐述资产评估机构对于评估成果发表的结论，包括资产、负债、净资产的账面价值，调整后的账面价值、评估价值及增减幅度等，同时还需要独立罗列出未包含于评估汇总表的评估结果。

⑫特殊事项说明。这部分内容应当阐述在评价过程中已经察觉到的可能会对评价结果产生影响，然而并非由评估人员的执业能力与经验能够评估的有关事项，同时也应该提醒评估报告的使用者关注这些特定事件，并且还需要指出评估人员觉得有必要说明的其他事项。

⑬评估基准日的期后重大事项。在这一部分，我们需要明确从评估基准日到评估报告提交日期间发生的关键事件，以及这些事件对评估结果产生的影响。同时，也需要阐述那些在评估基准日之后无法直接应用评估结论的情况。

⑭评估报告的法律效力、使用范围和有效期。此段落详细描述了评估报告成立的前提基础要素与假设条件，明确指出该评估报告依据相关法规的规定产生法定效果及其合法使用的有效时间，且需提交给相关部门审核，声明该评估报告的使用权归委托方，未经许可不能随意提供或公开给他人。

⑮评估报告提交日期。在这部分中，向委托方提交评估报告的具体日期应在此部分明确写明。

⑯尾部。资产评估报告尾部需要注明出具评估报告的机构名称，并加盖公章，同时要求资产评估机构的法定代表人以及至少两名负责评估的注册资产评估师签字盖章。

（4）备查文件的基本内容。

备查文件应涵盖以下几个方面的内容：①有关经济行为文件；②被评估企业前三年包括资产负债表和利润表在内的会计报表（非企业或经济组织除外）；③委托方与资产占有方营业执照复印件；④委托方、资产占有方的承诺函；⑤产权证明文件复印件；⑥资产评估人员和评估机构的承诺函；⑦资产评估机构资格证书复印件；⑧评估机构营业执照复印件；⑨参加本项评估项目的人员名单；⑩资产评估业务约定合同；⑪重要合同和其他文件。

尽管这个部分并没有明确的格式规定，但是必须遵循统一的规格进行装订。

3. 资产评估说明的基本内容

在资产评估过程中，评估师和评估机构需要详细记录他们的评估程序、方法、依据、参数选择的标准以及计算过程等内容。这些信息构成了资产评估报告的重要组成部分，它在一定程度上能有效确保评估结果的公允性，同时保障所有评估行为参与方的合法权益。为了让公众了解可能影响评估活动的关键因素，需要委托方和资产占有方提供对资产评估行为和结果构成重大影响的事项的披露信息，以证明评估工作遵循了相关的法律法规和行业标准。根据规定，需保证评估说明内容与正文内容的一致性。此外，也需确保所有的评估员、注册资产评估师以及委托方和资产占有方都能够提交真实且完整的资料从而形成评估说明部分，避免任何形式的虚假信息。

资产评估说明应按以下顺序进行撰写和编制。

（1）评估说明封面及目录。

评估说明封面应载明该评估项目的名称、该评估报告的编号、评估机构的名称以及评估报告提出的日期，需分册装订的评估说明还应在封面上注明共几册及该册的序号。

（2）关于评估说明使用范围的声明。

应声明评估报告仅供资产管理部门、企业主管部门、资产评估行业协会在审查资产评估报告书和检查评估机构时使用，除法律、行政法规规定外，材料的全部或部分内容不得提供给其他任何单位和个人，不得见诸公开媒体。

（3）关于进行资产评估有关事项的说明。

这部分应包括以下内容：①委托方与资产占有方的概况；②关于评估目的的说明；③关于评估范围的说明；④关于评估基准日的说明；⑤可能影响评估工作的重大事项的说明；⑥资产及负债清查情况的说明；⑦列示资产委托方、资产占有方提供的资产评估资料清单。

（4）资产清查核实情况说明。

资产清查核实情况说明主要用来说明评估方对委托评估的企业所占有的资产和与评估相关的负债进行清查核实的有关情况及清查结论，这部分应包括以下内容：①资产清查核实的内容；②实物资产的分布情况及特点；③影响资产清查的事项；④资产清查核实的过程与方法；⑤资产清查结论；⑥资产清查调整说明。

（5）评估依据说明。

评估依据说明主要用来说明评估工作中所遵循的具体行为依据、法规依据、产权依据和取价依据，这部分应包括以下内容：①主要法律法规；②经济行为文件；③重大合同、协议及产权证明文件；④采用的取价标准；⑤参考资料及其他。

（6）各项资产及负债的评估技术说明。

各项资产及负债的评估技术说明主要是对资产评定估算过程的解释，反映评估中选定的评估方法和采用的技术思路以及实施的评估工作，这部分应包括以下内容：①流动资产评估说明；②长期投资性资产评估说明；③机器设备评估说明；④房屋建筑物评估说明；⑤在建工程评估说明；⑥土地使用权评估说明；⑦无形资产及其他资产评估说明；⑧负债评估说明。

（7）整体资产评估收益现值法评估验证说明。

该内容主要说明运用收益法对企业整体资产进行评估来验证资产评估结果的有关情况，这部分应包括以下内容：①收益法的应用简介；②企业的生产经营业绩；③企业的经营优势；④企业的经营计划；⑤企业的各项财务指标；⑥评估依据；⑦企业营业收入、成本费用和长期投资收益预测；⑧折现率的选取和评估值的计算过程；⑨评估结论。

（8）评估结论及其分析。

评估结论及其分析主要从总体上概括说明评估结论，这部分应包括以下内容：①评估结论；②评估结果与调整后账面价值比较变动情况及原因；③评估结论成立的条件；④评估结论的瑕疵事项；⑤评估基准日的期后事项说明及对评估结论的影响；⑥评估结论的效力、使用范围与有效期。

4. 资产评估明细表的基本内容

资产评估明细表是反映被评估资产在评估前后的资产负债明细情况的表格，它是资产评估报告的组成部分，也是资产评估结果得到认可后调整账目的主要依据之一，一般应包括以下内容：

①资产及负债的名称、发生日期、账面价值、评估价值等。

②反映资产及负债特征的项目。

③反映评估增减值情况的栏目和备注栏目。

④资产评估明细表表头应写明被评估资产的资产及负债会计科目名称、资产占有单位、评估基准日、表号、金额单位、页码。

⑤写明清查人员、评估人员。

⑥评估明细表应逐级汇总。

⑦按会计科目顺序排列装订。

资产评估明细表样表包括以下几个部分：资产评估结果汇总表、资产评估结果分类汇总表、各项资产清查评估汇总表和各项资产清查评估明细表。

第二节 资产评估报告的编制

一、资产评估报告的编制程序

资产评估报告的编制是资产评估机构完成评估工作的最后一道工序，也是资产评估工作中的一个重要环节。编制资产评估报告的主要步骤有整理工作底稿和归集有关资料、评估明细表的数字汇总、评估初步数据的分析和讨论、编写评估报告、资产评估报告的签发与送交。

（1）整理工作底稿和归集有关资料。

资产评估现场工作结束后，有关评估人员必须着手对现场工作底稿进行整理，按资产的性质进行分类，同时对有关询证函、被评估资产背景材料、技术鉴定情况和价格取证等有关资料进行归集和登记。对现场未予确定的事项，还须进一步落实和核查。这些现场工作底稿和有关资料都是编制资产评估报告的基础。

（2）评估明细表的数字汇总。

在完成现场工作底稿和有关资料的归集任务后，评估人员应着手评估明细表的数字汇总。评估明细表的数字汇总应根据明细表的不同级次由明细表汇总到分类汇总表，再到资产负债表的汇总。无法采用电脑软件汇总的资产评估机构，在数字汇总过程中应反复校对各有关表格的数字的关联性和各表格栏目之间数字的钩稽关系，防止出错。

（3）评估初步数据的分析和讨论。

在完成评估明细表的数字汇总，得出初步的评估数据后，应召集参与评估工作过程的有关人员，对评估报告的初步数据进行分析和讨论，比较各有关评估数据，复核记录估算结果的工作底稿，对存在作价不合理的部分评估数据进行调整。

（4）编写评估报告。

编写评估报告又可分为两步：

第一步，在完成资产评估初步数据的分析和讨论，并对有关部分的数据进行调整后，由具体参加评估的各组负责人员草拟出各自负责评估部分资产的评估说明，提交给全面负责、熟悉本项目评估具体情况的人员，由其草拟出资产评估报告。

第二步，就评估基本情况和评估报告初稿的初步结论与委托方交换意见，听取委托方的反馈意见后，在坚持独立、客观、公正的前提下，认真分析委托方提出的问题和建议，考虑是否应该修改评估报告，对评估报告中存在的疏忽、遗漏和错误之处进行修正，待修改完毕即可撰写资产评估正式报告。

（5）资产评估报告的签章与送交。

评估机构撰写完资产评估正式报告后，经审核无误，按以下程序进行签名盖章：先由负责该项目的注册评估师签章（两名或两名以上），再送复核人审核签章，最后由评估机构负责人审定签章并加盖机构公章。

评估机构可将签章后的资产评估报告连同资产评估说明及资产评估明细表送交委托单位。

二、资产评估报告编制的基本要求

资产评估报告编制的技术要点是指在资产评估报告编制过程中的主要技能要求，它具体包括了文字表达、格式与内容方面的基本要求，以及复核与反馈等方面的技能要求。

（1）文字表达方面的基本要求。

资产评估报告既是一份对被评估资产价值起咨询和公证作用的文书，又是一份用来明确资产评估机构和评估人员工作责任的文字依据，所以它的文字表达既要清楚、准确，又要提供充分的依据说明，还要全面地叙述整个评估的具体过程，其文字的表达必须准确，是指不得使用模棱两可的措辞，其陈述也要简明扼要，在文字表达上应该使用中性的语句，尤其是涉及承担责任条款的部分。

(2) 格式与内容方面的要求。

对资产评估报告格式和内容方面的技能要求，按照现行政策规定，必须遵循财政部颁发的《资产评估报告基本内容与格式的暂行规定》行事。

(3) 资产评估报告的复核与反馈方面的技能要求。

资产评估报告的复核与反馈也是资产评估报告编制的具体技能要求，通过对工作底稿、评估说明、评估明细表和报告书正文的文字、格式及内容的复核和反馈，能够使有关错误、遗漏等在出具正式报告之前得到修正。大多数资产委托方和占有方对委托评估资产的分布、结构、成新率等具体情况会比评估机构和评估人员更熟悉，所以，在出具正式报告之前征求委托方意见，收集反馈意见也很有必要。

对资产评估报告必须建立起多级复核和交叉复核的制度，收集反馈意见主要是通过委托方或占有方中熟悉资产具体情况的人员。对委托方或占有方意见的反馈信息，应谨慎对待，应本着独立、客观、公正的态度接受其反馈意见。

(4) 撰写报告应注意的事项。

编制资产评估报告除了需要掌握上述三个方面的技术要点，还应注意以下几个事项。

①实事求是，切忌出具虚假报告。报告必须建立在真实、客观的基础之上，不能脱离实际情况，更不能无中生有。报告拟定人应是参与该项目并较全面了解该项目情况的主要评估人员。

②坚持一致性。报告中摘要、正文、评估说明、评估明细表的数据要一致。

③提交报告要及时、齐全、保密。在正式完成资产评估工作后，应按业务约定书的约定时间及时将报告送交委托方。送交报告时，报告及有关文件要送交齐全，涉及外商投资项目的资产评估报告，必须严格按照有关规定办理。此外，还要做好客户保密工作，尤其是对评估涉及的商业秘密和技术秘密，更要加强保密工作。

④应注意防止报告的恶意使用，避免报告的误用，以规避执业风险。

⑤注册资产评估师执行资产评估业务，应当关注评估对象的法律权属，并在评估报告中对评估对象法律权属及其证明资料来源予以必要说明。注册资产评估师不得对评估对象的法律权属提供保证。

⑥注册资产评估师执行资产评估业务受到限制，无法实施完整的评估程序时，应当在评估报告中明确披露受到的限制、无法履行的评估程序和采取的替代措施。

本章习题

一、单项选择题

1. 从广义角度看，资产评估报告是（　　）。

A. 一种工作制度

B. 资产评估报告书

C. 公正性报告

D. 法律责任文书

2. 对资产评估报告中摘要与正文的关系的表述，正确的是（　　）。

A. 资产评估报告摘要的法律效力高于资产评估报告正文

B. 资产评估报告摘要的法律效力低于资产评估报告正文

C. 两者具有同等效力

D. 两者的法律效力高低是由双方当事人协商决定的

3. 对建立评估档案、归集评估档案资料来说，资产评估报告是其（　　）。

A. 重要信息来源

B. 主要内容

C. 一个环节

D. 重要目的

4. 整体资产评估报告的内容不只是要描绘资产价值和负债情况，还需要揭示以全面资产为基础的（　　）。

A. 所有者权益

B. 有形资产

C. 单项资产

D. 递延资产

二、多项选择题

1. 根据具体的对象不同，资产评估报告可以被划分为（　　）。

A. 整体资产评估报告

B. 房地产估价报告

C. 土地估价报告

D. 单项资产评估报告

E. 资产评估报告

2. 下面列出的（　　）是资产评估报告正文中明确阐明的评估依据。

A. 法律依据

B. 准则依据

C. 权属依据

D. 取价依据

E. 经济行为文件

3. 资产评估明细表包括以下哪几个层次（　　）。

A. 资产评估结果汇总表

B. 资产评估结果分类汇总表

C. 各项资产清查评估汇总表

D. 各项资产清查评估明细表

E. 资产评估收费明细表

4. 资产评估报告的作用有以下哪几项（　　）。

A. 为被评估资产提供作价意见

B. 是管理部门完善资产评估管理的重要手段

C. 是反映和体现资产评估工作情况，明确委托方、受托方及有关方面责任的依据

D. 是出资的直接依据

E. 是归集评估档案资料的重要信息来源

5. 以下（　　）属于资产评估报告的应用者。

A. 资产评估委托方

B. 资产评估管理机构

C. 资产评估行业协会

D. 社会一切部门

E. 资产评估受托方

6. 以下项目中（　　）是资产评估报告正文阐明的评估依据。

A. 产权依据

B. 经济行为依据

C. 法律法规依据

D. 取价依据

E. 计算依据

三、判断题

1. 依据现行规定，对国有资产评估项目实行的是立项确认审批制度。(　　)

2. 通常，单项资产的评估报告不包括负债和基于整体资产的无形资产。(　　)

3. 资产评估报告应在评估结论中单独列示不纳入评估汇总表的评估结果。(　　)

4. 资产评估报告的使用权归资产占有方，未经许可不得向他人提供或公开。(　　)

5. 资产评估报告对资产业务定价具有强制执行的效力，评估员要对结论是否合乎职业规范要求负责。(　　)

6. 对资产评估报告要建立起多级复核和交叉复核的制度，明确复核人的职责。(　　)

7. 经使用双方同意，一份资产评估报告可按多个用途使用。(　　)

8. 按现行规定，资产评估报告正文应揭示评估基准日后至评估报告提出日期间发生的特别事项。(　　)

9. 资产评估报告由注册资产评估师、项目负责人签字盖章，资产评估机构加盖公章后生效。(　　)

10. 资产评估报告的评估结论应尽可能满足委托方的要求。(　　)

四、简述题

1. 简述资产评估报告的作用。

2. 按照中评协发布的《资产评估执业准则——资产评估报告》的要求，资产评估报告基本内容有哪些？

3. 编制资产评估报告有哪些基本要求？

4. 资产评估报告有哪些类型？

参考文献

［1］中国资产评估协会．资产评估基础［M］．北京：中国财政经济出版社，2021.

［2］秦中甫，杨录强．资产评估［M］．北京：清华大学出版社，2009.

［3］陈智．资产评估实务［M］．重庆：重庆大学出版社，2015.

［4］李贺，杜宪，王福利，等．资产评估基础［M］．2 版：上海：上海财经大学出版社，2020.

［5］朱萍．资产评估学教程［M］．6 版．上海：上海财经大学出版社，2020.

［6］牛晓霞，于静，赵洪宝．项目与资产评估［M］．北京：北京邮电大学出版社，2013.

［7］姜楠．资产评估学［M］．5 版．大连：东北财经大学出版社，2021.

［8］于艳芳，宋凤轩．资产评估理论与实务［M］．2 版．北京：人民邮电出版社，2013.

［9］乔志敏，王小荣．资产评估学教程［M］．7 版．北京：中国人民大学出版社，2020.

［10］姜楠，王景升．资产评估［M］．5 版．大连：东北财经大学出版社，2019.

［11］张英，牟建国．资产评估学［M］．北京：科学出版社，2007.

［12］梅丹．资产评估［M］．2 版．天津：南开大学出版社，2021.

［13］周友梅，胡晓明．资产评估学基础［M］．3 版．上海：上海财经大学出版社，2014.